站在
邊緣之境

Joan Halifax
瓊恩・荷里法斯——著
洪慧芳——譯

STANDING AT THE EDGE

Finding Freedom Where Fear and Courage Meet

以無限感恩之心，

獻給 Eve Marko、Bernie Glassman、Mayumi Oda、Kazuaki Tanahashi

各界讚譽

醫護等各類助人工作朋友們：我們該如何展現美好人性又不陷入耗竭、能細水長流地把自己跟他人都照顧好？答案就在這本書中。

——陳德中，台灣正念工坊執行長

過猶不及，其實也適用在利他、同理等特質上。作者探索了這些特質極端化後的危險，並提出一帖解方——慈悲，實為溫柔又強韌之良藥。

——蘇益賢，臨床心理師

《站在邊緣之境》是幫我們度過動盪時代、重新站穩腳跟，了解平衡是我們真實本性的必讀好書。

——理查·戴維森（Richard J. Davidson），《紐約時報》暢銷書《情緒大腦的祕密檔案》（*The Emotional Life of Your Brain*）與《平靜的心，專注的大腦》（*Altered Traits*）作者

《站在邊緣之境》是當代不可或缺的讀物。

——雅莉安娜．赫芬頓（Arianna Huffington），Thrive Global 的創辦人兼執行長

這本書引人入勝，詩意盎然，教我們如何以慈悲的行動來轉變世界。

——阿里耶拉涅（A. T. Ariyaratne），斯里蘭卡「莎弗陀耶覺醒布施運動」（Sarvodaya Shramadana）的發起人兼會長

這本書精彩地探索了人類身為道德生物，能發揮什麼美德，以及助人的衝動有什麼陰暗面。請做好把這本書銘記在心的準備，它包羅萬象、抱負不凡、見解深刻，而且平易近人。

——凱蒂．巴特勒（Katy Butler），《紐約時報》暢銷書《敲開天堂之門》（*Knocking on Heaven's Door*）作者

這是一本充滿人性、智慧、細膩描述的好書，探索利他、同理心、誠正、尊重、敬業的

微妙複雜性，並於最後總結：慈悲心是幫我們以勇氣克服恐懼並從邊緣啟程的方法。

——比爾·喬治（Bill George），《發現你的終極目標》（*Discover Your True North*）作者，以及哈佛商學院資深研究員，美敦力公司（Medtronic）前董事長兼執行長

瓊恩·荷里法斯送給這個世界一份不可或缺的永恆大禮。這本書蘊含了人人受用的經驗。

——柏尼·葛雷斯曼（Bernie Glassman），《給廚師的教戰守則》（*Instructions to the Cook*）作者

這本書充滿了獨到的智慧、學識與實務經驗，可謂心靈饗宴。

——艾拉·碧阿克醫生（Ira Byock），《直視死亡的勇氣》（*Dying Well*）與《盡善照護》（*The Best Care Possible*）作者

在這本引人入勝的好書中，瓊恩·荷里法斯提供我們一份實現自我的實用藍圖。

——丹尼爾·高曼（Daniel Goleman），暢銷書《平靜的心，專注的大腦》（*Altered Traits*）與《EQ》（*Emotional Intelligence*）作者

這本書不僅挑戰我們，也邀請我們踏上一段旅程，以了解真實自我與自身能力。這是獻給世界的真誠禮物，也是深信「慈悲為懷」的人必讀的好書。

——圖登・金巴（Thupten Jinpa），達賴喇嘛的首席譯者

瓊恩・荷里法斯兼具社會學家的清晰與嚴謹，教師的循循善誘，以及修行大師的智慧，是面面俱到的文人典範。

——阿米西・吉哈（Amishi P. Jha），邁阿密大學心理學副教授

這是一本動人的沉思錄，指引我們如何展現關懷。書中充滿了實用的建議、豐富的經驗、慈愛、智慧與勇氣。

——傑克・康菲爾德（Jack Kornfield），《踏上心靈幽徑》（*A Path With Heart*）作者

推薦序

我曾與荷里法斯禪師一起走在商販的小路上，穿過青康藏高原；我們也曾爬上新墨西哥州的無路山坡，進入有清澈溪流及夏日雷陣雨的高原地區。我知道她曾多次前往岡仁波齊峰（Kailash）朝聖、轉山；在北非與墨西哥北部的沙漠中獨自漫步；行遍曼哈頓；在自己創立的禪修中心，以及北美兩岸與亞洲各地的許多寺廟裡進行「行禪」（walking meditation）。身為醫療人類學家、佛教法師、社會活動家，她在旅程中突破了玻璃天花板，也引導許多人一起突破。她是頭腦清醒、無所畏懼的旅人，閱歷豐富，親身經歷了許多人最近剛開始在個人與社會變化中勾勒、注意或欣賞的領域。在本書中，她講述她在那些旅程中學到的東西。

過去幾十年間，我們對人性的理解經歷了一場變革，推翻了許多領域的固有觀念。以前，許多領域認為，人類本質上是自私的；我們的需求——對物質、性愛歡愉、家庭關係的需求等等——本質上是私密的。在經濟學、社會學、神經學、心理學等多元領域中，當代研究顯示，人類原本是富含同情心的生物，懂得關注他者的需求與痛苦。一九六〇年代的「公地悲劇」（tragedy of the commons）主張，人類太過自私，無法保護共有的制度、土地與物品。但一些制度的變體——從畜牧社會的放牧權，到美國的社會安全體系——推翻了「公地悲劇」的論點，確實在許多地方運作得很好。（伊莉諾・歐斯壯〔Elinor Ostrom〕的研究是探索成功的經濟合作，她因此成為目前唯一獲得諾貝爾經濟學獎的女性。）

災難社會學家也記錄與證明了，在地震、颶風等突發災難中，一般人是勇敢無私、臨機應變的。他們常受到鼓舞，自主參與救援與重建工作，並從中找到快樂與意義。資料也顯示，訓練士兵殺戮很難，許多士兵會以或明或暗的方式抗拒，或深受這種經歷的傷害。演化生物學、社會學、神經學、以及許多領域的證據皆顯示，我們需要拋棄過往那些厭惡人類或厭世（及厭女）的觀念，以全新的視角來看待人性。

以上這種看待人性的新論點，不斷地塑造與累積，而且影響巨大，令人鼓舞。當我們對於「我是誰」及「我能做什麼」有不同的假設時，我們可以為自己、社會、世界規劃更宏大的計畫。那就好像我們為人性勾勒出一份新藍圖，或是畫出我們透過生活經驗與心靈輔導而了解、但遭到西方觀念抹煞的部分（西方觀念普遍認為人性是冷酷、自私、不合作的；也認為生存主要是在競爭、而不是合作）。這幅新的藍圖本身就非比尋常。它以充滿希望的新方法，為想像自我及自身的可能性奠定基礎；並顯示我們的許多貪婪與痛苦是外來的，而不是固有或無可避免的。但這張藍圖大致上還是初步的草圖或概觀，而不是詳盡的旅人指南。

也就是說，這張圖大致上顯示，你可望變成一個更美好、更理想、更豐富、更慈悲、更勇敢的自我。然而，「只要成為更好的自我就夠了」這種希望可能太天真了。當我們竭盡所能做到最好時，即使是表現最好的時候，也可能遇到障礙，包括感同身受的痛苦、道德的煎熬、以及許多精神上的挑戰。荷里法斯在本書中詳細地描述了這些挑戰，她告訴我們，「善」（being good）不是一種安樂無憂的狀態，而是一個複雜的課題。這個課題涵蓋了生活的全部領域，包括種種斷層與失敗。

她提供我們價值非凡的東西。她經歷過這些領域，並從自己與他人的經驗中獲得寶貴的心得，包括那些受苦受難及努力減輕痛苦的人。她因此了解到，試圖減輕痛苦反而可能造成痛苦，以及如何避開那種悲慘狀況與精力耗損。她在那些複雜的人文地貌中走得很遠很廣，知道它們不單只是在遠處閃耀的美德之地。很多人從遠處遙指的危險、陷阱、低谷、巔峰與可能性，她都實地見證了。在本書中，她提供我們一套藍圖，教我們如何為自身與眾生的利益，勇敢地啟程，滿載而歸。

作家兼社運人士雷貝嘉・索爾尼（Rebecca Solnit）

目次

第四章 尊重 181

第五章　敬業

第六章　在邊緣的慈悲心

邊緣視野

新墨西哥州的山上有間小木屋，我有空就會盡量去那裡。它位於基督聖血山脈（Sangre de Cristo Range）中心的深谷，從小屋爬上海拔逾一萬二千英尺的山脊非常辛苦。在山脊上可以看到格蘭河（Rio Grande）流過的深谷、古老的瓦勒斯火山（Valles Caldera）的邊緣，以及獨特的泊得諾方山（mesa of Pedernal）。納瓦荷人（Diné，譯注：美國西南部的一支原住民族，為北美洲地區現存最大的美洲原住民族群）說泊得諾方山是第一個男人與第一個女人誕生的地方。

每次我在山脊上行走，就會想到邊緣，走在山脊線的某些地方必須特別注意腳步。西面是險竣的斷崖斜坡，通往蔥翠狹窄的聖萊昂納多河（San Leonardo River）分水嶺；東面是陡峭的岩石斜坡，通往坦帕斯河（Trampas River）沿岸的茂密森林。我很清楚，在山脊上，只要一不小心踩空，人生就會改變。從這個山脊，可以看到下方與遠處是一片遭大火吞噬的地貌，以及成片因陽光不足而枯死的樹木。這些遭到破壞的棲息地與健康的森林相接，有的邊界很窄，有的很寬。我聽說東西會從邊緣上長出來，例如生態系統是從邊界擴展開來的，邊緣通常有較多的生物多樣性。

我的小屋坐落在邊緣上，介於深冬積雪所滋養的濕地以及百年未見大火的濃密雲杉森林之間。這條邊界上充滿了豐富的生命，包括樹皮雪白的白楊樹、野生紫羅蘭、紫色夢幻草，以及大膽的暗冠藍鴉、鬼鴞、野生火雞。高大的濕地野草與夏季莎草間，躲著田鼠、林鼠、盲目的野鼠，牠們是猛禽與山貓的獵物。黎明與黃昏的時候，麋鹿和梅花鹿會來草地上吃草。多汁的覆盆子、迷你的野草莓、美味的黑果越橘覆蓋著包圍我們的山谷斜坡。每逢七月下旬，我與熊總是在此大快朵頤。

我逐漸了解各種心靈狀態也是生態系統。這些時而平順、時而危險的境地，是內建在我們性格中的自然環境。我認為研究內在的生態很重要，因為了解內在的生態，才會知道自己何時站在邊緣，可能從正常陷入異常。當我們陷入內心不太安適的區域時，可以從那些危險的情境中學習。邊緣是兩種對立的東西交會的地方。在那裡，恐懼與勇氣交會，苦難與自在交會。邊緣也是堅實的地面與懸崖峭壁相接的地方。在那裡，我們可以看到更廣闊的世界。在邊緣上，我們需要保持高度警覺，以免失足滑落。

我們的人生旅程充滿了危險與可能，有時兩者兼具。我們如何站在痛苦與自在的邊界上，同時瞭解兩邊的世界呢？由於人類喜歡非黑即白的二元化，我們通常只認同其中一種情境：認同痛苦的可怕真相，或享有免於痛苦的自由。但我認為，生活涵蓋多元的面向，排除其中的任一部分，都會縮限我們的理解範圍。

人生把我帶到許多複雜的地方，那些地方在地理上、情感上、社會上都很複雜。例如，一九六〇年代參與民權運動與反戰運動，在一家大型的縣立醫院擔任醫療人類學家，創立與領導兩個禪修與教育社群，坐在臨終者的病榻前，到高度戒備的監獄擔任志工，長時間冥想，與神經學家及社會心理學家一起研究慈悲心，在喜馬拉雅山的偏遠地區開設醫療診所——這些經驗都讓我接觸到複雜的挑戰，包括不堪負荷的時期。這些經歷的心得——尤其是從掙扎與失敗中學到的東西——給了我意想不到的視角。我逐漸明白，接受生活的全貌，不要拒絕或否認人生給我們的任何東西，有深遠的價值。我也了解到，剛愎自用、難關、「危機」可能不是終極的障礙。它們其實可以幫我們導向更廣闊、更豐富的內外境地。只要我們願意探索難關，就可以把它們納入一種更勇敢、更包容、更自然、更睿智的現實觀點——就像許多掉落邊緣的人一樣。

邊緣狀態

多年來，我逐漸意識到五種內在與人際特質是慈悲與勇敢生活的關鍵。沒有它們，我們就無法助人，也無法生存。然而，這些寶貴的資源惡化時，它們也可能變成危險的境地，造成傷害。我把這些二元特質稱為**邊緣狀態**（Edge States）。

這五種邊緣狀態是利他、同理心、誠正、尊重、敬業。它們是心智與心靈的資產，體現了關愛、連結、美德與力量。然而，我們站在這些特質的高緣上，也可能失足跌落痛苦的泥沼，陷入有害又混亂的惡水中。

利他可能變成**病態的利他**。無私助人的行為對社會與自然界的福祉都是必要的。然而，有時我們看似利他的行為，反而傷害了自己，也傷害了我們想幫助的人，或傷害我們服務的機構。

同理心可能因過度融入，變成**同理痛苦**。當我們能夠感受他人的痛苦時，同理心讓我們彼此更親近，激勵我們助人，並擴展我們對世界的了解。但是，當我們承擔太多別人的痛苦，陷得太深時，可能受到傷害，無法行動。

誠正是指有強烈的道德原則。但是，當我們參與或目睹違反我們的正直、正義或慈善意識的行為時，可能會產生**道德煎熬**。

尊重是指我們對生命與事物的重視。當我們違背價值觀與文明原則，貶低他人或自己時，尊重可能蕩然無存，消失在**輕蔑無禮**的有害泥沼中。

敬業可以為生活帶來使命感與意義，尤其當我們的工作是為他人服務的時候。但過勞、有害的職場、以及缺乏效用的經驗可能導致倦怠，身心崩潰。

就像醫生在推薦療程之前會先診斷疾病一樣，我覺得這裡有必要先探索這五種美德的破壞面。在探索的過程中，我驚訝地發現，這些邊緣狀態即使惡化，也能教導及強化我們，就像骨骼與肌肉承受壓力可以變強一樣，或是骨折或肌肉拉傷後可以在適當情況下癒合，並因受傷而變得更強壯。

換句話說，失足滑落邊緣而受傷，不見得就是無法挽救的災難。我們可以從最大的難關中學到謙卑、遠見與智慧。艾瑞斯．梅鐸（Iris Murdoch）於一九七〇年出版的《善的主權》（*The Sovereignty of Good*）中，[1]把謙卑定義成「對現實的無私尊重」。她寫道：「我們把自己看得太重。」我坐在臨終病人的病榻前，以及與護理人員相處時，領悟到這點。與臨終者及護理人員密切合作，讓我了解到病人與護理人員承受了多大的痛苦。此後，我從教師、律師、執行長、人權工作者、父母的身上了解到，他們可能也有同樣的經驗。於是，我想起一個非常重要、但不言而喻的道理：想要脫離苦難的風暴與泥濘，回到力量與勇氣的高緣上去體驗自在，必須透過慈悲為懷的力量。這是我想要深入瞭解「邊緣狀態」是什麼，以及它們如何形塑個人生活與世界生活的原因。

沒有污泥，就沒有蓮花

思考邊緣狀態的破壞性時，我想起波蘭精神科醫生兼心理學家卡齊米日・東布羅夫斯基（Kazimierz Dąbrowski）的研究。他提出一套人格發展理論，名為**正向非統整理論**（positive disintegration，又譯「積極分裂理論」）。那是一種心理成長的轉化方式，它的根本理念主張：危機對個人成熟很重要。東布羅夫斯基的概念，很像系統理論（systems theory）的原則：活體系統若能從崩解的經驗中學習，就能在更高、更穩健的層級上重組。

我在馬利（Mali）與墨西哥擔任人類學家時，也看到正向非統整是「成人儀式」中的核心動力。那種儀式的啟動，象徵著重要的生命轉折，目的是為了加深及強化成熟的過程。這種「正向非統整」的概念，也反映在我與精神科醫生史坦尼斯拉弗・葛羅夫（Stanislav Grof）合作的治療研究上。當時我們使用迷幻藥（LSD）來輔助治療臨終的癌症患者。在這種重要的人生儀式中，我學到直接面對自身痛苦的重要，那是一種轉變心理的方法。

多年後，我聽到越南籍的一行禪師（Thích Nhất Hạnh，學生稱他為Thầy，意指「老師或導師」）談到他在越戰中及後來身為難民所經歷的痛苦時，他的話語也呼應了上述的智慧。他平靜地說：「沒有污泥，就沒有蓮花。」

反思一下我們助人時所經歷的困難（諸如病態的利他、過勞等等），我們可以從正向非統整的角度來看邊緣狀態的破壞面。老池塘底部的淤泥，也是滋養蓮花的養分。東布羅夫斯基、葛羅夫、一行禪師提醒我們，苦難有助於我們的理解，苦難也是培養智慧與慈悲心的一大資源。

另一個關於「正向非統整」的隱喻，跟暴風雨有關。我在佛羅里達的南部長大，小時候每年都有颶風來襲，把我們的社區搞得天翻地覆。濕漉漉的街道上，電線的爆裂聲劈啪作響；颶風把老榕樹從堅硬的土地上連根拔起，也把灰泥屋的陶瓦屋頂完全掀走。有時父母會帶我和妹妹去海灘看颶風來襲。我們一起站在海邊，感受風的力量及雨水的拍打。接著，我們迅速返家，打開所有的門窗，讓風暴吹過。

我讀過一篇地質學家的訪談報導，他的研究領域是海灘。某次，一場猛烈的颶風襲擊北卡羅萊納州的外灘群島，他在颶風來襲時接受訪問，他告訴記者：「我想儘快去那個海灘瞧瞧。」

停頓一會兒後，記者問道：「你希望在那裡看到什麼？」

讀到這裡，我突然專注了起來，我原本預期地質學家會描述滿目瘡痍的場景，但他只說：「那裡可能出現一個新海灘。」

一個新海灘，新的海岸線：這是暴風雨帶來的禮物。在這個邊緣地帶，有毀滅、苦難的可能，也有無限希望。

邊緣狀態蘊藏著巨大的潛力。在這些狀態中巧妙地運作，可以加速理解。然而，邊緣狀態也是一個變化無常的境地，事情可以朝任何方向發展：可能像自由落體那樣跌落深淵，也可能踏在堅實的地面上；可能踏入水中或踏在沙上；可能變成污泥或變成蓮花。在海灘或山脊上遇到大風時，我們可以試著站穩腳跟，欣賞眼前的景致。如果我們從理解的邊緣跌落，或許這次跌落可以教我們維持生活平衡有多重要。當我們發現自己陷入苦難的泥沼時，可以謹記一點：腐爛的物質滋養了蓮花。當我們被捲入苦海時，或許我們可以學習在海中泅水，即便是在暴風雨中。在那裡，我們甚至可能發現如何跟著慈悲的觀世音菩薩一起駕馭生死的巨浪。

廣闊的視野

有時，我把邊緣狀態想像成紅岩方山，頂部堅實，視野遼闊，但邊緣是懸崖峭壁，萬一失足滑落，沒有岩石或樹木可減緩下墜的速度。邊緣本身是個外露的地方，在那裡，注意力一旦分散，就容易失足滑落。底部是堅硬的地面所構成的現實，墜落在那上面可能重傷或粉身碎骨。有時，我想像失足是跌落黑暗的沼澤，可能困在裡面很久，而且每次想要抽身，反而在苦難的泥沼中愈陷愈深。然而，無論我們是墜落在堅硬的岩石上，還是跌落污水坑，那兩種情況距離最佳自我的高緣仍很遙遠，而且墜落與著地都對我們造成了傷害。

當我們發現自己站在懸崖邊緣時（亦即站在利他、同理心、誠正、尊重、敬業的高處時），可以站穩腳跟，尤其當我們知道失足可能發生什麼狀況的時候。這樣的認知可以強化我們的決心，讓我們打定主意依循個人的價值觀行動；也可以讓人變得更謙卑，知道犯錯有多麼容易。萬一我們真的失足跌落，或腳下的土地崩解了，我們必須設法回到高緣。在高緣上，平衡與沉穩可以幫我們扎穩根基，視野可以涵蓋全貌。理想上，我們可以學習避免跌落懸崖——多數情況下，這是可以做到的。然而，人生的旅程受制於現實，多數人遲早都會跌落邊緣。重點是，不要加以評斷。真正重要的是，我們如何利用那次經驗，如何利用那次跌落來轉變自己。

我認為，我們必須在邊緣地帶下功夫，拓展它的邊界，並在邊緣地帶的多元生態系統之間尋找平衡。如此一來，我們才能接觸到更廣泛的經驗。在邊緣地帶，可以發現勇氣與自在。不管我們遇到的是別人的痛苦，還是自己的難關，站在邊緣都是正面迎擊痛苦，以便從中學習，培養洞察力與復原力，同時開發慈悲為懷的天賦。

就某種意義上來說，邊緣狀態是我們看待事物的方式，亦即我們觀察及詮釋利他、同理心、誠正、尊重、敬業的經驗——以及它們的陰暗面——的全新方法。當我們對這些強大又豐富的人類特質培養更廣泛、更包容、更相連的觀點時，就懂得判斷何時我們是站在邊緣，何時可能有跌落邊緣的危險，何時超越了邊緣，何時從跌落的低谷中回歸最佳自我的高緣。

從那裡，我們可以發現如何培養一種包容的觀點——那是一種內在的觀點，當我們深入了解心靈如何在生活的重重難關中運作，明白無常（impermanence）、相連（interconnectedness）、無據（groundlessness）的真理時，就能培養出那種觀點。

當我們與臨終者談及遺願，聽到監獄的門噹啷一聲關上，傾聽孩子的心聲時，廣闊的視野就會打開。當我們在街上接觸無家可歸的人，去探望那些困在希臘的敘利亞難民，與遭受酷刑的受害者坐在一起時，視野也會打開。當我們親身體會痛苦時，視野也會打開。視野幾乎在任何地方都可以打開。沒有視野，就看不到前面的邊緣、下面的沼澤、內在與周遭的空間。視野也提醒我們，苦難也可以成為最好的老師。

相互依存

許多影響塑造了我看待世界的方式，也促成了我對邊緣狀態的觀點。一九六〇年代，我還很年輕，充滿了理想。對許多人來說，那是風雲變色、令人振奮的年代。社會中的體制壓迫——種族歧視、性別歧視、階級歧視、年齡歧視——鼓動了我們。我們可以看到這些壓迫如何助長戰爭的暴力、經濟邊緣化、消費主義，以及環境破壞。

我們想要改變世界，想要找一種方法來實現美好的願景——既不失去願景，也不迷失其中。在這種社會與政治衝突的氛圍下，我開始閱讀有關佛教的書籍，並自學冥想。六〇年代中期，我遇到年輕的一行禪師，並以他為典範，進而受到佛教的吸引，因為佛教直接處理個人與社會苦難的肇因，也因為它的核心教義主張，轉化痛苦是在這個世界上追求自在與安樂的方法。此外，佛陀也強調，詢問、好奇、探究是踏上那條路的工具；祂不建議我們迴避、否認或減輕痛苦——這些主張深得我心。

佛教中的「**緣起**」（萬物相互依存而生起）概念，也給了我一種看待世界的新方法：那是指在看似分離的事物之間看到錯綜複雜的關連。佛陀如此解釋這個概念：「此有故彼有；此無故彼無。此生故彼生；此滅故彼滅。」看著一碗米飯，我可以看到陽光與雨水、農民，以及卡車行駛在道路上。

就某種意義上來說，一碗飯是一個系統。我開始學習佛教不久，就開始探索系統理論。那個理論是把世界看成一種相關系統的集合。每個系統都有一個目的；例如，人體是一個系統，其目的（最基本層面上）是維持生命。系統的每個組成缺一不可。系統必須完整，才能以最佳狀態運作（心臟、大腦或肺臟無法運作時，人就會死亡）。組成要件的排列順序也很重要，器官的位置不能錯亂。

系統從小到大、從簡單到複雜，有千百萬種，諸如生物系統（循環系統）、機械系統（單車）、生態系統（珊瑚礁）、社會系統（友誼、家庭、社會）、制度系統（職場、宗教組織、政府）、天文系統（太陽系）等等。複雜的系統通常是由許多子系統所組成的。系統的運作會達到顛峰，接著由盛轉衰，最終崩解並騰出空間，讓其他的系統出現。

我之所以提到這點，是因為邊緣狀態是一種相互依存的系統。每種狀態會相互影響，形成我們的性格。系統——諸如人際關係、職場、體制、社會、我們的身心——是邊緣狀態發展的基礎。隨著系統衰頹，我們也會遇到毀滅。然而，在崩解之後，往往會出現一種更穩健的現實新觀點。

疲乏與勇氣

我有一個朋友，他是敬業又優秀的心理醫生，但執業多年後，他已經疲乏了。某次與我閒聊時，他坦言：「我再也受不了病人對我傾訴了。」他解釋，職涯到了某個時點，他開始感受到病人經歷的每種情緒，他們的痛苦經歷令他難以招架。不斷地接觸這些情緒，導致他心靈耗竭。有一段時間，他甚至無法入眠。為了抒解壓力，他暴飲暴食。漸漸地，他進入一種情感關閉的無助空間。他說：「我已經不在乎了，我只覺得內心空虛、灰暗。」最糟的是，他開始怨恨那些病患，他知道這表示他離開那一行的時候到了。

他的故事展現出所有邊緣狀態的負面結果：利他變得有害；同理心導致同理痛苦；尊重在敏感與疲乏的重壓下崩解，變成輕蔑；失去誠正；敬業導致倦怠。痛苦不知不覺地潛入這位心理醫生的心頭，他的內心開始慢慢地枯萎死去。他再也無法吸收及轉化痛苦，以便在工作與世界中找到意義。

這位朋友承受的痛苦絕非特例。許多照護者、家長、老師也對我吐露過類似的心聲。我有一部分的工作是排解這種日益常見的毀滅性疲乏，這種疲乏導致那些理當展現關懷的人失去了慈悲為懷的動力。

我的另一位朋友是年輕的尼泊爾女性，她克服了重重的困難，把逆境轉化為力量。二

○一五年四月，尼泊爾發生七．八級的地震時，登山女傑帕桑．拉姆．雪巴．秋田（Pasang Lhamu Sherpa Akita）離珠峰大本營（Everest Base Camp）有一小時步行的路程。雪崩發生時，她聽到震耳欲聾的巨響，許多人不幸在大本營遇難。她立即前往大本營協助救災，但餘震迫使她不得不往回走。

帕桑位於加德滿都的家園已遭地震摧毀，許多尼泊爾人失去了性命、家園與生計。她與先生秋田虎（Tora Akita）認為他們必須為此做點什麼。帕桑說：「當時在珠峰大本營罹難的人，可能是我。但我安然離開，活下來了。我能活下來，一定是有原因的。我告訴我先生：『我們必須為那些陷入困境的人做點什麼。』」

在加德滿都，他們夫妻倆開始號召年輕人，租用卡車，把大米、扁豆、油、鹽、防水布載到震央的辛杜帕爾喬克縣（Sindhupalchowk）以援助當地居民。每週，她都會帶著鍍錫的鐵皮屋頂、帳篷、藥品、防水布到廓爾喀縣（Gorkha），幫助當地一些村莊的倖存者。山崩與土石流摧毀了原有的道路，她號召當地人在那些山體滑坡上開闢新的道路。許多災民在地震過後完全與外界隔絕，眼看著雨季即將來臨，他們將面臨斷糧或無處可住的危機。帕桑也號召數百位村民，把食物與補給品送到那些災民的手中。

帕桑的善舉是出於利他的心態，這種邊緣狀態很容易導致自己受傷。地震發生後的那幾個月，帕桑密集地投入災後救援。那段期間我與她交談時，從她的聲音中只察覺到無限的善意、活力與奉獻，聽不出一絲受傷。她對於他們夫妻倆能夠提供援助，感到無比的寬慰。

那位當心理醫生的朋友越過了崩潰的邊緣，從此再也找不到回歸本業的路。帕桑則是持續站在人性最好的邊緣上。為什麼有些人不會被世界擊垮，反而受到助人的強烈渴望所激勵呢？

我認為慈悲心是關鍵。那位心理醫生已經失去慈悲為懷的動力，職業疲乏麻木了他的感受，憤世嫉俗的心態已深深扎根。相反的，帕桑仍以慈悲心為基礎，讓那些感受引導她的行動。我認為慈悲心是在懸崖邊緣站穩腳跟、避免失足滑落的方法。萬一不幸滑落懸崖，慈悲心也可以幫我們脫離困境。

當我們學會識別生活中的邊緣狀態時，就能站在改變的臨界點上，看到充滿智慧、慈愛、基本人性良善的境地。與此同時，我們也可以看到一個充滿暴力、失敗、疲乏的荒涼地帶。當我們有力量站在邊緣時，我們可以從難民營、地震摧毀的災區、監獄、癌症病房、遊民營、戰區等人間煉獄中記取心得，同時運用我們與他人的本善來助人。這是深入瞭解邊緣狀態的前提：如何培養站在邊緣的力量，擁有一個更廣闊的視野，飽覽生活的各種面向；如何在對立的力量之間找到必要的平衡；如何在邊緣找到自在；如何結合苦難與慈悲心，以塑造出最適的性格、最適的心靈。

第一章

利他

願我在不知不覺中多行善。[1]

——威布爾．威森．桑本（Wilbur Wilson Thoburn）

一九七〇年代初期，我對生物與海洋充滿了熱情，因此去巴哈馬的勒納海洋實驗室（Lerner Marine Laboratory）擔任志工。那時我協助一位來自布蘭戴斯（Brandeis）的生物學家做研究。他的研究主題是真蛸（Octopus vulgaris）短暫的生命週期。真蛸是一種聰明又奇妙的生物，一般稱之為「普通章魚」（common octopus）

那個工作讓我有機會親眼目睹一隻雌性章魚在受精後產卵，那是相當罕見的情境。成千上萬顆淚滴狀的半透明卵，每顆像米一樣大，從牠的外套膜上（mantle）排出，變成長帶狀，懸浮在水族缸中。後續幾週，她像一朵雲一樣，漂浮在那些卵的上方，不去掠食、也不吃東西，就只是輕輕地撥動那些卵周遭的水，讓卵慢慢地成熟。牠盤旋在那些卵的上方，讓它們保持通風透氣，牠幾乎不動。牠的身體慢慢地開始分解，變成孵化那些卵的養分。章魚媽媽死了是為了餵養牠的後代，她的肉體是孵化幼仔的聖餐。

看到這種美麗的生物在我眼前分解，那奇妙的景象令我既迷惑又感動。儘管牠的犧牲本質上不算是一種利他，只是那個物種生命週期的一部分，但那隻章魚媽媽讓我想到很多關於人類行為的問題——關於利他、犧牲、傷害的問題。人類的利他行為，到哪個程度是健康的？我們為他人付出到什麼程度，可能傷害自己？如何判斷我們的利他行為可能是自以為是、不健康的？在這個匆忙又冷漠的世界裡，如何培養健康的利他心態？什麼情況下，利他可能做得太過而造成傷害？

後來，我從事臨終照護及輔導監獄犯，也以禪師的身分傾聽父母、教師、律師、照護者的故事時，開始把「利他」視為一種邊緣狀態。那是高崖的狹窄邊緣，站在上面可以享有廣闊的視野，但邊緣也可能在我們的腳下崩解。

所謂的利他，是指採取無私的行動以增進他人的福祉，通常會因此犧牲自己的福祉或面臨風險。當我們能在利他的行為中站穩腳跟時，我們與對方之間就不會有期望與需要的陰影。受助者可能因此相信人性良善，我們則因為行善而變得更富足。

然而，當我們的身體與情感安全受到威脅時，就很難站穩腳跟，那很容易失足陷入有害的助人形式。我們可能是以損害自身需求的方式來幫助他人；我們可能使對方失去力量，奪走他的能動力，而在無意間傷害了原本想幫助的人。我們可能「看似」利他，但別有動機。這些都是後面會討論的病態利他形式。

站在利他的邊緣，可以看到人性良善與智慧的廣闊視野——只要避免陷入利己及匱乏的沼澤就好。萬一我們被困在利己及匱乏的沼澤中，掙扎也不會徒勞無功。只要我們能克服難關，就有動力去了解自己是如何走出來的，以及如何避免重蹈覆轍。我們也可以從謙卑中記取教訓，這並非易事，但能夠幫我們塑造性格，使我們變得更聰明、更謙虛、更有韌性。

1. 站在利他的高緣

「altruism」（利他）這個字是一八三〇年由法國哲學家奧古斯特．孔德（Auguste Comte）創造的，他是從 vivre pour autrui（為他人而活）這個詞創造出 altruism。利他是為了矯正為自己而活的自私，後來變成一種新的社會信條，它是以人道主義為基礎，而不是以宗教為基礎。利他是無宗教信仰者的道德準則，無關教條。

那些基於純粹利他而行動的人，不是為了尋求社會認同或肯定，也不是為了讓自己感覺良好。一個女人看到不認識的小孩闖入車道時，她不會心想：「救這個孩子可以讓我變成好人。」而是不顧自身安危，馬上衝過去抓住孩子。事後，她可能也不太讚揚自己，而是心想：「我只是做該做的事罷了，其他人也會那樣做。」看到孩子安然無恙，她就放心了。誠如這個例子所示，利他是比一般的寬宏大量更進一步，需要稍微犧牲自己或冒實體風險。

二〇〇七年，建築工人衛斯理．奧特雷（Wesley Autrey，Autrey 近似法文字 autrui）跳下曼哈頓的月台，去拯救因癲癇發作而跌落鐵軌的電影學院學生卡梅隆．霍洛彼得（Cameron Hollopeter）。奧特雷看見迎面駛來的火車，跳下去把霍洛彼得拖到一邊。但火車來得太快，奧特雷在鐵軌之間一呎深的排水凹槽中，把自己的身體壓在霍洛彼得的身上。他壓住癲癇發作的霍洛彼得時，火車從他們兩人的身上經過，擦過奧特雷的針織帽頂端。他完全沒想到自己，只有一股想要救人的衝動。

後來，奧特雷似乎對其義舉所引來的大量關注與讚揚感到不解。他接受《紐約時報》訪問時表示：「我不覺得我做了什麼了不起的事，我只是看到有人需要幫忙，做了我認為正確的事。[2]」

我覺得奧特雷的故事就是純粹的利他。我們都有利他的衝動，但不見得採取行動。當天在地鐵月台上的其他乘客，肯定也看到霍洛彼得癲癇發作，知道有必要幫他——但他們也知道，救他的過程可能賠上自己的性命。當助人的衝動凌駕內心的恐懼及自保的本能時，就會產生利他的心態。所幸，奧特雷隨機應變，不僅救人一命，也保住自己的性命。

這個世界上，每天都有人無私地為他人服務。例如，那個身分不明的中國抗議者，堅定地站在通往天安門廣場的坦克車隊前；非洲醫生勇敢地治療感染伊波拉病毒的患者；巴黎人敞開家門，收容二〇一五年在恐怖攻擊中逃離的驚慌民眾；三千名勇敢的敘利亞志工在炸彈落入平民社區後，自願擔任現場急救員以搶救倖存者；[3]阿德爾．特莫斯（Adel Termos）在二〇一五年巴黎遭到恐攻的前一天，看到一名身穿炸彈背心的自殺炸彈客走向人群聚集的清真寺時，將他按倒在地。特莫斯在遠離人群處引爆炸彈，犧牲了自己的生命，但拯救了無數人；[4] 二〇一七年五月，瑞奇・約翰・貝斯特（Ricky John Best）、塔里耶森・默丁・南開・梅奇（Taliesin Myrddin Namkai-Meche）、米卡・大衛－科爾・弗萊徹（Micah David-Cole Fletcher）在波蘭看到兩名搭乘 MAX 輕軌列車的穆斯林少女遭到種族攻擊時，勇敢地出面干預。瑞奇和塔里耶森不幸喪命，但米卡活下來了。[5] 塔里耶森流血不止時，他說：「告訴火車上的每個人，我愛他們。」在這個充滿紛擾的世界裡，我覺得聽到這些故事很重要，它們讓我們對人心的良善與力量持續抱持信心，並謹記利他是多麼自然的反應。

自我，自私，還是無私？

我們回頭談一下那個衝向車流、去把孩童拉出來的女人。如果她後來心想：「我這樣做是在行善。」這種沾沾自喜的想法會不會否定那個行為的利他性？**利他**的最嚴格定義，是在行為之前或之後都不涉及自我。利他的特徵是一種無私的行為，是為了造福他人，不期待外在的回報（例如對方的感激或報酬），也不期待內在的回報（例如更高的自尊或情緒健康）。套用鈴木俊隆禪師的說法，純粹的利他者「沒有得失心」，他們從善行中沒有獲得什麼，他們根本上是無私的。

優秀的冥想者以及一些先天慈悲為懷的人擁有這種無限的心，任何情況下都很樂於助人。無私，無他，對所有人一視同仁。然而，大多數的人只是凡人，助人後有種充實感是人之常情。

純粹的利他是否存在，是心理學家與哲學家爭論的議題。**心理利己主義**（psychological egoism）主張，任何助人或犧牲的行為都不是純粹的利他，因為我們至少會受到一點個人滿足感的激勵，或是在助人後有一點自我提升的感覺。這個理論可能認為，在人類心理與行為的現實世界中，純粹的利他根本不存在。

在這方面，佛教的立場比較徹底。佛教主張「利他」與相似的「慈悲心」可以完全擺脫自我（小我）。目睹他人的痛苦時（例如奧特雷的情況），利他的心態便油然而生，無條件地出現。佛教也認為，無私地關切他人的福祉是人的天性。透過冥想與道德生活，我們可以抗拒自私的誘惑，回到內心深處那個一視同仁、關愛眾生的地方——在那裡，我們期待結束每個人的痛苦，毫無差別待遇。

一行禪師寫道：「左手受傷時，右手會立刻照顧左手，不會停下來說：『我正在照顧你，你受惠於我的慈悲心。』右手很明白，左手也是右手，兩者之間並無分別。」[6] 這種利他是**無緣悲心**（non-referential，亦即無參照的，無特定對象）。意思是說，不會偏袒家人、朋友或其他的圈內夥伴，而是一視同仁。

約瑟夫・布魯查克（Joseph Bruchac）的一首詩表達了這種平等關懷眾生的情感，深刻又謙卑：

〈烏足的爺爺〉

爺爺要我停車讓他下車
肯定不下二十幾次
他把那些被車燈照瞎眼
在雨中亂跳的小蟾蜍捧在手上。
*****
雨繼續下著
淋濕他的白髮
我一直說
你無法拯救所有的蟾蜍
接受現實、回車上吧

我們還要去很多地方。
但他那雙粗糙的手上
滿是濕漉漉的褐色生物
他的膝蓋深埋在夏日路邊的草叢中
微笑地說，
牠們也要去很多地方。[7]

在這首詩中，爺爺就是活菩薩的實例。在佛教中，活菩薩是自在地拯救眾生脫離苦難的人。爺爺屢次下車，去救那些蟾蜍，儘管他必須走在陰雨綿綿、漆黑一片的路上。他面帶微笑，似乎正在體驗佛教徒所說的「利他之喜」（altruistic joy），亦即為他人的福氣感到喜悅。

利他之喜是一種真正滋養心靈的特質。在這方面，佛教與西方心理學一致認為，為他人的福氣感到喜悅對自己也有好處。我知道我助人時，身心感覺都比較好，雖然感覺更好並非激勵我助人的動力。最近社會心理學的研究顯示，少一些自我中心，多一些寬宏大量，是施予者快樂與滿足的泉源。一項研究顯示，幼童（即使是兩歲以下）請別人吃糖果時，通常比獲得糖果時更開心。[8] 另一項研究發現，成人花錢在別人身上所獲得的滿足感，更勝於花錢在自己身上的滿足感。[9] 神經學家塔妮雅・辛格（Tania Singer）發現，慈悲心（與利他相似的心態）會觸發大腦的獎勵中心和愉悅網絡。她認為人性本善，[10] 當我們出於善意行動時，可以感受到自己符合內心深處的價值觀，為自己的行動感到開心，覺得生活更有意義。

相反的，當我們的行為傷害他人時，我們會覺得過意不去，睡不好，變得暴躁易怒或甚至更糟。如今有愈來愈多的研究顯示助人對健康的效益（例如，增強免疫力及延年益壽），[11] 我們可能很快會看到一波「偽」利他主義者，他們助人只是為了活得更長、更健康。當然，這可能也不是壞事。

忘記自我

對我來說，最感人的利他例子之一，是已故的英國人尼古拉斯・溫頓（Nicholas Winton）的故事。一九三八年，納粹占領捷克時，溫頓把六百六十九名兒童（大多是猶太人）從捷克送往英國。他確保他們搭火車安全地穿越歐洲，並為每個難民在英國找到一個家。這是風險極大的無私義舉，他甚至保密了五十年，沒讓妻子知道，他對成名毫無興趣。一九八八年，他的妻子清理閣樓時，發現他的剪貼簿，並向英國廣播公司（ＢＢＣ）透露他的非凡義舉，他因此聲名大噪。

那年，BBC邀請溫頓參加《這就是人生》（*That's Life*）的節目。製作單位也瞞著他，邀請他拯救的那些孩童（那時皆已五六十歲）來上節目。主持人說：「今晚的現場觀眾中，有沒有人拜溫頓所賜，撿回一條命？有的話，請站起來好嗎？」現場所有的觀眾都站起來了。溫頓擁抱了身旁的女人，拭去眼淚。[12]

我們可以問，我們是否真的知道溫頓的確切動機，以及他的行為是否在某種程度上把他的自我意識具體化了。二〇〇一年，《紐約時報》的記者問溫頓，為什麼當年會那樣做，溫頓謙虛地回應：「我只是看到問題，發現很多孩子有生命危險，需要把他們送到避風港，但是當時沒有組織做那件事。為什麼我會那樣做？為什麼大家做的事情不一樣？有些人喜歡冒險，有些人一輩子也不冒險。」[13]這是他對自己的非凡勇氣所做的評價，很有意思。

溫頓看到了救人的需要，看到自己有能力助人，也願意承擔風險。如果他從自己的行為中獲得任何「滿足」，那會改變我們對他的看法嗎？我覺得不會。他拯救六百六十九名兒童的義舉，令我們深深欽佩。他的行為對好幾世代的人產生強大又深遠的影響，我們只能驚嘆這件奇蹟發生了，而且造福了那麼多人。溫頓相當長壽，他於二〇一五年過世，享壽一〇六歲。

誠如奧斯威辛集中營（Auschwitz）的倖存者兼精神科醫生維克多・弗蘭克（Viktor

Frankl）所說的：「身而為人，永遠是指向或導向某事或某人，而非自己……一個人可以藉由致力實踐某個理念或關愛他人來忘卻自我。愈是忘卻自我，人性愈加顯著。」[14]

2.從利他的邊緣跌落：病態的利他

維持健康的利他心態有時很難。站在懸崖的邊緣時，很容易受到傷害。當我們過度助人而忽略自身需求時，可能開始怨恨幫助的對象及整個情況。我認識一個女人，她日以繼夜地照顧罹癌的母親，因此疲憊不堪。她對於自己無法做更多的事情來減輕母親的痛苦感到沮喪，也為自己的沮喪感到內疚。久而久之，她把憤怒轉向母親，後來又轉向自己。她感到心灰意冷，覺得她讓母親與自己都失望了。

當我們的利他從無私的良善變成義務、責任或恐懼，或因持續的付出而筋疲力竭時，內心可能開始出現負面情緒。我記得一位小學老師告訴我，他很氣自己花「太多時間」幫一個貧困的學生；我也聽一位護士說過，她開始討厭病人，接著又為自己抱持這種負面情緒感到羞愧，畢竟她曾經那麼樂於服務病人。

我們可能也以為，既然我們幫了病人、學生或親屬，就有權主動提供對方一些建議或控制對方的行為。有一次，我因敗血症住院時，收到很多關懷，差點累垮了。最後，尤帕亞（Upaya）的一位宗教師（chaplain）明智地建議我，在門上掛一塊「謝絕訪客」的牌子。當時的我一直發燒、畏寒，但每天還得接待大量的訪客，每個訪客都給我許多康復的建議。這些善良的人撥冗來探望我，好心想幫點忙——但顯然身體的療癒需要靠我自己的精力、而不是他們的精力。我甚至記不得他們說了什麼，高燒遲遲不退。他們想要幫忙的渴望，似乎凌駕了設身處地為我著想的能力，所以沒意識到我無法接收任何建議。在這些情況下，當我們亟欲解決問題的焦慮或渴望主導一切時，利他的邊緣很容易崩解。

如果我們學會把利他視為一種邊緣，就會更加注意這種情況的風險與危險，了解危機所在：我們可能傷害他人，也傷害自己，甚至傷害我們任職的機構。當我們發現自己站不穩時，可以學習察覺我們的行為可能在何時把我們推下懸崖。在最好的情況下，我們可以幫自己抽離動盪不安的處境，回到扎實的地面上。

造成傷害的幫助

當利他越過邊緣、墜入深淵時，就變成**病態的利他**，這是社會心理學的術語。當利他是出於恐懼、對社會認同的無意識渴求、矯正他人的衝動，或不健康的權力動態時，就很容易越過界線，造成傷害。而且，那可能產生嚴重的後果，從個人倦怠到全國失能都有可能發生。當我們發現病態利他出現時——無論是在父母、配偶、臨床醫生、教育工作者、政治人物、援助者，還是自己的生活中——揭開那種情境很重要。辨識並指出那種現象，可以使許多原本立意良善但不小心陷入危險斜坡的人打開眼界，看清真相。

芭芭拉．歐克莉博士（Barbara Oakley）與同仁在《病態利他》（*Pathological Altruism*）中探討造成傷害的幫助。他們把**病態的利他**定義成「試圖促進他人福祉的行為，卻造成外部觀察者可以合理預見的傷害」。[15]

病態利他的一個常見例子是共依存症（codependency，譯注：或譯「關係成癮」、「互累症」，是指照顧者和被照顧者之間一種失衡的依附狀態），也就是說，我們過於關注他人的需求，而忽視了自己的需求，因此在過程中導致成癮行為。我認識一對夫妻，他們讓二十五歲酗酒又失業的兒子住在家中的地下室一段時間。他們不想把他趕出家門，怕他失業流落街頭，但兒子在家持續啃他們的老本，隨著他們夫妻倆的怨恨增加，婚姻也受到考驗。他們試著讓他去匿名戒酒會（ＡＡ）及住院戒癮中心，也幫他找了臨時工作。但他們試圖控制他的行為及干預他的成癮問題時，總是收到適得其反的效果。對那個兒子來說，有個免費的住所也不是好事，因為他沒有改變現狀的動力。

除了共依存症以外，歐克莉博士也列舉了病態利他的其他形式，例如動物囤積症（animal hoarding）、直升機式的親子教養。我們都聽過那種無法拒絕收養流浪貓的愛貓人士，以及為了「幫助」兒子向學校證明兒子的化學成績理當及格，而把學校告上法院的父親。

在我的工作中，我看過許多人陷入病態利他的困境，例如護士為了照顧垂死的病人而長時間廢寢忘食；社會活動人士直接住在辦公室裡，以便全天候待命；社會救濟組織的執行長因經常在世界各地奔波而飽受時差之苦；在希臘幫助難民的志工因親眼目睹一切苦難而陷入同理痛苦。

父母、教師、醫護人員、司法體系的員工、投入危機狀況的活動分子，特別容易因為接觸他人的痛苦，而出現病態利他的心態。其後果可能是以怨恨、羞愧、內疚等形式呈現，也可能出現其他邊緣狀態的有害面向，例如同理痛苦、道德煎熬、輕蔑無禮、過勞倦怠。

此外，覺得自己是在「拯救」、「矯正」、「幫助」他人，也可能助長我們潛在的霸道心態、自以為是、自戀，甚至自欺欺人。例如，一個病態利他的例子特別令人不安，那是一個聲稱在亞洲與非洲從事醫療與人道救援工作的組織。該組織不僅向資助者謊報其工作範圍，也未能支薪給不同國家的在地工作人員。這種違反道德的行為是源於自我欺騙。我的直覺是，他們剛開始投入救援工作時，可能真的想要助人。但後來為了募資，他們開始以行善來包裝那個組織。當然，資助者發現真相後便停止資助，但傷害已經造成了。

在系統層面上，當行善助人的舉動反而傷害原本想幫助的對象時，那就是病態利他，例如海外援助出錯的情況。這種例子很多，以我的經驗來說，例如：醫護人員在難民營提供醫療服務，但他們沒有動機提供後續的醫療，或培訓當地人以提供後續的醫療。於是，難民的醫療只能依賴外援；非政府組織（NGO）引進西方產品或服務，而不是對能夠滿足當地需求的在地創業者提供補助金與訓練；「有害的慈善機構」只提供資金，不提供技能發展機會，導致受助者更依賴外部資源。

當西方人認為我們可以拯救世界時，我們的出發點可能不單只是出於善意，也出於傲慢。作家克特妮．馬丁（Courtney Martin）指出，從遠處看，別人的問題看似新奇、容易解決。她說，雖然這種傾向通常沒有惡意，但「可能是莽撞失禮的。立意良善的人試圖解決問題，卻不承認潛在的複雜性時，可能導致適得其反的後果」。

馬丁呼籲大家，與其莽撞地前往當地救援，不如「長期待在國內，直接面對系統複雜性。或者，如果你非去不可的話，可以在那裡待久一點，認真傾聽當地人的心聲，直到他們在你的眼中變成有血有淚的真人。但是，請注意，『拯救』他們可能不是那麼容易」。[16] 想要維持健康的利他心態，唯一的方法可能是親眼目睹另一文化的問題，真正地傾聽。

有些人過於投入「助人」，而犧牲了自己的健康。拉里薩．麥克法卡（Larissa

MacFarquhar）在《陌生人溺水》（*Strangers Drowning*）中，描述一些美國「行善者」把幫助陌生人當成人生使命。她研究的對象放棄了上餐館用餐、聽演唱會等日常享受，以便存錢救濟開發中國家的家庭，他們還會計算自己省吃儉用拯救了多少生命。麥克法卡以不評斷的方式檢視這種現象，她記錄了令人振奮的慷慨無私時刻，也記錄了令人不安的自豪與內疚時刻。[17] 她研究的對象中，有些人是參與「有效利他主義」（effective altruism，EA）運動。那個運動是運用資料分析，來預測哪裡的捐款對窮困者的影響最大，並呼籲追隨者把捐款與情感分離，他們認為「濫情」有礙捐款的運用效率。[18]

歐克莉博士在《病態利他》中也提醒大家，不要把情感與助人混在一起。她寫道：「重點是，善意的情感基礎可能誤導我們相信什麼對他人有益。」歐克莉表示，「愛之深、責之切」那種嚴格的愛（例如父母把窩在家裡啃老的兒子踢出家門），可能才是比較實際的利他。

我認為這要看情況而定。從佛教的角度來看，關愛、良善、慈悲、利他之喜都是非常寶貴的特質，但有時幫助反而造成了傷害。這種情況下，智慧非常重要。佛教徒不會把智慧與慈悲分開。這些特質是基本人性的一體兩面。

是否健康？

在佛教中，一般認為佛本生（Jataka）捨身飼虎的故事是一種「無私」的迷因（meme），是寬宏大量、利他、慈悲為懷的表現。然而，在另一種詮釋中，那可能是一個病態利他的故事。

一位菩薩（後來轉世為釋迦牟尼）與兩位兄弟在一片茂密的森林裡，遇到一隻饑餓的雌虎出來為幼虎覓食。他的兩個兄弟去幫雌虎尋找食物，但菩薩基於純粹、無條件的利他心態，直接躺到飢餓的雌虎前面，以一根尖竹刺入自己的脖子，讓飢腸轆轆的雌虎與小虎可以更輕易地以他的肉體為食。

我們可以把這個故事看成鼓勵我們從事激進的善行。這個故事作為傳說，不該照字面解讀。但從另一個角度來看，這種行為的基本原理也違反了佛教的第一戒律：不殺生，包括不傷害自己。這個故事也可能鼓勵殉道，照字面解釋的話，菩薩犧牲了自己的生命，似乎逾越了危險的界限。

佛教經典中有許多殉道的故事。早在西元五世紀或六世紀，就有中國高僧自焚以示抗議及奉獻的記載。在我撰寫本文之際，西藏就有一些青年男女以自焚的方式反抗中國的壓迫。有一次我參加達賴喇嘛在達蘭薩拉（Dharamsala）主持的大型儀式。他為那些殉道者主持儀式時，眼裡充滿了淚水。他的年輕同門嘉華噶瑪巴（Gyalwang Karmapa）敦促西藏人停止這種極端又致命的作法。我一再自問，自焚與一向主張非暴力與無害的佛教有什麼關係，但我又想起了釋廣德（Thích Quảng Đức）。

火蓮花

一九六三年，越戰爆發幾年後，我在報上看到一張深深烙入我心靈的照片。那是越南僧侶釋廣德的照片，他為了抗議南越政府迫害佛教徒的政策，在西貢一個繁忙的十字路口自焚。他以盤腿打坐的方式坐在坐墊上，完全靜止不動。他的助手把汽油淋在他身上，把汽油罐放在他身後，然後點火。這位堅忍的僧人靜靜地坐著，讓熊熊的火焰吞噬他的身體。

那張照片令我震驚。我不禁納悶，是什麼原因促使他自焚？他如何培養出那樣的性格與心念，讓他在火焰吞噬身體時依然挺立不動？我記得我當時心想：「這場戰爭必須停止。」那張照片促使我開始公開反對戰爭，此後，我也一直堅持，非暴力是通往和平的唯一道路。諷刺的是，觸發我致力追求和平的因素——不，應該說是啟發——竟然是一種極端自殘的行為。

攝影記者麥爾肯・布朗（Malcolm Browne）以那張釋廣德自焚的照片獲得普立茲獎，

那張照片也成了越戰最經典的影像之一。那是苦難與超然的縮影。對許多人來說，那也是一種終極的利他行為。後續幾個月或幾年，幾位佛教僧侶效法釋廣德自焚，包括一行禪師的弟子一枝梅（Nhất Chi Mai）。一行禪師經常談起一枝梅，並複述她的話：「我以己身作為驅散黑暗的火炬。」

釋廣德自焚事件發生幾年後，我遇到年輕的記者大衛・哈伯斯坦（David Halberstam）。他是釋廣德自焚時，少數幾位在場的記者。哈伯斯坦對我們描述當時他目睹的細節，我看得出來那個事件幾乎每個面向都令他深感不安。我不記得當晚他確切說了什麼，但我記得他那雙凹陷疲憊的眼睛。他目睹的一切似乎令他整個人封閉了起來，陷入麻木。後來，他寫道：

> 我應該再看一次那個場景，但一次已經夠了。一個活生生的人體冒出火焰，他的皮膚慢慢地萎縮起皺，頭顱逐漸燒黑並炭化。空氣中瀰漫著人肉燃燒的氣味，沒想到人體竟然如此易燃。我可以聽到身後聚集的越南民眾在啜泣，我震驚到哭不出來，腦中一片混亂，連筆記或採訪都做不到，腦袋糾結到無法思考……他燃燒的過程中，動也不動，一聲不吭。他那沉著的外表，與周圍哀嚎的民眾形成了鮮明的對比。[19]

釋廣德的自焚在佛教徒與非佛教徒之中都引發了很多爭論，大家紛紛探討捨生取義的道德問題。一枝梅師姐的殉道也引發了同樣的問題，例如，利他與傷害的界限在哪裡？誰來定義那條界線？他們的身體所承受的巨大傷害，是否抵消了他們喚醒國際社會關注戰爭的貢獻？他們行動的動機是什麼？是因為堅信這樣做最終將會拯救他人的生命嗎？還是因為極度無法容忍他人承受的痛苦？殉道對社會轉型有意義嗎？還是說，那是一種自欺欺人的有害行為？

佛教探索自我與他人之間的關連。我覺得，釋廣德與一枝梅是從一個「無我」與「無他」的空間出發。他們感受到不公不義與苦難，覺得自己有能力去改變它，並採取行動——自我犧牲的行動。在那個空間裡，我們為他人做的事情和我們為自己做的事情之間並沒有界限。

在我看來，釋廣德與一枝梅的行動，在某種程度上超越了助人與傷害的類別。他們激起大家對一場非正義的戰爭展開抗議，那些抗議可能挽救了許多生命，但他們兩人以一種令人震驚又痛苦的方式喪生了。近五十年來，我深深地思考他們的犧牲。如今我覺得，我們看他們的犧牲時，應該同時肯定他們的英勇精神，也承認傷害；同時看到利他，也承認代價。我逐漸明白利他作為一種無私行為的深遠價值，我也對利他的陰暗面有了一些洞見。同時抱持這兩種觀點，使我把「利他」視為一種邊緣狀態。我認為，我們判斷一個行為算不算病態時，不僅會看意圖，也會看結果。如果奧特雷拯救霍洛彼得時，命喪地鐵車廂下，我們可能會說他的行為是病態或愚蠢的。

我們必須做的是，同時抱持那兩種觀點，這樣才有真正的視野深度——因為我們在任一時刻往往無法看清全貌。我們的觀點取決於當下所處的位置。這是我們評估任何看似利他的行為時，都應該深入探究及敞開眼界的原因。在最好的情況下，利他以及我們對利他的觀感，是建立在超脫自利、關注周遭、安然面對模擬兩可與極端不確定的能力之上。

利他偏誤

誠如釋廣德與一枝梅的行為所示，殉道可視為一種極端的利他形式；有些人可能稱之為病態。病態利他的更常見形式（亦即我們從日常生活中瞭解的形式）沒有那麼複雜，但也可能暗藏危險。

我們助人時必須注意，助人不是為了讓自己感覺良好。宗教提醒我們不要有那種動機。我年少時，曾經從登山寶訓（Sermon on the Mount）獲得啟發。在登山寶訓中，耶穌告誡大家，不要為了獲得肯定而行善。套用佛教的術語，當我們為了獲得社會的認可而助人時，那可能物化自我意識，使我們對「好人」的身分產生依戀。

我記得我的第一位禪師崇山行願（Seung Sahn）曾不經意地問我，我怎麼利用時間。我列舉了最近做的一切「善行」，他怒斥：「妳是個壞菩薩！」他的斥責有如當頭棒喝。我發現，我為了那些攸關社會正義的理念，竭盡所能地做到精疲力竭，卻因此剝奪了受助者的能動力，使他們失去了力量。此外，我可能也想獲得師長與他人的認可。我感到懊惱，但也很感激禪師為我上了那一課。

另一方面，因助人而感覺良好真的不好嗎？或許因助人而感到喜樂很重要，那很大程度上是取決於我們的價值觀、動機與意圖。如果我們的動機是自我感覺良好，或是獲得他人的欽佩或尊重，自尊需求會導致我們的行動大打折扣。與其問「這個行為會證明我是好人嗎？」或「這樣做會讓我感覺良好嗎？」，我們應該問「這樣做有什麼幫助？」

已故的藏傳佛教上師丘揚創巴仁波切（Chogyam Trungpa Rinpoche）自創「**修道唯物主義**」（spiritual materialism）一詞。也就是說，修道者試圖透過各種方法（包括展現「利他」）來提升個人的道行。渴望造福他人是修道的一個重要面向，它有助於調整優先要務，也能深化修行。然而，當我們開始運用利他的行為來提升自我意識時，那就變成一個陷阱。對現實抱持一點謙遜，有助於緩和這種想要獲得肯定與讚賞的渴望。

病態利他的有些面向與性別有關。在我成長的過程中，我母親是紅十字會的義務護士（Gray Lady），在邁阿密的一家軍事醫院裡擔任紅十字會的志工。她過世那天，是醫院的志工，幫北卡羅來納州的住院老人遞送雜誌與書籍。終其一生，她都在為他人服務，她是利他主義者。與此同時，想獲得社會肯定的些許渴望，也影響了她的利他行為。我覺得，女性身分使她的動機產生了一點偏差。我從崇山行願禪師給我的嚴厲教訓中學到，我也有那樣的偏差。

女性往往透過利他的行為，在社會中獲得肯定與力量——無論是身為妻子與母親，或是身為照護者。許多婦女在家庭、社會、文化方面也有壓迫史，或受到一些鼓勵「自我犧牲」的宗教價值觀所牽制。聆聽一些女性臨床醫生、社會工作者、教師、律師、高階管理者談論其職業挑戰後，我逐漸了解性別身分如何影響一個人的利他表現，以及如何導致一個人因過度犧牲而受傷。當然，許多男性也面臨同樣的問題，他們也想透過「犧牲自己、幫助他人」的方式來獲得社會的肯定，但我發現女性往往背負著額外的負擔，而導致自己與他人都受到傷害。

歐克莉為此提出了一個術語：**利他偏誤**（altruism bias）。這是指社會、文化、精神層面都要求你發揮同理心，展現關懷。很多人即使在不適合的情況下，也很想展現利他的行為。

我們可能會忽略「即使幫忙，也是白忙一場」的徵兆，再次把成癮的配偶保釋出獄，因為我們相信自己有責任幫深愛的人克服成癮問題。或者，我們可能自以為是正義的化身或救世主，而在無意間尋求社會認同我們關懷的意圖。

不過，利他偏誤幾乎稱不上是壞事。拯救因癲癇發作而跌落鐵軌的年輕人，或是為喜馬拉雅山區的受困村民提供醫療服務，或是幫少女抵擋種族歧視的攻擊，或是對臨終的鄰居伸出援手，或是避免孩童落入納粹集中營等等作為可能是必要的，雖然這些作為危險又艱難。經驗告訴我們，利他偏誤是必要的。如果我們的父母沒有一點利他傾向的話，我們可能無法從嬰兒期存活下來。少了利他偏誤，每個人都不會是今天的自己。

然而，利他偏誤也有一些其他的有趣考量。道德體系（例如我們在靈性與宗教傳統中看到的道德規範），以及利他的人文概念，都會強化利他偏誤。這些認知與文化系統，加上我們個人的價值觀與歷史，可能在無意間導致我們對於自己的行為是否真的助人產生盲點。這些系統導致我們忽視直覺、良心、身心所發出的警訊。即使我們從朋友或同事那裡獲得建議，我們依然基於自以為是的利他心態採取行動，而對所有人造成巨大的代價。事後，那些無意識的偏誤與自欺欺人的流程，也會幫我們合理化那些偏離正道的行為。事後回顧時，我們可能說：「我覺得那是該做的事」或「那樣做讓我覺得自己是好人」。

我在尼泊爾、西藏、墨西哥、非洲的工作經驗讓我學到，利他偏誤不僅對個人有負面影響，也對系統有負面影響，可能促成體制暴力與系統暴力。國際援助組織往往未能對其專案的影響進行充分的研究，因此不了解他們試圖協助與拯救的苦難有多複雜。

在尤帕亞禪修訓練中心，我們因應二〇一五年春天尼泊爾發生的大地震時，決定採取不同的方法。多年來我們在尼泊爾投入不少醫療專案，我們從那些專案瞭解到，聰明又積極的尼泊爾青年已經在當地了，他們早就做好幫助災民的準備。他們瞭解當地的地貌，可以透過社群媒體彼此交流，也與我們聯繫，而且充滿助人的精力與動力。雖然透過大型國際非政府組織去援助尼泊爾是一般常見的途徑，但我們覺得，相較於透過當地年輕領袖的才幹來幫助偏遠的廓爾喀縣，透過NGO的成效可能比較差，而且那些在地的年輕領袖已經投入賑災了。我們想起二〇一〇年的海地地震，那次地震激起大量的國際援助湧入海地，但那些援助都在海地人的掌控之外。有人形容海地是「NGO共和國」，大量NGO湧入當地，卻無人關注海地的復原力與自治。資金管理不善，更糟的是，聯合國的維和部隊還把霍亂病毒帶進當地的供水系統。我們不想重蹈覆轍，所以直接找上值得信賴的年輕尼泊爾夥伴。

多年來，我們在尼泊爾投入醫療服務時，與喜馬拉雅山偏遠地區的許多人合作，他們充滿了奉獻的精神，能幹又有效率，而且熟悉當地的一切。我們知道他們的日常開支很少，甚至沒有開支，而且他們與當地居民的關係密切，知道什麼可以幫助災民。我們也覺得，讓他們參與援助工作是培養領導力的機會。地震雖是一場災難，但也是下一代尼泊爾人培養領導力的契機。

結果不出所料，數百萬美元的人道救援資金流入了政府的金庫。撰寫本文之際，由於政治紛爭，多數的救援資金仍留在政府的金庫中。

其它的外援物資則是滯留在機場，或是在印度的邊境遭到扣押。相反的，尤帕亞的團隊（包括登山者帕桑、她的丈夫秋田，以及許多尼泊爾青年）迅速把好幾噸的食物、醫療用品、建材送入災區。在我們與其他知名登山者的支持下，帕桑雇用失業的搬運工到災區修建道路。這樣一來，不僅失業者有工作，物資也可以透過步行搬運的方式送達受災的村莊。在尤帕亞的募資幫助下，帕桑也雇用一架直升機，從洛寺（Lho monastery）疏散孩童。那些孩子已經受困當地數週，缺乏足夠的糧食。

帕桑的先生秋田與他的團隊，為地震的倖存者募集了數千張防水布、毯子、食物與衣物，並送達災民手中。隨著時間推移，他們逐漸重建學校、庵寺、婦女中心、養老院。整個村莊的屋頂都改換更安全的建材。他們持續為地震的倖存者以及來自緬甸的羅興亞難民提供醫療服務，這些工作仍在尼泊爾境內持續進行，並由那些年輕人主導。

然而，美國的援助專案是把美國的承包商引進海地、南蘇丹或尼泊爾去建造房屋，而不是雇用當地的工人。那樣做可能會演變成殖民主義、父權主義、高高在上的屈尊俯就狀態，而不是明智的利他主義。我想起安妮・伊莎貝爾・薩克萊・瑞奇（Anne Isabella Thackeray Ritchie）在十九世紀的小說《戴蒙太太》（*Mrs. Dymond*）中創造的名言：「給人魚吃，一小時後，他又餓了；教人捕魚，才是幫他一個大忙。」我認為真正的利他是教人捕魚。我們的尼泊爾青年網絡懂得怎麼釣魚，他們也教別人釣魚。我一直在問，我們身為活動人士、教育工作者、臨床醫生、父母、政治人物，如何教人們釣魚？我認為，若要理解「利他」這個邊緣狀態，這是一個很重要的問題。當我們助人的理由是為了自己或一知半解時，當我們的幫助創造出無法持久延續的局面時，我們就會越過邊緣，陷入病態利他的狀態。

3.利他與其他的邊緣狀態

邊緣狀態會直接或間接地影響彼此，它們會產生共鳴，一起支持或破壞我們。對受苦者發揮健康的同理心，可以使人產生良善、關懷、利他心態。我們看到有人遭到霸凌，或承受系統性的暴力與直接虐待時，利他與誠正使我們想要介入干預。利他也是讓人致力參與的強大平台。然而，如果我們無法適度地調節同理心，可能會感到痛苦而無法助人，或因反應過度、技巧拙劣，而對他人與自己造成傷害。

如果我們的利他行為與道德感不一致，就會陷入道德煎熬。當我們陷入病態利他時，我們對原本想要幫助的對象也會失去尊重，甚至產生輕蔑。利他心態不健康時，往往導致過勞，心力交瘁。然而，勇敢地辨識自己是否出現失衡的利他心態——凱西・摩爾（Cassie Moore）所謂的「助人的妄想之路」——可以使一個人的生活變好，更加慈悲為懷。

二〇一六年初冬，尤帕亞禪修團隊造訪聖塔菲的一家遊民收容所，為兩百位遊民提供晚餐及服務。翌日，凱西的經歷促使她寫下她對利他心態的感悟：

在收容所供應晚餐的隔天，我在馬西街遇見一位遊民。我們走過斑馬線時，目光交會。穿過馬路時，我們不知怎的也交心了。我意識到我一點也不怕他，那感覺對我來說很新鮮。我的意思不是那種毫無顧忌的無所畏懼，我依然知道，以一五七公分的女性身軀接觸這個世界時，需要明察秋毫。他如聖誕老人般的長鬍子跟著微笑上揚，我點頭回應，像鞠躬一樣。這感覺很正常，很人性——毫無魔力，但意義深遠。我持續往前走時，感到內疚。那種內疚感就像一顆冰冷的金屬珍珠在肚子裡成長。我覺得能夠在一個遊民身上看到自己的臉，感覺很新鮮——這種感覺究竟意味著什麼？這種愧疚感是理所當然的。並不是因為我一直忽視遊民問題，我從來沒有忽視，只是我一直把遊民當成「他者」看待。我從來沒在他們身上看過自己，我一直把自己視為救助者，懷著一顆拯救者的心去面對他們。

突然間，我覺得這是一種卑劣的恥辱，一個令人信服的故事卻別有居心。它隱藏了對苦難的極度不適感，而且我還從根本相信，我比那些需要幫助的人高了一個層次。我相信我可以幫忙解決問題，並藉此抽離苦難。這種心態令我反胃極了。在我看來，「解決問題」似乎是我的妄想之路，目的是把我送到同樣妄想出來的「問題已解決之地」。更重要的是，它讓我只看到我與遊民之間的差異。[20]

凱西與遊民目光相遇時，他們瞬間產生了共鳴，那瞬間為凱西打開了一番洞見。她頓時意識到，幫助、解決、拯救都是不健康的利他心態。她意識到自己把遊民當成「他者」看待時，內心出現道德煎熬（以「羞愧」的形式呈現）。把別人視為「他者」時，不太尊重對方，那是另一種邊緣狀態。凱西並非特例，我們的社會大多把遊民視為「他者」。她意識到自己在這個壓迫系統中也扮演了一角。那樣的體悟使她脫離病態利他的心態，變成慈悲為懷。

凱西的故事讓我想起瑞雀・娜歐米・雷門醫生（Rachel Naomi Remen）的一個重要教誨：「幫助、解決、服務是三種看待生活的不同方式。你幫助他人時，覺得生活是脆弱的。你解決問題時，覺得生活出了問題。你提供服務時，看到生活是完整的。」雷門解釋，幫助是建立在不平等的基礎上：「我們助人時，從對方身上不經意拿走的東西，可能比給予對方的還多。我們可能貶低對方的自尊、價值觀、正直與完整性。我助人時，非常清楚自己的優勢。但我們不是以優勢來服務他人，而是在貢獻自己。我們是擷取一切經驗，我們的缺點也有助益、創傷也有助益，甚至連陰暗面也有助益。我們的完整投入，有助於促進他人的完整與生活的完整。」[21]

利他，在最好的情況下，是對他人的福祉積極地展現一種共鳴、關心、包容、責任感。

它是在「助人」或幫人「解決問題」，但刻意不去剝奪他人的自主權。它是意識到我們的生存與他人的生存並非毫不相干。誠如溫頓在二戰中拯救那麼多孩童的勇氣一樣，利他的特徵在於無我、無私、勇敢、寬容、共感，以及對所有生命的深切關懷。

我認為，我們該做的，是為性格打造一個強大的內在基礎架構，認清那些偽裝成良善的危險，讓自己有本事在陷阱包圍我們之前就抽離陷阱。然而，我們偶爾也有可能陷入自我欺騙、動機錯誤、渴望獲得讚揚的狀態。當那種情況發生、我們也辨識出來時，我們可以充分發揮失敗賦予我們的卓越天賦：謙卑。

4.支持利他的作法

一九九四年，柏尼．葛雷斯曼禪師（Bernie Glassman）五十五歲生日那天，他與妻子吉秀．安究．荷姆絲（Jishu Angyo Holmes）及一些朋友在那個隆冬時節，一起坐在美國國會大廈的台階上，思考接下來該怎麼做以解決愛滋病危機。他們在紐約的揚克斯市成立了一個大型的社服機構，名為葛瑞斯通曼陀羅（Greyston Mandala），裡面有葛瑞斯通麵包房、愛滋病診所、托兒服務、課後輔導、低收入住房、社區花園等等。然而，瞭解柏尼禪師的人都知道，一種永不停歇的革新性利他心態持續糾纏著他，使他不斷地突破常規，嘗試新事物。

坐在冰冷的國會台階上，柏尼禪師與妻子開始展望入世佛教組織「禪修和平會」（Zen Peacemaker Order，ZPO）的未來。他們為禪修和平會扎穩了根基，也落實了無明（not-knowing）、見證（bearing witness）、慈悲行（compassionate action）這三大教義（那是培育最勇敢利他主義的途徑）。「**無明**」是指不對自己與宇宙抱持成見。「**見證**」是指參與這個世界的苦與樂。「**慈悲行**」是從無明與見證衍生出來的行動，這種行動促進世界與我們自身的療癒，並以此作為一種修行之道。

ZPO後來創建了許多充滿膽識的專案，並延續至今。在ZPO的「街頭靜修」（Street Retreats）中，參與者像遊民一樣在街上住幾天，親身體會無家可歸的感覺。在「奧斯威辛見證靜修」（Auschwitz Bearing Witness Retreat）中，數百人在寒冷的十一月天，聚集在奧斯威辛集中營，修習無明、見證、慈悲行，以體會這個世界過往與當下的苦難。

一九九〇年代中期，我以共同創辦人的身分加入了ZPO。我與柏尼禪師和吉秀，以及其他幾位禪修者努力把那三大教義的修習變成我們生活的核心，也為學生提供這種可能性。幾年後，我把這些教義納入尤帕亞禪修訓練中心的「佛教宗教師培訓計畫」中，作為我們培訓宗教師的見地、禪修、行持的基礎。

我們以這些教義為參考架構，提出以下問題：當我們承受的苦難近乎難以招架時，如何「無明」以對？何時「見證」趨近於旁觀？需要「慈悲行」時，如何壓抑想要「幫助」與「解決問題」的衝動，維持平衡與健康的利他心態，以免自己跌落邊緣？當我們發現自己趨向病態利他時，如何回歸健康利他的扎實基礎上，以免滑落邊緣、累垮自己？

我曾在高度設防的監獄擔任志工，那幾年我的利他心態一再受到考驗。我真正了解第一教義「無明」的真諦，是第一次去新墨西哥州的監獄教囚犯冥想的時候。我在那個監獄裡是真心感到恐懼，我擔心自己怎麼和一群曾是幫派分子的男性共處，他們都犯過多起謀殺案。

更棘手的是，在志工培訓課程中，講師告訴我們，萬一囚犯挾持我們當人質，獄警沒有責任解救我們。

儘管如此，我一直想去那個特殊的環境服務。在那之前，我的工作是接觸垂死的患者，長達數十年，我意識到我需要從我不熟悉的世界學習。我也非常清楚，我們的經濟體系、種族歧視、文化排他性，助長了監獄體系的系統性壓迫。我想更深入參與跟我國的正義與非正義相關的心理社會痛苦，幫助那些被社會弊病殘害的受害者。

我第一次為那群「學生」上課時，沒想到我也因此上了一堂「無明」課。一位獄警把那些人帶進會議室後，就自行離開了，留下我與一位女同事，跟那十幾個面相兇狠、滿身刺青的大漢相處。他們大多戴著墨鏡，剃光頭，額頭上綁著髮網。每個人都懶散地癱坐在塑膠椅上，岔腿而坐。

身為禪僧，我也剃了光頭，但沒有綁髮網，而且雙腿緊閉交叉。

我渾身不自在地坐在他們中間，發現恐懼阻礙了我與這群緊盯著我的沉默大漢互動。我必須迅速放棄我對「內在」的先入之見，否則我很難教下去。我問那群人願不願意分享當下的感受，其中一人應聲表示願意。我必須把注意力轉移到呼吸上，讓自己冷靜下來，接著我們就開始了。

第一個人只是默默地瞪著我，令人不安。第二個人戴著墨鏡，我看不見他的眼睛，我客氣地問他要不要摘下墨鏡，他迅速地上下晃動墨鏡，我只瞥見一雙布滿血絲的眼睛。我只好微笑以對，周邊的其他人也笑了。

下一個人終於摘下墨鏡，開始說話，於是氣氛開始熱絡起來。他們一個接一個說了幾句，最後一人從襯衫口袋裡掏出一個小包裹，遞給我，那是一個髮網。我打開小包裹，拿出髮網，慢慢地綁在頭上，大家哄堂大笑。從此以後，我在美國這個最高度設防的監獄裡，修習了六年的「無明」。

當時我頓悟了一個道理：身為所謂的「專家」，很容易把我和那群人區隔開來。我們往往因為恐懼而築起一堵「專家」的高牆。我從那次經驗學到，認清個人偏見與故事的重要，以及那些偏見如何阻止我以一種不受干擾的方式接觸那一刻。最後，我瞭解到，「無明」是利他的根本，因為它讓人敞開自我，去接觸一個比偏見更廣闊的視野，讓人產生共鳴與惻隱之心。

第二個教義「見證」，是讓我們整個人完全與正在發生的災難、淡定或喜樂相連。更深入地說，見證是指，與他人、周遭世界、自己保持一種無條件的關係，敞開雙臂與心胸去全盤接納。

我在尼泊爾的尤帕亞遊牧診所（Nomads Clinics）服務時，見證了許多物質貧乏、受傷或生病的人，也見證了腐敗的政府、環境惡化、藏人遭到邊緣化的後果。我關心藏人，持續關切他們的真實情況，以瞭解什麼可以幫助他們的社群。沒有見證的話，我無法做到那樣。

第三個教義「慈悲行」是源自於「無明」與「見證」，雲門文偃禪師稱之為「對一說」。[22]那是指採取行動（或刻意不採取行動）都有造福他人的明確意圖。哲學家吉杜・克里希那穆提（Jiddu Krishnamurti）曾寫道：「行動只在關係中才有意義，不了解關係的話，任何層面的行動都只會帶來衝突。了解關係遠比尋找任何行動計畫來得重要。」[23]幾十年來，我前往尼泊爾支援尤帕亞的診所時，都是以「無明」與「見證」為基礎，以我的團隊與喜馬拉雅人培養的關係為根基，去從事那些工作。

落實那些教義，與多數人感到自在的處世方法正好背道而馳。看護者可能想把事情做完，教師、律師、活動人士、家長也是如此，我也是。我們通常會想要依賴自身的專業、知識，以及過往的助人經驗。但我們充分接觸當下的時刻時，那三大教義可以成為寶貴的指南。對我來說，那三大教義是我處理邊緣狀態的能量時，最強大的「方便」（upāya，亦即權宜之法或修行工具）。在本書中，當我探索每種邊緣狀態及支持它們的作法時，我會一再提起這三大教義，作為因應自身苦難與他人苦難的權宜之法、修行之道，也作為培養智慧與慈悲心以及找到自在的途徑。

修習「無明」

那麼，我們如何修習這三大教義呢？這裡，我將為每個教義提出一些修習重點。我們先從「無明」看起。

我發現有人受苦需要幫助時，通常會先深吸一口氣，讓身體平靜下來，接著呼氣以穩定身子。接著，我接觸那個人所承受的痛苦時，可能會自問：「我如何保持開放的心態，不妄下結論或魯莽行動？」我也可能自問：「為什麼我想在這種情況下幫忙？我是否陷入了病態利他的陷阱？當下，我有本事做到不傷害對方、純粹幫忙嗎？」如果我感到恐懼、有意見、或討厭痛苦，理想的情況下，我會注意到這種現象。接著，我會把注意力拉回呼吸，讓自己平靜下來，處於當下，以便回歸開放的心態。

最近我去探望一位臨終的朋友，他的妻子突然爬上床，把他原本躺靠的枕頭用力地鼓起來，接著又一再地拍打他的手臂，跟他說他很好。那一刻，在我看來，沒有人是好的。我不得不進入「無明」的狀態，為他們兩人保留愛的空間。畢竟，她正處於驚恐狀態，病人則是身心都很痛苦。過了一會兒，他們都平靜下來了。但我有一股衝動想把他的妻子從他的旁邊拉開，那個衝動難以抗拒。這時，停下來、讓自己鎮靜，幫我壓抑了想解救他及提出建議的衝動，只停留在當下。

修習「見證」

「無明」支持我修習「見證」。當我接觸他人的痛苦，並意識到我面對他人痛苦的反應時，展現平靜與慈悲心很重要。一再讓自己沉靜下來，也有幫助。注意大腦支持或反對事情的理由，也非常重要。「見證」不是當旁觀者，而是投入關係之中，而且有勇氣面對整個災難。這不見得很容易，但是多練習可以精進能力。

底下是麗塔的故事。在舊金山的市區，某個下雨天，我離開飯店，排隊等候搭計程車。這時一個身材嬌小的黑人女性遊民靠近我，她穿著一件很長的運動衫，長及裸露的雙腿上方。她問我是不是在排隊，我說是，她回應：「那妳知道我是好人了。」接著，她指著我的絡子（rakusu，受菩薩戒律的禪修者所穿的衣服）問道：「妳是尼姑嗎？」我停頓了一下，接著直視她的眼睛，點頭承認。當下，我覺得我有必要和她在一起，不能把目光從她的身上移開，或匆匆地從她身邊經過，也不能物化她。我不由自主地想與她建立關係，只想跟她在一起。我不是主動那樣想的，事情很自然就發生了，雨水落在我們的身上。

接著，她向我要錢。我身上沒帶錢，所以我溫和地告訴她，我沒有錢。我依然沒有移開目光，也沒有試圖抽離，就只是溫和地存在當下，陪伴她一會兒。接著，她突然痛哭起來，又哭又叫。之後，她朝我衝過來，飯店的門衛馬上趕來，對我們說：「麗塔，沒關係，妳現在可以走了。」但麗塔沒有離開，我也沒有。她把我逼到了絕境，我也把自己逼到了絕境，因為我意識到，那個親近的片刻可能不只拆了我們之間的隔牆，也拆了保護她的隔牆。

我站在那裡，處於真正的「無明」狀態。我不僅必須見證她的苦難，也必須見證我自己的困境。她的苦難顯而易見，但我毫無能力幫她化解苦難。這時我該做的（無論熟練與否），是讓自己平靜下來，深吸一口氣，見證她發揮混亂的能量。

那天我從麗塔身上學到了一課。沒有足夠的時間處理親近關係時，可能會導致痛苦。我總是盡量落實那三大教義，作為陪伴對方的方式。後來，我想起柏尼禪師的話：「我們見證街頭生活時，是在奉獻自己。不是提供毯子、食物、衣服，而是只有我們自己。」[24]那是指我們的全部，包括我們的困惑，包括愛與尊重。遇到麗塔時，我無法控制結果，也無法預測結果。我只知道我無法迴避她的痛苦。

我問過自己，當時我可以採取什麼「慈悲行」來幫助麗塔。我沒有直截了當的答案，也許我們都受到幫忙可以解決問題。我覺得我們可以重新檢視看似不太完美的互動，並問自己如何變得更有技巧。我們如何以減少傷害、甚至有益的方式，把直覺、洞見、經驗結合起來？或許，「需要一個明顯的正面結果」也是次要的問題。見證是指參與整個情況，參與它當前的樣子。

慈悲行

讓自己冷靜下來，穩定身體，對這三個教義的修習很重要。這是我面對麗塔的痛苦時所做的。需要發揮慈悲心時，冷靜下來可以幫我們辨別哪種行動最適合當前的情況，以及何時什麼都不做可能是最慈悲的回應。我記得有好幾次我正想跳下去幫忙或解決問題時，先花了幾秒吸氣、呼氣、讓身體穩定下來——這讓我做出更符合當下需要的選擇。暫停一下，冷靜下來，給自己時間解放自己。

身體常告訴我們，我們想做的事情與想做的原因並不一致。或者，我們正在做的事情，可能違背我們的道德或倫理觀。或者，什麼都不做可能是比較好的反應。或者，我們之所以助人，是因為我們有「被需要」的渴望。

藉由感受身體傳達的訊息，我們也可以瞭解越過邊緣時的身體感覺：腸胃或胸口緊繃的麻痺感；心臟、喉嚨、眼睛或頭部的周圍揪緊；心神不寧，刺痛發麻或疼痛；雙手冰冷、冒汗、雙腳不自覺地動起來，彷彿想要逃離；感覺好像靈魂出竅，看著自己做不是真正想做的事。我們可能在腦中合理化自己的行為，但內心一沉或身體緊繃的感覺洩露了真相。如果我們把注意力轉移到呼吸與身體上，就能見證身體傳達的訊息，可能因此避免跌落邊緣而陷入病態利他的泥沼。

修習三大教義也可以幫我們看清自己的「修道唯物主義」、自我欺騙，以及渴望他人肯定的需求，使利他的陰暗面浮上台面。當我們放慢步調、反思動機時，可能會注意到自己是從希望獲得肯定與感謝的角度出發。當我們承認這種自以為是或未獲滿足的情感需求時，可以用不苛責的姿態，跟那個「小我」打招呼，把那個經驗當作一次很好的教訓。我們助人的動機必須至少是無私的，在行動之前反思那三大教義，可以幫我們分辨何時是在提供服務，何時是在幫助與解決問題。

5.在利他邊緣的發現

佛學的核心是不執著，那是一個與利他有關的重要原則。我們看到他人受苦時——無論是家人、同事、客戶、動物、整個人類群體、我們的地球——會想要開誠布公、推心置腹地面對苦難，以善盡一己之力。我們也承認，其實我們隨時都處於自由落體的狀態，藉此修習「無明」。我們不可能找到某種道德制高點，從此穩定下來，並抓住周遭那些墜落的人。每個人都是處於墜落狀態，都是往生活的無限虛空中墜落。我們學會在墜落的過程中變得穩定，並支持他人因感到解脫而不再恐懼。最後，我們不是停在地面上，而是因為知道永遠不會著地而感到自在，與大家一起在生活的無限空間中遨遊，沒有依附，不執著，但推心置腹。

不執著，不表示不在乎。事實上，那可以是一種表達關切的方式。「放手式的關愛」（Detach with love）是源自十二步驟戒癮課程的口號，這個口號充滿了智慧。「放手式的關愛」可以讓我們從期望的束縛中解脫。我們試圖助人，但可能失敗，因而導致失望、內疚或羞愧。你希望垂死的病人能夠「善終」，但事與願違，他最後在混亂又痛苦的情況下死去。囚犯在你的協助下假釋出獄，卻在假釋期間偷了一支昂貴的手錶，又再度入獄。你努力為蘇丹兒童的教育籌募了五年的資金，結果那個計畫失敗了，因為校長從未支薪給老師。諸如此類的例子，不勝枚舉。當我們對結果的執著把我們推離良善的高緣時，修習三大教義可以讓我們沉著穩定下來。

利他的另一部分是探索我們的文化、種族、性別、性取向、教育、階級、個人歷史如何製造出那些影響我們行為的偏見與價值觀，以及我們相對於他人的特權與權力如何影響我們對助人的預期。「無明」不是拋棄偏見，而是提供一個開放的視野，讓我們更清楚地看到社會的制約效應。我們看到，不經意地物化他人，使他人變成我們憐憫或施展權力的對象，助長了不健康的利他心態。

另一個重要的人際互動技巧是設定界限。這不是一種自私的行為，也不表示你推開他人，或把他人視為「他者」。把他人視為「他者」，是指物化那些你認為「非我族類」的人，而且你通常覺得他們不如你。好的界限可以避免我們陷入同理痛苦，同時讓我們謹記一點：從一個角度來說，我們不是受苦的當事人。當我們陷得太深，過於融入受苦者的角色時，修習三大教義是辨識自己是否陷落的有效方法。維持開放心態（無明）、貼近苦難（見證）、展現關懷（慈悲行）可以幫我們把同理心轉化為慈悲心。

成為社群的一分子，是另一種巧妙的方法。它可以幫我們沉著穩定下來，腳踏實地，實事求是。歐克莉博士說，每個人都需要外部的觀察者——那可以是家庭、工作團隊、宗教社團，甚至是我們服務的社群。外部觀察者可以為我們見證，在我們看似利他的行為造成傷害之前（或之後），幫我們糾正行動的路徑。有一個技巧純熟的老師從旁提醒三大教義的力量，也可以讓我們深深受益，為我們與他人省下很多麻煩。

持續落實這些作法與觀點，總有一天，當我們看到他人受苦時，我們的反應會變得無私又簡單。在我們達到那個境界以前，你我都必須不斷地參與，修習那三大教義，並從經驗中學習。誠實地面對自己，隨時關注自己的轉變，可以讓我們保持健康的利他心態。

同樣重要的是，不要自我批判，我們應該善待自己，保持對自己的好奇心。明朝的哲學家洪自誠在《菜根譚》中寫道：「地之穢者多生物，水之清者常無魚；故君子當存含垢納污之量，不可持好潔獨行之操。」[25]這些文字充滿了智慧，因為很少人是完美的利他者。利他可能把我們帶到邊緣。站在那個邊緣——甚至從邊緣掉下去——最終可能讓我們變得更謙卑，更了解基本的人性。那句話一語道盡了利他的本質：「願我在不知不覺中多行善。」[26]的確！但願我們能抱持一顆完整、開放、謙卑的心，修習「無明」、「見證」、「慈悲行」。

有時我不免會落入想要「幫助」他人及為人「解決」問題的較差心態，或以利他之名造成傷害，但這些事情都讓我記取了一些教訓。或許，我從過勞、過度同理、道德衝突與煎熬、權力鬥爭等失敗中所記取的教訓，讓我更有智慧提供服務。

當然，我們永遠不該主動從邊緣掉落，但是萬一我們不幸掉落了，那掙扎除了帶來痛苦以外，也會帶來恩典。從邊緣掉落的故事——以及從過程中記取的教訓——可以像那些在堅實地面上站穩的故事那樣鼓舞人心。我在本章稍早前寫道，一對夫婦讓酗酒的兒子住在地下室裡。那對夫婦無疑已經從邊緣掉落，並陷入共依存症的泥沼。他們與兒子對立，夫妻倆也相互對立，但後來他們想辦法脫離了泥沼。

在一次冥想靜修中，那位母親領悟到，她與先生多年來一直縱容兒子的行為。她說服先生一起實施一項計畫以改變現狀。他們不再給兒子金錢，並要求他搬出去，還換了鎖。某種程度上，這也是一種愛的展現。他們的兒子離家後，去朋友家打地鋪，直到朋友也受不了，請他離開。於是，他開始流浪街頭、不斷地進出監獄、生活每況愈下，情況看起來很糟。他的母親聽到他的消息時，真的很擔心，但她沒有心軟，持續堅持立場——她知道這時幫他，等於是在害他，也會害了他們夫妻倆。最後，那個年輕人終於跌到谷底，絕望地尋求協助。

現在，她的兒子已經戒酒十八個月並持續下去。他有自己的公寓，目前在一家戒癮中心工作。他的母親告訴我，兒子戒酒讓她相當感恩；看到兒子擺脫共依存症、重獲新生，她也很感恩，因為她學到很多。她說：「身為母親，我以為我有責任竭盡所能地幫他戒酒。我以為我有責任確保他溫飽無虞。當我意識到我的責任其實是『放手式的關愛』時，一切都改變了。我永遠不會忘記這個經驗教訓，以前我對成癮一無所知，現在我學到很多。如今我對成癮者及他們的親人有了更多的慈悲心。」她從邊緣學到了同理心與智慧。

木偶與負傷的治療者

利他可以為生活帶來使命與深度。想要服務他人的強烈熱誠，幫我們在困難時期堅定不移，持續投入。菩薩的誓言（拯救苦難眾生）可以引導我們遠離自私，抽離小我，與他人展開無限的互連。

最終，我們將學到無我、無他——無施、無受。我們可以像木偶那樣回應世界，木偶的四肢是由連接世間苦難的線所牽動的。我們的利他心態可以自然地轉變，像冰雪隨著春天的到來而融化成水那樣。善良的水分可能發揮了作用，使無條件利他的種子開始萌芽。當我們的願望是致力於眾生（包括自己）的福祉時，我們可以停止忙碌的心理投射，不去想自己或他者，對結果不期待、不執著，活在當下。

希臘神話中有一個半人馬凱隆（Chiron）的故事。海克力斯的毒箭射傷了凱隆，那傷勢促使他去尋找療法，那個歷程激勵他去服務比他自己更不幸的人，受傷成了他轉變的契機。

榮格在描寫「負傷的治療者」這個原型時，引用了這個神話。他把源自於苦難經驗、但轉化成無限慈悲的利他經驗加以具體化。

負傷的治療者沒有試圖從內心排除任何東西。這需要在挺立於邊緣時，同時努力並保持放鬆。在病危兒童的床邊或驚恐難民的帳篷裡待幾個小時，而且什麼都不做，既需要努力，也需要放鬆。助人不求回報，也需要努力與放鬆，兩者缺一不可。把心思拉回修行，不斷地現身投入（即使結果看起來很悲慘），也需要努力與放鬆。努力與放鬆是指放下恐懼及「釋放思想」（套用內山興正禪師的說法）。這兩種素質的結合，讓我們有勇氣與耐力堅持到底，面對現實。它們幫我們在苦難的糾結中，展現全心全意與完整。

愛

最近我在一場演講中暢談利他與慈悲心。演講結束後，一位名叫莎拉的老婦人問我能不能跟她談談。莎拉說，她結褵三十七年的丈夫罹患老年癡呆症。每晚她安撫先生就寢時，先生抬頭看著她，但不認得她，接著他坦然地緩緩說出：「妳是個賢慧的女人。」

莎拉告訴我這些時，眼裡似乎毫無自憐、悲傷或顧慮。我倆都停頓了一下，接著她又平靜地說：「結婚多年來，我一直在等那句話。」

我很確定莎拉之所以照顧先生，不是為了誘導他說那句話。先生的話似乎精確地表達了她過人的良善。她後來告訴我，照顧先生是她這輩子最快樂的時光。

我們最深層的價值觀，可能引導我們基於愛去服務他人，而不是出於自我或是對回報的渴望。我想起阿嘉莎・克莉絲蒂（Agatha Christie）所著的《史岱爾莊謀殺案》（*The Mysterious Affair at Styles*）裡寫道：「艾米麗是以一種獨特的方式展現自私，她是個慷慨大方的老婦人，卻總是想要回報。她從來不讓人忘記她為他們做過的一切，她因此錯失了愛。」[27]

莎拉並未錯失了愛。新罕布夏大學的運動員卡梅倫・賴爾（Cameron Lyle）也沒有。他參加美國骨髓配對組織「Be The Match」的骨髓採集活動，兩年後，他接到一通電話，說有人需要他馬上捐骨髓挽救生命。那時距離冠軍聯賽還有一個月的時間，但他需要動手術取出骨髓。那是他就讀大學的最後一年，也是參賽的最後機會，然而他毫無猶豫。他問道：「難道沒有人寧願做這種事，也不願追逐金牌嗎？」他唯一擔心的是，教練可能會感到失望。結果，教練與隊友都給他充分的支持。後來他的無私善舉受到關注時，他感到不解。我相信賴爾雖然錯過了比賽，但他並未錯失了愛。

奧特雷、溫頓、莎拉、賴爾都沒有錯失了愛。偉大的利他者羅莎・帕克斯（Rosa Parks）、馬拉拉・優薩福扎伊（Malala Yousafzai）、里戈韋塔・曼朱（Rigoberta Menchú

Tum）也沒有——這些女性勇敢無私地為世界奉獻一己之力，她們堅定不移地面對苦難，不畏個人生死。

也許你我的經歷不是那麼戲劇化及攸關生死，這不是壞事。但我們都不想錯失了愛，也不想錯過造福他人的寶貴機會。

去年，詩人珍・霍什菲爾德（Jane Hirshfield）告訴我，她第一次讀到十世紀日本詩人和泉式部的短歌時，人生整個打開了。那首美麗的詩是談風險、苦難、滲透性、慈悲與勇氣，是支持利他的無形支柱。

這兒狂風吹得厲害
但月光亦從破屋的屋頂縫間
傾洩下來[28]

霍什菲爾德在二〇一六年的演講中提到這首詩，她說：「把房子的牆壁築得太好，你將無懼風雨，但也看不到月光傾洩而下。」[29]我覺得我們需要讓生命進入我們的生活，讓別人進入我們的生活，讓世界進入我們的生活，讓愛進入我們的生活，也讓夜晚進入我們的生活。別讓屋頂——我們所知所懼——擋住了月光。利他有這種滲透性，它就像沒有牆壁的荒野，破裂的屋頂，讓月光灑落我們的破屋殘垣，進入我們的苦難世界。

我認為，最重要的是，我們要有能力辨識自己何時可能滑落邊緣、陷入自私，並從生命的脆弱與神祕中學習。當我們的利他有穩固的道德基礎、明智又無私時，那是因為我們能站在邊緣，一個「無明」的地方，還有慈悲、智慧、愛的相伴。我們以這些利他的良伴來培養力量，自然地因應內心深處的良善牽引，就像月光從破屋的屋頂縫間傾洩而下一樣。

第二章

同理心

同理心總是搖搖欲墜地掛在恩賜與侵擾之間。[1]

——萊絲莉·賈米森（Leslie Jamison）

幾年前我參與尤帕亞的醫療會診。那段期間，我在尼泊爾西米科特（Simikot）的一家小型醫療機構服務。某日清晨，一名疲憊不堪的男子穿著破爛的衣服，抱著又髒又臭的包袱，走進這家位於鄉間的喜馬拉雅小醫院。醫療團隊的主治醫生走向他，他一言不發地解開那個發臭的包袱，裡面露出一個小女孩，她的頭部、手臂、背部、胸部都有嚴重的燒傷。她名叫多瑪（Dolma）。

我們檢查多瑪時，發現有些傷口已長滿蠕動的白蛆，其他的燒傷處則是皮開肉綻、發紅、嚴重感染。她的父親沉默不語，但眼神裡流露出難忍的悲傷及徹底的無奈。我們的跨文化醫療小組是由尼泊爾人與西方人組成的，我們馬上動員起來，把孩子帶進一間小木屋，讓當地的護士清洗她的傷口。

我溜進那個房間，站在團隊的後方，支援他們處理這項棘手的任務。我們沒有兒科麻醉師，多瑪淒厲的哭喊聲響徹了整個診所大廳。清理工作似乎持續了好一段時間，我站在護士與醫生圍成的小圈邊緣，他們正在處理這個危急的情況。

打從一開始，我不僅觀察臨床醫生與孩子的狀況，也觀察我自己的身心狀態。一九七〇年代，我在邁阿密大學米勒醫學院的燒傷病房擔任顧問，那時我就已經知道清創術有多麼痛苦。清創術需要從傷口移除感染或壞死的組織，現在醫生正在小女孩的身上熟練地做著大量的清創任務。

我非常同情多瑪，整個清創過程她一直在哭，她的眼淚映在父親痛苦的眼裡。我站在那裡，心跳加速，直冒冷汗，呼吸急促。我很確定我快要暈倒了，我想要離開房間，但又覺得我有責任為正在進行棘手任務的醫護人員穩住空間。又過了幾秒，我內心糾成一團緊實的痛苦，昏倒變成一種迫在眉睫的可能。多瑪似乎潛入了我的皮膚，她的痛苦令我感同身受到難以招架的地步。

某種程度上來說，這種痛苦的感覺也敲響了一記警鐘。我看到自己處於危險的邊緣——一個我不陌生的邊緣。我意識到，想要熬過這一關，就不能迴避我目睹的一切。這是無法停止的問題，也不是離開房間或昏過去就能解決的問題。我意識到，我把那個孩子的經歷加以內化，但是那內化已經失控了。若要繼續待在房間裡，我需要從高度融入的狀態轉為關懷，從同理轉為慈悲。

我正經歷著同理痛苦，那是一種替代性的痛苦，是因為你感受到他人的痛苦與磨難。我意識到這點時，使用了早期版的 GRACE 法——那是我用來擺脫這種痛苦並轉為慈悲的方法。我會在第六章詳細說明那個流程。簡言之，GRACE 是以下幾個步驟的縮寫：

聚精會神（Gathering our attention）

喚起意圖（Recalling our intention）

注意自我，接著注意對方（Attuning to self and then other）

思考什麼有助益（Considering what will serve）

參與，然後結束互動（Engaging and then ending the interaction）

當我站在西米科特診所那個狹小的房間時，我用這個方法調節我對同理痛苦的反應，敞開慈悲心。當我發現自己陷在這個令人擔憂又脆弱的時刻，我專注地吸了一口氣，把注意力轉移到腳上，注意雙腳踏在地上的單純感覺。我給自己幾秒鐘的時間，讓自己冷靜下來。接著，我迅速回想起我是去那裡服務的，幫那孩子清創的所有人員也是去那裡服務的。我注意自己的身體，牢牢在地上站穩腳跟。當我的心率開始改變、頭腦開始清醒時，我再次把注意力轉移到多瑪身上，我可以感覺到這個小生命有多麼堅韌。這一切都是發生在一分鐘左右。

我也意識到，儘管清創術對多瑪來說很辛苦（對臨床醫生來說也是如此），但醫生、護士、助手正在挽救她的生命。這個想法閃過我腦海時，我的內心充滿了溫暖，也深深地感激她的父親把她帶來診所，感激我們的團隊（包括那些慈悲為懷的尼泊爾護士）在那裡拯救她。我環顧整個房間，把愛與力量傳給在場的每個人，尤其是多瑪。

幾個小時後，我看到多瑪的父親把她抱在懷裡，離開了診所。多瑪的臉蛋明亮而放鬆，眼睛閃閃發亮，她父親的眼睛也是如此，看起來好像年輕了好幾歲。我很欽佩他，辛苦跋涉那麼遠的路程，把女兒送來這裡。我輕輕地擁抱了他們父女倆，向他們鞠躬，看到她父親的手裡拿著幫女兒進一步療癒的藥物。

那天下午，我轉過身，回到診所，去陪伴一位奄奄一息的老祖母。她呼吸困難，喘不過氣時，我把右手放在她的額頭上。接著，我又去陪伴一位罹患慢性阻塞性肺病的女性，她也不久人世了。這就是那一天我在診所的工作，生與死在當下的岸邊來回流動。

夜幕終於低垂，診所關門了，我回到寄宿區的帳篷裡。我覺得自己好像一艘小船，不時地停靠在一些生命的旁邊，那些生命不知怎的被送來這裡，讓我有機會學習。在喜馬拉雅的黑暗與寂靜中，我睡著了。

同理心——對他人的體驗感同身受的能力——是人類的本能，它對友誼、家庭結構、社會、地球的健全運作很重要。同理心可以把人心最好的一面彰顯出來。如果我們能保有同理經驗，維持開放與正直，就能在同理的地面上站穩腳跟。

然而，當我們站在邊緣時，平衡是很微妙的。在邊緣上，同理心很容易陷入痛苦。如果我們太融入他人的身體、情感或心理狀態，就很容易跌落邊緣，陷入同理痛苦的泥沼。然而，當我們了解同理心是一種邊緣狀態時，我們更有可能注意到自己承受了同理痛苦，並在跌得太深或陷入泥沼太久之前，趕緊修正自己的方向。

1. 站在同理心的高緣

「empathy」（同理心）這個字，源自於古希臘字 empatheia，是由 in 和 pathos 這兩字組成的。[2] 一個世紀前，德國哲學家借用 empatheia 這個字，創造出德文字 Einfühlung，意指「共感」，後來譯成英文字 empathy。[3] 人際同理（interpersonal empathy）是每個人幾乎都有的一種能力，它讓我們意識到他人在身體上、情感上、認知上可能正在經歷的事情。

同理心從字面上解釋，是感受他人的感覺。慈悲心則是對他人的感覺，[4] 伴隨著想要採取行動好讓對方受益的渴望。同理心通常是出現在慈悲心之前，是慈悲心的一部分，但不是慈悲心。適度的同理心是好事，但我覺得慈悲心不會有過量的問題。

照護者常抱怨「同情疲乏」（compassion fatigue），但是在我的經驗中，沒有這回事。這個說法混淆了慈悲心與同理心。有些神經學家與社會心理學家認為，「同情疲乏」其實是同理過度激發（empathic overarousal）與同理痛苦。慈悲心不會使我們疲乏，那是力量的源泉。它支持我們蓬勃發展，也使他人受益。然而，同理心是人性的一個基本特徵。沒有同理心，生活會變得很狹隘又排外，到了自戀及唯我主義（solipsism）的地步。當我們拋開自我時，同理心擴展了我們的世界，並透過想像力豐富了我們。

本質上，同理心是我們融入、包容、理解或認同他人經驗的能力。華特・惠特曼（Walt Whitman）把同理心描述得極好，他寫道：「我不問傷者感覺如何，而是自己變成傷者。」[5]

當我們發揮同理心時，不僅內心感受到他人的情感經驗，可能對他人的身體與認知經驗也有共鳴。在我看來，同理心有三種形式：它可以是身體的、情感的、或認知的。社會心理學家向來很關注情感同理心與認知同理心。然而，根據我身為冥想者與照護者的經驗，我發現我們也可以體會身體同理心，而且這方面的研究愈來愈多。

身體同理心

身體同理心（somatic empathy）是指我們與他人產生強烈的身體共鳴，例如母親感覺到嬰兒的饑餓，護士感覺到病患的病痛，或旁觀者看到有人肚子挨了一拳而彎下腰。我覺得摯友之間也會出現身體同理心。我記得有一次我和助理諾亞在山上散步，一根樹枝彈到我臉上，我倆同時說出：「哎喲！」彷彿我們都被樹枝打到似的。雖然科學尚未深入研究這個現象，但有一些證據顯示，親近者之間的共同經驗會很快、自動地產生。

我第一次瞭解身體同理心，是幾年前從犛牛牧人布迪（Buddhi）身上學到的。他陪我在喜馬拉雅山區行走了多年。布迪與我沒有共通的語言，他來自尼泊爾胡姆拉地區（Humla）的一個小村莊，沒受過正規教育，只有山野間累積的知識。多年來，他一直在村莊上方的山脊上放牧犛牛。

我的同事滇津．諾布（Tenzin Norbu）請布迪當我的「看護者」，當我在尼泊爾狹窄的高海拔小徑上行走時，他負責保護我的安全，避免我墜落。我們一起走了數百英里，穿過令人望而生畏的山口及細長的山路後，他似乎在身體上已經與我協調一致，甚至在我跌倒之前就能先抓住我。這位默默跟在我身後的牧人，如此自然地把我融入他的身體意識中，實在很不可思議。

我認為身體同理心的強度有程度之分。有些人接觸他人的身體體驗時，自身幾乎沒什麼感覺；有一小部分的人對他人的身體感覺非常敏感，彷彿親身經歷一樣。

麻州綜合醫院的神經科醫師喬爾．薩利納斯（Joel Salinas）有所謂的為「鏡像觸覺聯覺」（mirror-touch synesthesia），這種聯覺使他能夠感知他人的身體體驗。研究人員麥克．班尼西（Michael Banissy）與傑米．沃德（Jamie Ward）指出，在鏡像觸覺聯覺者的大腦中，與社會認知及同理心有關的區域有較多的灰質；與區別自我及他人的能力有關的區域有較少的灰質。[6] 從鏡像觸覺聯覺者的主觀體驗來看，這說法確實很有道理。鏡像觸覺聯覺者表示，他們可以真實感受到他人的身體感覺，那種替代性的體驗往往讓他們難以招架。

薩利納斯醫生為了避免自己招架不住病人的身體體驗，學會把注意力集中在自己呼吸的感覺上。他也會謹記自己身為臨床醫生的角色，以及他的使命是為他人服務。為了控制他的喚起程度（arousal level），他會注意他的「替代性鏡像身體體驗」與他的「身體對實體刺激的典型反應」之間的微妙差異。使用這種後設覺知（meta-awareness），他知道他感受到的替代性身體感覺將會消失。有時，他會把注意力轉移到一個中立的人或物件上。他也思考，如何利用鏡像身體共鳴的經驗來造福病人。[7] 薩利納斯醫生對病人的身體體驗極度敏感，但他對這種極度敏感力的因應方式，跟我以前看到多瑪接受清創時差點昏厥的因應方式沒什麼不同。

感同身受是我們理解及關心他人的方式，不過，當我們過於融入他人的身體痛苦時，可能畏懼別人的痛苦攻擊我們，也可能被太多的感官資訊所淹沒，因此感到不知所措或封閉起來以求自保，變成某種形式的閉關自守。

我們需要在「過度敏感」及「麻木或無覺知」這兩個極端之間找到中庸之道。同樣重要的是，我們也應該思考修習「外柔內剛」（strong back, soft front）的深遠效益。「外柔內剛」是一種身體的比喻，它是指我們關注、吸收、然後釋放他人的身體體驗時，把沉著冷靜與慈悲心這兩個心理特質結合在一起。

情感同理心

最常見的同理心是**情感同理心**（emotional empathy）。與他人的情感體驗產生共鳴，需要吸收他人的體驗，但不物化他人。它允許他人的情感盤據我們的內心，雖然這有時會以我們的安樂為代價。

每年，我都有機會見到許多前來尤帕亞遊牧診所的尼泊爾村民。二〇一五年秋天，在尼泊爾德爾帕（Dolpo）的雅拉科村（Yalakot）附近，我和名叫佩瑪（Pema）的年輕女子坐在一起。她的丈夫背著她，沿著陡峭、蜿蜒、塵土飛揚的小路，來到我們這個位於偏遠喜馬拉雅山區的尤帕亞診所。幾週前，她從家裡的屋頂摔下來，受了重傷，頸部以下無法移動，因此變得孤僻寡言。做什麼事情都徒勞無益的無奈感，似乎把她的臉龐壓抑成面無表情的面具。

我們的團隊花了很長的時間，對她的情況做了仔細的評估。當時我們提議把她送到加德滿都接受治療。這時我感覺到胸口糾結在一起，我似乎可以感覺到她的抗拒、恐懼與絕望。我們的醫療小組討論她的選擇時，她與先生輕聲交談。接著，他們對我們說，之前有一個傷勢類似的村民被送到加德滿都後，死在當地。此外，她也擔心醫療費用，雖然我們說一切費用由我們承擔。

她以氣若游絲的聲音告訴我們，她不想吃、也不想喝，因為排尿與排便都非常困難。聽她這麼說，我們開了一些藥幫她改善食欲。我們的護士也教她的先生如何幫她導尿與灌腸。護士也教他如何照護佩瑪的褥瘡及減輕她的身心痛苦。

一個小時後，我們提議送佩瑪回她的村莊，但她與先生輕聲地回應：「不用了。」接著，同村的夥伴把佩瑪抱起來，放在她先生的背上，他們一小群人慢慢地沿著小路走回村落。我站在營地，看著他們一小群人走向遠方，消失在傍晚的餘暉中。某種程度上來說，我理解他們的想法。

我可以感受到佩瑪深刻的無奈感，那種感覺原本可能讓我感到難以承受。我的心情很沉重，但也覺得很踏實，當下我只有一個想法：在這種情況下，如何服務她最好？最後，我覺得我們的團隊已經盡力做出最好的回應了，我們放慢步調，維持沉著冷靜，誠實以告，展現關懷，沒有反應過度或逼佩瑪接受我們的建議。我們提供我們能給的醫療協助，也支持她與先生做的決定。

面對佩瑪時，我從頭到尾都很冷靜沉著。我可以感覺到她的內心感受，但我很清楚那和我當下的經驗是截然不同的。在自我與他者之間做這樣的區別，可以避免自己被他人的情感壓垮。我也知道，我不可能真正明白佩瑪當下的經驗，但我可以去感受與想像。顯然，我無法單方認定任何事情，我需要尊重我永遠不會知道的東西。

兩年後，也就是二〇一七年的秋天，我們的團隊又來到雅拉科村。在村子附近，河邊的小路突然拐個彎，轉進一片松林。令我驚訝的是，我竟然在那裡遇到佩瑪。她的個頭很小，拄著一根拐杖。她向我打招呼時，眼裡含著淚水。她的先生拋棄她了，但隨著食欲恢復，她的精神振作了起來。她的哥哥帶她去印度動手術，一些身體功能恢復了。我們見到彼此都很開心。

把別人的痛苦與苦難加以內化，可以幫我們了解對方，也可能導致自己難以招架而受傷。我對佩瑪的感同身受，是結合了愛與痛苦。面對佩瑪時，我的反應是關切與關懷，我能夠把她的經驗和我自己的經驗區分開來。

健康的情感同理心可以讓世界充滿更多的關懷，培養人際關係、關切與洞見。然而，毫無節制的情感同理心可能變成痛苦與疲乏的來源，也可能導致退縮與道德冷漠。

同理心不是慈悲心。連結、共鳴、關切可能無法促成行動。但同理心是慈悲心的一部分。我認為，缺乏健康同理心的世界，也是缺乏情感連結的世界，那是把所有人置於險境。

認知同理心

認知同理心（cognitive empathy）又稱為**觀點取替**（perspective talking）或**讀心術**（mind reading），通常是指為我們透過他人的眼睛、設身處地、將心比心去看世界的能力。但我的感覺是，我們其實擴展了意識與思維方式，以涵蓋他人的經驗，彷彿我們納入了他人的觀點、心態、看待世界的方式，以及他人的現實。

觀點取替通常是好事，但想要找出他人的弱點並藉此操弄他人的人，也可能把觀點取替當成負面工具。在極端情況下，觀點取替可能導致我們失去自己的觀點、良心、道德準則。希特勒統治下的德國之所以扭曲，這種心理體驗可能是因素之一，因為人民開始從元首的角度看待社會，失去了獨立的道德基礎。邪教、甚至政黨的偏差發展也是如此。儘管有這些風險，但觀點取替是生活在社會中的一項重要技能，因為它幫我們把他人視為獨立個體，而不是刻板印象或局外人。[8]

我記得某次情況很危險，但觀點取替可能救了我一命，當時我與對方建立了連結，而不是把對方當成「他者」看待。一九六九年，我開著一輛福斯汽車穿越撒哈拉沙漠。車子持續在打滑、下沉的沙地上行駛了好幾個小時，那是一段漫長又艱辛的旅程。有一半的時間，我不知道自己正開往何方。

在阿爾及利亞與馬利的邊境，憤怒的阿爾及利亞士兵把我團團圍住，那實在太可怕了。我意識到，如果他們想製造麻煩的話，留著金色長髮的西方女人是完美的目標。一名士兵呼叫上司過來看這個開著福斯汽車的陌生女子時，我的腎上腺素開始狂飆。那個人走近我的車子時，我不由自主地把他納入我的覺知。他開始審問我時，我突然覺得我是透過他的眼睛觀察。我沒有時間思考整個形勢，更不可能思考對策。我沒有對他進行負面投射（也就是說，我沒有想像他要傷害我），我覺得他是我的一部分，我感到安全。我恭恭敬敬地回答他的問題時，我們似乎建立了脆弱的連結。我以蹩腳的法語告訴他，我是人類學家，正穿越撒哈拉沙漠前往馬利。幸好，幾分鐘後，他讓我繼續開車穿過黑夜，進入那片遼闊的沙漠世界。

約一小時後，我的車子卡死在毫無路徑的廣闊沙漠中。我必須先把車子從沙地裡挖出來，否則根本無法移動。幸好，當時我遠離了荒涼的軍營，獨自一人在黑暗中。我有時間思考剛剛發生的事情，我突然意識到，當時與那個軍官的密切互動可能幫我避開了不幸。我沒有把他當成「他者」看待，也沒把他視為威脅或敵人，因此得到最好的結果。我之所以能夠化險為夷，是因為那個不可思議的時刻：他的眼睛突然變成了我的眼睛。我不希望他把我當成謀害的對象，而是把我當成盟友，我也想要繼續上路，所以我那樣做了。

單膝跪地

我想起另一個觀點取替的故事，這個故事是發生在伊拉克戰爭期間，而且阻止了一場大屠殺。二〇〇三年四月三日，中校克利斯．休斯（Chris Hughes，現為准將）率領兩百名第一〇一空降師的士兵到聖城納傑夫（Najaf）以解放該城鎮，並保護遭到海珊軟禁的伊拉克什葉派的穆斯林精神領袖阿亞圖拉．西斯塔尼（Grand Ayatollah Ali al-Sistani）。美國大兵走在伊瑪目阿里清真寺（Imam Ali Mosque）附近的街道上，那是伊拉克最神聖的什葉派清真寺，其金色穹頂彷如一頂王冠，映襯著灰濛濛的天空。

一群伊拉克平民齊聚到那裡圍觀，群眾似乎很友善，但突然間，氣氛驟變。群眾開始湧向軍隊，憤怒地尖叫、揮拳、丟石頭。休斯後來得知，社會復興黨（Ba'athist）的煽動者散布了不實謠言，聲稱美軍去那裡是為了入侵清真寺及逮捕伊瑪目。休斯的部隊已經好幾天沒睡了，突如其來的氣氛驟變使他們馬上全副武裝起來。[9]

休斯可以感覺到，這時只要有人開一槍，接著就會發生大屠殺。他也立即明白，從伊拉克人的角度來看，美國人似乎不尊重他們最神聖的清真寺。對他來說，最明顯的解決辦法，是對他們展現尊重與和平。

所以他做了一件特別的事。他把槍管對準地面，高舉槍枝，向群眾表示他無意開槍。他也對部隊下令：「每個人露出微笑！別把武器對準他們，單膝跪地，放鬆！」[10]

美國士兵看著休斯，接著面面相覷，心想他是不是瘋了。儘管如此，他們還是服從命令。他們穿著厚重的防彈衣，各個單膝跪地，把槍口指向地面，面帶微笑。一些伊拉克人持續喊叫，但其他人開始後退並坐下來。有些人甚至回以微笑，產生了共鳴。

休斯透過擴音器，命令部隊起身，接著後退。他說：「我們先撤離這裡，讓他們平息下來。」他以一隻手摀著心口，做出傳統的穆斯林手勢，意思是「願你平安」，並對群眾說「祝你們今天愉快」，接著就帶領部隊離開了。

休斯與部隊默默地回到軍營。等民心平靜下來後，阿亞圖拉發布命令，要求納傑夫的民眾歡迎休斯的部隊。[11]

《CBS新聞》的攝影師拍下了整起事件，後來休斯接受《CBS新聞》的訪問時表示：「從重要性來看，這座清真寺不僅可能導致該國的什葉派群起反對聯軍，即使不會招惹伊朗人，至少也會招惹敘利亞人。」

休斯在極度壓力下，馬上採取伊拉克人的視角，因此避免了無數人喪生。此舉使他獲得高度讚揚，說他是「未開一槍即贏得大戰」的戰爭英雄。[12]

休斯肯定是憑直覺意識到，他必須避免各方的痛苦。但他採取的行動不是軍方訓練出來的（軍事指揮官可能教他「單膝跪地」嗎？），他也沒時間精心制定對策。健康的同理心引導我們與他人連結，採取巧妙的行動，就像休斯那樣。它幫我們擴展視野，敞開心胸去接納他人的經驗，讓同理心與直覺成為嚮導，而不是靠算計。我也覺得，休斯的行為是受到想像力的啟發，也就是說，以不同的方式看待事物的能力。顯然，在這個例子中，效益大到難以估量。

通身是手眼

「公案」是用來揭示修行者開悟過程的禪宗故事或短語。底下的公案是兩位禪師道吾與雲岩之間的對話，這則公案充分傳遞了同理心與慈悲心的寓意。故事如下：

雲岩：「大悲菩薩用許多手眼作什麼？」（大悲大悲的觀世音菩薩有許多手眼幹什麼？）

道吾：「如人夜半背手摸枕子。」（就像半夜睡夢中觸摸枕頭。）

雲岩：「我會也。」（我懂了。）

道吾：「汝作麼生會？」（你懂什麼？）

雲岩：「遍身是手眼。」（全身是手眼。）

道吾：「道即太殺道，只道得八成。」（道理講得很好，但只達八成。）

雲岩：「師兄作麼生？」（師兄怎麼理解？）

雲岩：「通身是手眼。」[13]（通身是手眼。）

這種對話看似令人費解，但首先我們需要知道，菩薩是一個佛教的原型，代表同理心、利他、慈悲與智慧。祂是已經悟道的人，發誓生生世世回來人間解救苦難眾生。菩薩可以永遠離開人間的苦難，但他們選擇轉世到這個可怕又美麗的人世荒野來解救眾生。

觀世音菩薩通常是以千手千眼的形象呈現，每隻手的掌心上有一隻眼睛。手代表巧妙的方法（所謂的「方便」），眼睛代表智慧。

在上述的公案中，年輕的禪師雲岩問道，菩薩用這些手與眼睛做什麼。道吾沒有給出一般的答案，他更深入地探究同理心、慈悲心、智慧如何從此時此刻的心靈中自發地湧現出來。他回應，那就像我們夜裡調整枕頭一樣。我們移動枕頭時，不會去多想什麼，就只是輕易、自然地做。

寂天菩薩在《入菩薩行論》第八章第九十九節中寫道：「若謂自身苦，應由自防護；足苦非手苦，何故手護足？」意思是說，如果有人在受苦，而我們拒絕幫助，那就好像我們的手拒絕拔除腳上的刺一樣。如果腳上扎入一根刺，我們的手會很自然地把那根刺拔出來。手不會問腳是否需要幫助，手不會對腳說：「這不是我的痛苦。」手也不需要腳的道謝，因為它們都是身體的一部分，心的一部分。

道吾是在暗示，菩薩對他人展現慈悲是一種本能，是很自然的。他以夜晚作為比喻非常恰當，因為夜晚的黑暗掩蓋了自我與他人之間的所有差異。我們確實都是一體的……

雲岩似乎明白了。但道吾試探他，問他到底明白了什麼。雲岩回答，慈悲菩薩的身體布滿了手與眼睛。

道吾馬上聽出雲岩沒有參悟到重點，那是膚淺的回答，只遍布在表面上。所以，道吾糾正他說：「通身是手眼。」意思是說，菩薩的整個身心結構都是手與眼睛。

我聽到多瑪的哀嚎、看到佩瑪，或凝視著阿爾及利亞那位軍官的眼睛時，並沒有對自己說：「為了成為好菩薩，我最好有同理心。」而是全身上下立刻瀰漫了這些人的經驗。同理心是自發的。

不過，我接觸多瑪時，需要刻意調整我的經驗，以免被同理的痛苦壓垮。我這樣做時，讓悲慈心有發揮的空間。這就是同理心是一種邊緣狀態的原因，它在我們生活中的價值無法估量，但我們可能需要估量自身同理反應的高度與深度，以免過度同理而產生同理痛苦。

2. 從同理心的邊緣跌落：同理痛苦

我們可能會問，變成惠特曼所說的「傷者」、過於融入受苦者的角色時，會有什麼後果？我說的不是感覺或理解的瞬間，而是一種在身體、情感或認知上，與他人的痛苦深度融合以後，就再也出不來的體驗。

當我們過於融入受苦者的角色時，情感可能把我們推出邊緣，使我們陷入跟對方一樣的痛苦中。當我們感覺對方的痛苦排山倒海而來、不知所措時，那種同理痛苦也會使我們痲木，並在情急之下拋下對方，以免自己被痛苦壓垮而出現壓力與倦怠症狀。

次級創傷（secondary trauma）與**替代性創傷**（vicarious trauma）跟同理痛苦近似，兩者都是指醫生、律師、人道救援者或宗教師近距離接觸他人的痛苦後，變得過於融入，而受到間接創傷。次級創傷可能突然發生，替代性創傷則是累積而成。兩者都是過度同理所導致的結果。

我有一位親近的同事是宗教師，她聆聽九一一恐怖攻擊的救難人員與倖存者講述了不少故事。許多宗教師像她那樣，犧牲睡眠，在混亂與困惑中竭盡所能地協助倖存者與救難人員。對我同事來說，最困難的部分是支持那些在廢墟中尋找遺體的人。聆聽那些救難人員的故事，令她心靈受創。多年來，那些痛苦的場景在她的腦海中揮之不去。九一一恐攻後的那幾年，她一再地講述那些故事，彷彿重新體會那一天及其後果。

投身助人產業的人道工作者，特別容易出現同理痛苦。他們可能出現與其服務對象一樣的身心症狀。這種現象並不罕見。一九八二年，臨床心理醫生亞伊爾．達聶利（Yael Danieli）寫了一篇評論報告，分析那些接觸納粹大屠殺倖存者的治療師所經歷的情感反應。幾位治療師告訴她，他們常做噩夢，而且夢境與那些倖存者類似。一位治療師表示，他看到患者前臂的識別刺青時，當下不得不迅速離開去嘔吐。達聶利醫生指出，幾位治療師開始迴避那些倖存者，即使無法迴避，他們也很怕聽到倖存者在集中營的經歷。[14]

我也聽過一些律師與社工談過這種現象，他們協助的對象是家暴、性虐待、天災的受害者。卡崔娜颶風過後，一位擔任宗教師的夥伴前往紐奧良，去協助風災的災民。事後他跟我分享那段經歷時，他說紐奧良體育館內一些災民的處境令他產生極度的反感。他焦慮地說，他覺得自己好像那些倖存者，很怕再回到紐奧良，因為災民經歷的恐怖似乎已經擊垮他了。

二〇〇八年四月，也就是卡崔娜颶風過後的第三年，我造訪紐奧良體育館，想起那位宗教師對當時那個可怕的地方所衍生的反應。當時有數千位災民關在那裡，有些人稱之為「煉獄避難所」。我是去那裡參加作家伊芙．恩斯勒（Eve Ensler）舉辦的集會，她於十年前發起V-Day運動，目標是終止全球對女性的暴力。這場集會是紀念V-Day運動推廣十週年，約三萬人到場參加活動，其中有幾千人在卡崔娜颶風來襲後，受困在那個體育館中。

那段期間，我遇到一些在體育館內遭到性侵的女性。還有一些女性因體育館的廁所已經滿了，不得不在體育館的地板上直接便溺。很多人覺得那段經歷有如遭到羞辱，深感羞愧與憤怒。我遇到的多數女性自從被「救出」體育館後，就再也沒回過紐奧良，她們在全國各地的城市重新定居下來。

我聽著女性逐一講述她們的故事時，對她們經歷的一切愈來愈敏感，覺得自己好像活在耶羅尼米斯．博斯（Hieronymus Bosch，譯注：荷蘭畫家，其畫作大多是在描繪罪惡與人類道德的沉淪）的畫作中。我很快就意識到，我正開始滑下同理痛苦的斜坡，進入卡崔娜颶風所翻騰的惡劣汪洋中。

前往紐奧良之前，我已下定決心站穩腳跟，去見證卡崔娜颶風之後發生的一切。如果我要在那場苦難的洪流中穩住自己，就不能棄船而去，而是要乘風破浪，謹記我其實沒有經歷過那場災難。我必須以我的意圖——協助那些從風災及災後餘波中倖存下來的女性——為根基，穩住陣腳。為了保持精力充沛，我必須要有充足的睡眠、均衡的膳食，找時間在體育館附近的公園散步。

我也建議那些女性放慢她們講述經歷的速度，好讓大家一起轉變那些敘事。我總是詢問那些勇敢的女性，她們是怎麼熬過來的；什麼東西給她們撐下去的力量；她們如何避免自己陷入絕望，也保護孩子的安全？在那麼可怕的情況下，她們如何成為母親與兄弟姊妹的後盾？她們與我分享那些痛苦經歷時，我請她們回憶內在與人際資源，這樣做似乎激勵了其中一些女性。我意識到，如果我們操弄他人，使他人不再透露心聲（我們也就無須傾聽），或我們做出驚恐的反應或逃離現場，那會抑制我們的同理心，自我剝奪這種人性的基本美德。

我知道，我們聆聽受傷者講述故事時必須小心，不要讓他們遭到二度傷害。有時，回憶那些苦難對敘事者及聆聽者來說都有助益，有時則否。我坐下來聆聽那些重大傷害的倖存者講述經歷時，總是會問對方：是什麼幫他撐過難關，他如何設法重建生活，困難時期的最大資源是什麼。

同理痛苦以及次級創傷與替代性創傷的經驗，往往會在我們的內心激起反應與恐懼的風暴——那風暴大到足以粉碎我們及我們的世界。然而，如果我們耐心且細心地對待自己與他人，敘事可能從可怕變成可敬，過去的創傷也可以變成療癒現在與未來的良藥。

同理心不是慈悲心

我的朋友馬修．李卡德（Matthieu Ricard）是藏傳佛教的喇嘛，他在喜馬拉雅山脈修行了數十年。多年來，他與科學家一起實驗，探索冥想對身心的影響，其中一個實驗為同理痛苦做了很棒的說明，也區分了同理心與慈悲心的差別。

二〇一一年，李卡德在德國普朗克研究院（Max Planck Institute）的神經學家塔妮雅．辛格（Tania Singer）與研究團隊的指導下，鑽進一台功能性磁振造影（fMRI）機器。研究人員要求他在思考他人的痛苦時，產生同理心。在實驗的前一天，李卡德看了一部關於羅馬尼亞孤兒的BBC紀錄片，他們的困境令他深感不安。那些孩子雖然獲得了溫飽，也梳洗乾淨了，卻未能成長，因為他們幾乎沒獲得任何人性關愛。

李卡德指出，對那些孤兒來說，「缺乏關愛導致他們出現嚴重的冷漠與脆弱症狀。許多孩子在搖籃裡搖晃了幾個小時，其實健康狀況很糟，所以這家孤兒院的嬰兒夭折率很高。即使有人幫那些孩子洗澡，很多孩子洗澡時因疼痛而畏縮，稍微碰一下就可能導致腿部或手臂骨折。」[15]

李卡德躺在fMRI機器裡，大腦沉浸在那些孩子的痛苦中，生動地想像他們，感覺他們的可怕處境，彷彿他也是其中一員。他沒有壓抑自己對那些痛苦的體驗，而是讓自己盡可能深切地感受他們的痛苦。沒過多久，他就覺得不堪負荷、精疲力竭。

經過一小時的密集實驗後，研究人員讓李卡德做以下的選擇：繼續發揮同理心，或切換成慈悲冥想。他說：「我毫不猶豫地選擇以慈悲冥想的方式繼續接受掃描，因為之前的同理共鳴令我精疲力竭。」[16]

他開始進行慈悲冥想，並繼續把焦點放在那些孩子的痛苦上。然而，在這個階段，李卡德想起那些孤兒的極度痛苦時，刻意產生愛、仁慈、關心、利他的感覺。

實驗結束時，李卡德描述那段慈悲冥想的體驗是溫暖正面的，而且有強烈的慾望想要造福那些孩子。這和他之前的同理經驗（其實是同理痛苦）形成了鮮明的對比，過度發揮同理心令他筋疲力竭，虛弱無力。

他的大腦也反映了這些顯著的差異。腦部掃描顯示，他的同理心體驗是顯現在與「疼痛」有關的神經網絡。那些區域已經證實與「自身體驗疼痛」及「觀察他人受苦」的情感部分有關（但是與感覺部分無關）。相對的，慈悲冥想的體驗是顯現在不同的神經網絡中——那些區域與正面情感、母愛、歸屬感有關。同理心和慈悲心的巨大差異令研究人員大為驚訝。[17]

後來，李卡德告訴我，在慈悲冥想的過程中，他的內心充滿了愛與惻隱之心，之後他感覺神清氣爽，受到鼓舞。他寫道：「後來投入的慈悲冥想完全改變了我的心理狀態。雖然孩童受苦的畫面依然歷歷在目，但那些畫面不再引發痛苦。我對那些孩子產生自然、無限的愛，有勇氣接近及安慰他們。此外，我與孩子之間的距離完全消失了。」[18]

李卡德的經驗，類似我遇到尼泊爾小女孩多瑪的經驗。當時，我還不知道同理心與慈悲心在神經學上的差異——但我知道我必須抽離那種融入對方痛苦的狀態，進入另一種冷靜沉著的狀態，對那些拯救她生命的人充滿感恩。我像李卡德那樣轉變之後，內心油然而生的慈悲心讓我重新充滿了活力。

辛格、李卡德與他們的研究同仁指出，這個實驗是他們在慈悲心研究上的轉捩點。他們不僅收集了令人信服的證據，證明同理心與慈悲心在神經生物學上的區別，李卡德也證實了他對這些狀態的主觀體驗有顯著的不同。

同理激發

李卡德做這些實驗的幾年前，我與社會心理學家南希・艾森柏格（Nancy Eisenberg）一起參加心靈與生命研究所（Mind and Life Institute）在華盛頓特區舉行的一場會談。與會人士包括達賴喇嘛，以及教育、神經學、社會心理學方面的專家。艾森伯格提出一個有趣的模型，那個模型列出引發同理激發（empathic arousal）的要素。接著，她分析促使經驗變成個人痛苦或健康慈悲心的因素。

艾森伯格博士從她對兒童的研究中發現，我們接觸他人的痛苦時，有三條交織的經驗流會在我們的內心匯集，逐漸發酵以引發行動。基本上，她的研究顯示，我們與受苦者在一起時，會想要感受他們的情緒，從他們的角度看事情，並回想我們過去的類似經歷。這會衍生出一種激發經驗（arousal experience），如果不加以控制的話，可能導致同理痛苦。艾森伯格博士指出，同理痛苦是一種討厭的情感反應，可能導致我們迴避他人、而不是服務他人。

陷入同理痛苦時，可能會出現幾種反應。艾森伯格博士把其中一種反應定義為「幫助」行為，那是為了避免自己遇到那些不愉快或痛苦經歷而產生的行為（病態利他就是很好的例子）。其他討厭的反應包括逃避行為（亦即否認與冷漠）、拋下受苦者（因為跟他在一起太痛苦了），亦即因恐懼而產生的逃離反應。會談結束後，我把艾森伯格博士的模型加以改編，並與臨床醫生、教育工作者、其他人分享，作為處理同理心及同理痛苦的工具。我發現，個人痛苦至少還會造成另兩種恐懼反應：道德義憤（抗爭）與麻木（愣住）。

艾森伯格博士在會談中解釋，如果我們可以控制「激發」反應，就會啟動健康的關切，從而衍生同情與慈悲心。她與社會心理學家丹尼爾・巴特森（Daniel Batson）合作時發現，對某種情況產生慈悲心的人，比出現同理痛苦的人更有可能採取行動去服務他人。[19]

我知道允許自己把他人的經驗融入自己的經驗很重要。然而，承認「我們不是對方」可以幫我們維持沉著冷靜，也讓我們至少體驗一點謙卑。在融入與區別之間拿捏平衡很重要。不區分自我與他人的話，同理痛苦是無可避免的。[20]

對我來說，艾森伯格博士的模型與巴特森博士的研究都相當寶貴，他們幫我更了解我們接觸苦難時的反應有多複雜。這也讓我更加堅信，我們需要妥善控制同理心以避免陷入同理痛苦，或抽離同理痛苦。

情感遲鈍與情感盲目

但有時我們對他人的痛苦沒有「激發」反應。例如，權力可能鈍化我們的同理能力，彷彿大腦嚴重受損一樣。二〇一七年七八月的《大西洋月刊》（*The Atlantic*）裡，有一篇文章總結：

史學家亨利・亞當斯（Henry Adams）把權力描述為「最終扼殺慈悲心的腫瘤」，這是一種比喻，而不是醫學描述。但加州大學柏克萊分校的心理學教授達契爾・克特納（Dacher

Keltner）多年來在實驗室及實地研究所得到的結果，與那個比喻相去不遠。他在長達二十年的研究中發現，受到權力影響的參試者，行為就像創傷性腦損傷（traumatic brain injury）的患者一樣——變得更衝動，風險意識更低，更重要的，比較不善於從他人的角度看事情。」[21]

另一種情況是情感盲目（emotional blindness），那是指無法解讀自己與他人的情感。神經學家辛格與同事研究了一種與自閉症有關的疾病，名為**述情障礙**（alexithymia）。這種疾病的特徵是難以識別及描述自己的情緒與肺腑流程（visceral process）。患有述情障礙的人也難以區分他人的情緒。[22]這個領域的研究證實了我與臨床醫生合作時的直覺——我們感知自身身體體驗的能力，可能與我們感知他人情感與身體體驗的能力有關。相反的，無法理解自己的肺腑流程，可能與同理能力下降有關。

在另一項重要的研究中，辛格與同仁發現，當你關注自己的肺腑流程（心率、呼吸等）時，那個行為會啟動與同理心有關的神經網絡。[23]這項特殊研究顯示，專注於身體經驗的能力（冥想者可以把這種技巧提升到更高的水準），有助於提升同理能力。

多年來，我看到醫生與護士在照顧病患時，常忽略自身的生理需求，例如飢餓、如廁、睡眠。同樣的，許多人告訴我，他們受訓時，基本上沒有人鼓勵他們發揮同理心（那不「專業」！）。然而，與此同時，他們知道自己沒有真正與服務對象建立關係，也對自己身為臨床醫護人員的身分感到很不自在。聽到很多人這麼說，我覺得教大家培養健康同理心的技巧很重要。由於研究證實身體意識與同理心之間的關係，我修改了尤帕亞臨床醫生培訓計畫的課程，把身體練習及關注身體的技巧納入其中，以強化健康的同理能力。

恩賜與侵擾之間

萊絲莉．賈米森（Leslie Jamison）在《同理心檢測》（*Empathy Exams*）中寫道：「同理心總是搖搖欲墜地掛在恩賜與侵擾之間。」[24]在同理痛苦中，這種侵擾是雙向的，可能同時影響同理心的施予者與接受者。自己與他人之間缺乏明確的界限，可能對雙方都造成傷害。與此同時，如果自我和他人之間的界限導致雙方距離太遙遠，我們便可能物化他人或失去關懷。

賈米森接受《哈潑時尚》（*Harper's*）雜誌訪問時表示：[25]

我對同理心可能有缺陷或很複雜的說法很感興趣。例如，想像別人的生活，可能是一種專橫的表現，或人為地免除內疚或責任感；發揮同理心可能讓我們覺得自己做了好事，但其實什麼也沒做……。我們開始喜歡那種為他人感到遺憾的感覺，那樣做可以讓我們自我感覺良好。所以，同理心有很多危險，那可能是自私自利或自以為是的；那可能使我們的道德推理誤入歧途，或完全取代道德推理。但是，儘管我承認同理心如此複雜，我想為它辯護嗎？其實我更想藉由承認這種複雜性來為它辯護。

發展心理學家保羅．布倫（Paul Bloom）詳細說明了同理心如何導致道德推理誤入歧途。我們可能認同及同理「圈內人」，而犧牲了圈外的相異者。「同理心使我這樣的人更容易偏袒周遭的人，而不是陌生人……仔細想想很容易發現，這是很糟的政策指引。」[26]

另一個道德問題是，社會「允許」我們對大家公認的惡棍發揮同理心嗎？部落客阿曼達．帕爾默（Amanda Palmer）寫一首詩，表達她對波士頓馬拉松的炸彈客焦哈爾．查納耶夫（Dzhokhar Tsarnaev）的感受。她發布那首詩以後，不僅收到死亡威脅，保守派與自由派的記者紛紛譴責她。[27]但另一方面，當作家與電影製作人讓我們對討厭的人物產生同理心時（例如小說《洛麗塔》〔*Lolita*〕或電視劇《絕命毒師》〔*Breaking Bad*〕裡的角色），那可說是一種高超的藝術。了解他人的想法，尤其是與我們迥異的人怎麼想，是促成社會變革的一個重要因素。

同理心有一個複雜的特質是，我們無法確定，我們對他人經驗的感覺究竟只是我們自己的投影、欲望、願望或妄想，還是那是真的。誠如賈米森所寫的：「太篤定地想像他人的痛苦，跟無法想像他人的痛苦一樣有破壞性。」

與受苦者互動時，保持謙卑很重要。坎特伯利前大主教羅雲・威廉斯（Rowan Williams）在哈佛大學發表演講，暢談同理心以及同理心的謙卑基礎，他表示：「表達同理心時，有道德的作法不是說『我知道你的感受』，而是『我不知道你的感受』。」[28] 當我們從這個「無明」的起點出發時，我們知道自己不可能體會他人的經歷，這樣更能調節自己的同理反應。

我的朋友伊芙・瑪科（Eve Marko）是柏尼禪師的妻子。二〇一六年一月，柏尼禪師中風，安慰與建議從四面八方湧來。瑪科以過人的文采，描述那些自以為理解其經歷的人對她展現的同理心。在過程中，她為柏尼與自己承擔了很多，她寫道：「柏尼中風以來的三十四天，我得到的最大啟示是，單純的見證與傾聽有多麼困難。許多人想告訴我，我有什麼感受，例如：『妳一定很害怕！』、『妳一定很難過』等等。我很想反問……你怎麼知道？」

她繼續說道：「我也會對其他人的想法與感受做出假設。也許那是我從『同理心入門課』中學到的：想像某人可能的感受，然後立刻產生同理心。例如：『你一定覺得很可怕！』也許是如此，也許不是。我要是不先詢問你的感受，然後聆聽你的回應，怎麼會知道你的感受呢？」

伊芙描述她比較想要的經驗：「我最感恩的是，仔細傾聽所帶給我的寂靜。有人耐心地坐在我面前或靜靜地在電話的另一端，讓我徹底思考，釐清思緒，等到某些情緒終於浮現，我可以講出來為止……不要為了掩飾不安的沉靜而道歉、改變之前的說法、做事後諸葛的評論、注意到外頭開始下雨，或感謝他泡的咖啡。在他考慮你的要求時保持沉默，靜待他回應。」[29]

伊芙是請我們傾聽，不要自以為你知道別人的痛苦。她是在建議我們修習「無明」與「見證」——那是他的先生柏尼禪師創立的「禪修和平會」的兩大教義。謙卑是指，在我們能力所及的範圍內，不擅自預測與詮釋，開放地面對及尊重他人的經驗，同時誠實地面對自己的優缺點。

3.同理心與其他的邊緣狀態

同理心與其他的邊緣狀態緊密地交織在一起。我們經歷同理痛苦時，可能試圖以英勇關照他人的方式來減輕他人的痛苦，這種作法帶有些許病態利他的意味，很容易導致過勞倦怠。我們的行為可能不只傷害自己，也傷害想幫助的對象，因為那樣做可能使對方無法正常運作或剝奪對方的能動性。另一種容易陷入的邊緣狀態是道德煎熬。在涉及不公正或系統性暴力的情況下，我們很容易因過度同理他人而產生道德煎熬與憤怒——那可能導致逃避、麻木、倦怠。賈米森寫過同理心可能是一種侵擾——是不尊重他人的明顯例子。

我記得有一次我在京都，坐在一位日本老師的對面，他是來上我開的慈悲心培訓課程。他告訴我，學生的痛苦令他難以承受，說到哭了出來。他已經累壞了，似乎跌落同理痛苦與道德煎熬的邊緣。在競爭激烈的教育體制下，他告訴我，他的學生總是憂心忡忡、壓力很大。說到這裡，他幾乎無法區別自己的痛苦與學生的痛苦。

他認為，日本的教育體制迫使許多學生變成「繭居族」，完全抽離社會。他說，日本大概有一百萬名年輕人，其中大部分是男性，隱居在家中。他堅稱，造成這種現象的一個原因是日本的教育文化。這位老師擔心，學校要求他採用的嚴格教學方法，正導致他的學生在情感與社交上日益孤僻。情緒緊張、精疲力竭、意志消沉，他無法抽離學生的痛苦，覺得自己無法再繼續教書。他就像學生一樣崩潰了，尋求孤立。

他請我教他如何處理這種同理痛苦，以及道德衝突（身為教師，他必須讓學生不斷地接受考試，並符合日本教育體系的其他要求）。我們花時間探索如何讓自己沉著冷靜下來，以及如何重新評估狀況，還有發揮慈悲心的方法（例如第六章詳述的 GRACE 法）。我讓他明白，這些反思練習不是為了幫人適應難以站穩腳跟的情況。我告訴他，他的痛苦反映出對真實傷害的適切擔憂，我鼓勵他把那種難以承受、無能為力的感覺，想成一種對傷害的現實反應。對他來說，重要的是恢復平衡、恢復力量，讓自己在有力量的情況下採取行動，而不是在脆弱的情況下採取行動。

4.支持同理心的作法

有四個關鍵作法有助於培養同理心。第一個、也是最簡單的方法，是把注意力集中在身體上，以靜下心來，同時提高我們關注身體感覺的能力。第二個方法是深入傾聽。第三個方法是指引同理反應。第四個方法是利用想像力來培養同理心，把我們物化的對象當人看，重新賦予人性。

前面提過同理心與我們關注自身肺腑流程的能力有關，那些研究使我改變了我教導學員培養同理心與慈悲心的方式。冥想練習（例如身體掃描），可以提升我們對身體體驗的關注，也可以擴展我們感知他人體驗的能力，讓人更容易發揮同理心。身體掃描是一種簡單的練習，主要是關注身體的不同部位。這個練習可以坐著或仰臥進行，速度可快可慢，可以逐一關注每個身體部位，也可以一次掃描整個身體。

一開始先注意呼吸，讓身體平靜下來。接著，把注意力轉移到身體上，由下而上，從腳開始，然後通過腿、骨盆、胃、胸部。接下來，把注意力移到手臂與手指，再移到脖子與頭部，接著移到頭皮。然後，慢慢引導注意力往下，通過身體，回到腳。結束練習時，把注意力拉回呼吸上，花一點時間放鬆，去感受開放又平靜的大腦與心靈。

身體掃描是一種讓自己靜下心來的練習，可以讓我們抽離忙碌的思緒，進入身體。在掃描的過程中，我們開始與身體培養更包容的關係。感受身體的經驗也可以提供我們有關感覺與直覺的寶貴資訊。此外，我們可以利用掃描來增強我們感知他人經驗的能力。

深入傾聽

另一種培養同理心的方法，是利用傾聽的經驗。用心傾聽時，我們可以擺脫只顧自己、自我欺騙、分心的狀態，遠離電子產品的誘惑，帶著開放心態及好奇心處於當下。敞開心胸去接納他人是一種強大的包容實驗。用心傾聽他人需要全心全意、整個身體投入，也需要排除個人歷史與記憶的篩檢。

做這項練習時，你可以選你很熟悉的人或陌生人。讓你的意識慢慢地擴展，以便把對方納入。與此同時，維持沉著冷靜。注意你接納對方的經驗時，你的內在出現什麼身體感覺與情感。接著，看你能不能不做任何評斷，或不受任何偏見的影響，進入一個充滿好奇心的大腦，沒有任何好惡。

看聆聽對方的聲音是否讓你更生動地感知對方的體驗。對方的聲音傳達了什麼——你是否聽出言外之意？傾聽對方、與對方共處，是否讓你更深入瞭解他的生活？你能感覺到對方的骨子裡、心中、腦中正在發生的事情嗎？你是否感覺到對方正以某種方式「附身」在你身上？

接著，釋放他。回歸你此時此刻心中出現的任何感受，讓自己放鬆進入開放的狀態。

指引同理心

同理心通常是慈悲心的一個重要特徵。我們需要謹記自己與他人的差異，才能指引同理心的發展。這個說法聽起來很像來自佛教徒的奇怪建議，因為佛教強調不分我他。我覺得我們必須同時接受兩個事實——我們既是彼此相連，也彼此獨立。我們必須在「無限開放自身經驗」與「接受自身獨特性」之間拿捏微妙的平衡。

當我們看到自己快要失去這種平衡時，可以重複一些引導的話語來提醒自己：我確實關心對方，但我並不是他。我陪伴受苦者時，常用下面的話來支持自己：

「願我無條件地奉獻關愛與陪伴，我知道對方可能感激、冷漠、憤怒或痛苦以對。」

「願我奉獻愛，我知道我無法掌控生命、苦難或死亡的進程。」

「願我找到能夠真正付出的內在資源。」

「願我心平氣和，放下期望。」

「願我接受現實。」

「願我像看待他人苦難那樣，慈悲地看待我的極限。」

我是從佛教老師雪倫・薩爾茲堡（Sharon Salzberg）那裡學到這些句子。當我們即將跌落邊緣、陷入同理痛苦時，這些句子可以幫我們「導正」自己。

重新賦予人性

第四種方法是約翰・保羅・萊德拉赫（John Paul Lederach）開發的。萊德拉赫是社會學家，也是轉換衝突的專家，曾在尼泊爾、索馬利亞、北愛爾蘭、哥倫比亞、尼加拉瓜等地擔任和平締造者，致力解決直接暴力與系統性壓迫的問題。他一生致力探索及實施另類作法，以解決去人性化（dehumanization）與暴力問題，例如運用一些流程來重新激發同理心、尊重、了解與相互認同。他稱這些作法是**重新賦予人性**（rehumanization）。他解釋，重新賦予人性是指培養道德想像力，以便把對方當人看待，在對方身上看到自己，並肯定我們都有的人性。那也需要感受他人的痛苦（同理），以及尊重所有人的基本人類尊嚴。

萊德拉赫提出四種想像力。第一種是「孫子想像力」。他的意思是，我們應該遙想未來，想像我們的孫子與敵人的孫子可以輕易擁有一個親近與共同的未來。我們需要培養一種能力，想像自己的人際關係網絡中也包括對手。在這裡，同理心是必要的，因為有同理心才能把敵人納入經驗中。這種想像力使我們的眼界超越當前的衝突以及偏差的思維方式。這是一種認知同理心的形式，它促使我們為所有人的共同利益而努力。它也激勵我們去了解觀點的差異，是指引我們脫離仇恨及物化他人的方法。

第二種想像是，讓我們在接觸敵人、受苦者、與我們截然不同者的過程中，把無明、模稜兩可、好奇、探究、謙卑變成盟友。敞開心胸接納不可思議的可能性需要想像力，就像休斯上校在伊拉克做的那樣。

第三種想像讓我們看到一種不同的未來，萊德拉赫稱之為「創造性想像力」。那種想像未來的能力，為所有參與者重新賦予人性並創造變革的可能，即使機率很低，亦在所不惜。那種想像力是堅韌不拔與變革耐性的象徵。當我們想像的視野比我們認為可能的眼界還遼闊時，這是無所畏懼、不厭其煩的能力。

第四種想像是「風險的想像」——對結果不執著的風險、接受未知的風險、超越分歧的風險、以好奇與力量面對不確定性的風險。當我們努力結束去人性化、物化、苦難時，要有勇氣與愛去面對自己的社群與大腦中的阻力。

想像力與健康同理心的力量，可以讓我們從一個截然不同的角度看待事物，可以引導與激勵我們抵抗無法忍受的常態化。當我們生活在同理心與想像力這兩種生態重疊的區域時，我們可以把生命的多元性納入體驗中，並自在地迎接勇氣與臣服為伴。

5. 在同理心邊緣的發現

心靈與人生協會（Mind and Life Institute）在日本舉行有關神經學與慈悲心的會議時，我與達賴喇嘛分享了一個故事。那是我認識的一位醫生，他無私地照顧一位罹患乳癌的婦女。達賴喇嘛雙手合十，俯首，眼裡噙著淚水。但過了一會兒，當他肯定醫生的善舉時，臉上的表情又充滿了慈愛。親眼看到達賴喇嘛從片刻看似同理痛苦的狀態轉變為慈悲喜樂，讓我大開眼界。

達蘭薩拉是西藏流亡政府與達賴喇嘛的所在地，西藏的朝聖者歷經漫長又危險的跋涉，前來印度的達蘭薩拉接受祝福。我去達蘭薩拉造訪達賴喇嘛時，也親眼目睹過他在話題與情感上瞬間轉換的能力。當時我們可能正熱切地討論科學，一位西藏難民突然出現，向達賴喇嘛獻上一條哈達。達賴喇嘛凝視眼前的人時，眼神立刻柔和了起來，接著他握住難民的手，潛入對方的空間，為他祈禱並給予鼓勵。過了一會兒，他又轉向周遭同仁，繼續討論神經通路與意識的本質。這是心智靈活敏捷的有力展現。

神經學的文獻中有詳細的記載，相較於不冥想的人，冥想者的心智可塑性較高，膠著度（想法「膠著」或在腦中揮之不去）較低。冥想，再加上無私的動機，可以增強我們感知自身的主觀經驗及他人經驗的能力（同理心），而且它還可以藉由自動調降我們的情緒反應及重新看待事物，輕易地釋放思想與情緒。例如，神經學家安東尼・魯茲博士（Antoine Lutz）指出，熟練的冥想者對情緒刺激的反應，可能跟冥想新手一樣強烈，甚至更強烈，但他們恢復沉著的速度也比新手快得多。[30] 在一篇關於注意力調節的論文中，魯茲博士描述開放覺察冥想（open monitoring meditation 或 open awareness meditation）的一個結果，似乎可以避免我們陷入僵化，提升情感的靈活性。[31]

神經系統科學家蓋耶勒・戴博德（Gaëlle Desbordes）與同事研究了沉著與冥想，結果與魯茲的研究成果相似。她發現冥想的好處之一是「更迅速地抽離最初的情緒反應，更快地回歸基線狀態」。[32] 這種能力可以幫我們從短暫的同理痛苦轉變成平靜與慈悲心。

我記得在另一次會議上，我拿著一張尼泊爾小男孩次仁（Tsering）的照片走到達賴喇嘛的身邊。山上掉下來的大石頭，把我們團隊裡的一位美國醫生推到河裡。要不是次仁跳進湍急的喜瑪拉雅河水中，抓起一塊木板讓她抓著，那個醫生肯定會喪命。次仁雖然擅長游泳，但他和醫生一起抓住木板時，在醫生的對面被捲入了強大的漩渦中。他救了醫生的命，卻失去自己的生命，被無情的季風急流沖到了下游。

一位年輕的加拿大人抓住了醫生，把她拉上一塊巨石，但我們再也沒看到次仁的身影。當我們意識到我們失去一位好友時，可怕的震驚感席捲了現場的每個人。

事發後不久，我代表次仁的母親帶了一條哈達和次仁的照片到達蘭薩拉，希望達賴喇嘛為次仁的轉世祈禱。我向達賴喇嘛講述這件事時，時間似乎停止了。達賴喇嘛是在完全覺知的狀態下，眼神充滿了慈愛。我們周遭的空間是寂靜的，旁邊的人好像在慢動作電影中一樣。我講完以後，達賴喇嘛說，次仁因捨身救人的無私慈悲，將會轉世為偉大的菩薩。這正是我需要聽到的話，是我可以帶回去給次仁母親的禮物。

如果我們能試著模仿達賴喇嘛的能力，迅速地切換心理狀態——這可以透過冥想來培養——就比較不會跌落邊緣，陷入同理痛苦。當我們遇到他人的痛苦時，這種心理靈活性可為我們在內在創造空間，同時謹記自我與他人之間的區別。在冥想中，我們學習觀察在我們的主觀經驗中流動及碰撞的想法、感受、知覺。當我們愈擅長觀察而不是融入這些經驗時，愈能避免自己成為他人痛苦的受害者。

萬一我們跌落邊緣（有時確實會發生），請不要絕望。同理痛苦可以作為一股激勵的力量，促使我們採取慈悲行動，以結束他人與自己的痛苦。我們需要某種程度的激發、某種程度的不安來啟動慈悲心。我們只需要確定自己不要一直陷在痛苦的泥沼中，因為那會耗盡我們的精力，使我們不再關懷他人。如果我們學會區分自己與他人，但不在我們與他人之間創造太大的距離，同理心可以是我們助人的盟友。

最後，我想提出一種直覺：或許我們並沒有潛入他人的內在，而是邀請他人進駐我們的身體，潛入我們的內心，使我們變得更強大、更包容。同理心不單只是以我們的小船傍著苦難前行，而是把自己變成汪洋的一種方式。我覺得，只要我們不淹沒在痛苦的洪流中，同理心這種天賦可以使我們變得更強大。以智慧粹煉而成的同理心，讓我們有精力代表他人採取無私的行動。

沒有同理心的世界，對他人來說是死的。如果我們對他人來說是死的，我們對自己也是死的。分擔他人的痛苦可以帶我們越過自私漠視甚至殘忍的峽谷，進入更大、更廣闊的智慧與慈悲境地。

我也覺得同理心是不可或缺的人性，是基本的良善邀請我們去接受的特質。切記偉大的哲學家叔本華（Arthur Schopenhauer）曾說：「既不是我自己的苦難，也不是我擔憂的苦難，為什麼會立即影響我，彷彿那就是我的，而且力量大到我不得不採取行動呢？」健康的同理心可以是一種行動號召——行動不是為了減輕我們自己的不安，而是為了幫眾生脫離苦難的福報。

第三章

誠正

缺乏誠正，自由亦損。

家父過世的前兩天，他一古腦兒地講了許多故事。我與妹妹從來沒聽過他談二戰經歷，那一直是我們家小心翼翼迴避的話題。但突然間，他彷彿需要排毒似的，那些故事浮上了腦海，傾洩而出。

家父身為海軍戰車登陸艦三九三號的指揮官，參與了二戰的多起重大事件，包括西西里島戰役、薩萊諾登陸。他與一百四十名手下把義大利與德國的戰俘運過地中海，送到北非的戰俘營。臨終前，他講述他的廓爾喀士兵在登陸義大利領土後，如何深入敵後，殺死義大利士兵，割掉他們的耳朵。他說，廓爾喀士兵每帶一隻耳朵回軍艦，就可以領取報酬，那確實是一種可怕的通貨。

家父是信奉基督教的南方人，從小到大的家庭教育教他關心生命的尊嚴——所有的生命，包括「敵人」的生命。然而，在他的指揮下發生的一些事情，違反了他成長過程中學到的基本誠正感。在他過世的前幾天，他脫口說出西西里行動期間發生的一件友軍傷害事件。一艘指揮艦接獲消息，說有不明飛機進入該地區。家父領導的軍隊在疲憊與反應過度下，誤把盟軍的飛機當成軸心國的戰機。於是，該區所有盟軍的海軍艦艇開始向盟軍的飛機開火。那些飛機顯然沒有密碼可表明自己的盟友身分。家父不相信那些飛機是敵機，試圖阻止那些亂開槍的軍艦，但毫無效果。最後，共有一百六十四名盟軍士兵陣亡，三百八十三人受傷。

我聽父親娓娓道來那些故事時，意識到他在戰爭期間及戰後的數十年間承受了很大的道德折磨。約翰霍普金斯大學的臨床倫理學與護理學講座教授辛達・拉什頓（Cynda Rushton）是我的朋友兼同事，她把道德折磨定義成「面對道德上的傷害、錯誤或失敗時，所經歷的悲傷或痛苦」。[1] 我們之所以在道德上感到痛苦，是因為我們誠實正直，有良知。當那誠正與良知遭到他人或自己侵犯時，就會受傷。

遺憾的是，家父這一生從未正視這種痛苦。他以高尚的情操捍衛國家，努力在困難的環境下信守自己的價值觀。直到臨終時，才表達出隱藏在內心深處的痛苦與羞愧——那有如一種可怕的燃料，暗中助長了他中年時期的沮喪與絕望。

誠正（integrity）是家父非常在乎的價值觀，那包含誠實以及對道德與倫理原則的堅持。《牛津英語詞典》把它定義為「完整且不可分割的狀態」。[2] 誠正受損時，內心會分裂，並偏離自己的價值觀。我相信家父就是如此。

如果我們能站在誠正的高緣，言行呼應價值觀，就能避免傷害。但是，當我們的行動無法符合內心最深處的價值觀時，就會陷入道德煎熬。在那裡，無力、恐懼、憤怒、厭惡的感覺可能讓我們生病——情感上、身體上、心靈上生病。

聽著父親臨終前講述的故事，我和妹妹對他多年來默默承受的折磨有了更深刻的了解。

臨終帶來的解脫感，啟動他心靈深處的活動。儘管他講述那些往事時情緒激動，但他似乎不怕即將到來的死亡。對我們透露戰爭中他承受的良心譴責，是他走完這一生的一部分。我覺得，他那樣做是想教我們有關勇氣、尊嚴、克制（克制自己與旗下士兵）的價值觀。

他講完那些故事後，經過一段時間的身體掙扎，便進入一種平靜的狀態。我與妹妹見證了他的痛苦，幫他承接了真相，讓他能夠釋懷。最終，他安詳地過世，無可非議，無愧於心，那對我們所有人來說都是一種恩賜。

1. 站在誠正的高緣

我不是道德哲學家，但探究誠正與道德的本質一直是我修行與人生的重要部分。我從事人類學家的工作時，發現這世上有許多道德平台，是非對錯的觀念因文化而異，甚至因人而異。然而，佛教給我一種理解誠正的新方法——一種透過苦難的視角去觀看事情的方法。當我們造成他人或自己的苦難時，自身的誠正也受損了。當我們減輕他人的苦難時，自身的誠正也獲得了肯定。

所謂「誠正」，是指恪守堅定的道德與倫理原則。**道德**（morality）與**倫理**（ethics）這兩字有多元定義。然而，在探索誠正時，**道德**是指跟尊嚴、榮譽、尊重、關懷有關的個人價值觀。**倫理**是指一套彙編而成的原則，這套有建設性又有助益的原則可以指引社會與機構的發展，而且人人有遵守的義務。

我們的價值觀反映在我們的性格中，那些價值觀會肯定或摧毀我們的誠正。少了誠正，自由就會受損。我看過誠正也可能有脆弱的邊緣——也許比其他的邊緣狀態更脆弱。我的意思是說，人們往往需要經歷道德上的痛苦，一次推擠、滑落或跌落邊緣，陷入痛苦的深淵，才能確認或彰顯出誠正。這也是我分享的誠正故事大多包含苦難成分的原因。這些故事強調**道德敏感性**（我們偵察道德衝突與困境的能力）與**道德洞察力**（我們評估哪些行為合乎道德的能力）。它們也包含大量的**道德勇氣**（moral nerve）——作家瓊．蒂蒂安（Joan Didion）用這個詞來形容站在傷害的深淵之上、但品德堅定不移的人。[3]

道德勇氣與徹底寫實主義

民權運動領袖芬妮．露．哈默（Fannie Lou Hamer）的一生，充分說明了誠正為什麼是一種邊緣狀態，勇氣、智慧、慈悲心如何幫我們在誠正的高緣蓬勃發展。一九六四年密西西比自由之夏（Mississippi Freedom Summer）投票登記活動期間，我很幸運得知哈默這號人物。我們都是學生非暴力協調委員會（SNCC）的成員。一九六五年，我與物理學家大衛．芬克爾斯坦（David Finkelstein）在紐約市為SNCC舉辦募款活動，我們邀請哈默來做主題演講。

那天晚上在格林威治村，我們走近這位大家敬重的講者，聆聽她對種族正義的見解，也聆聽她那動人的歌聲。她也分享了她的人生故事。生於一九一七年，她是佃農的女兒，是家中二十個孩子中的老么，[4]六歲開始下田摘棉花。她告訴我們，十三歲時，她已經可以每天摘採兩百到三百磅的棉花。生活不只辛苦，對她與家人來說更是艱難，他們常挨餓。[5]她結婚後雖然沒有生孩子，但夫妻倆撫養了兩個來自貧困家庭的孩子。一九六一年她四十四歲，動手術切除腫瘤。她的白人醫生未經她的同意，就對她動了結紮手術，那是密西西比州嚴酷計畫的一部分，該計畫的目的是為了減少該州貧困黑人的數量。

一九六二年，哈默不顧農場雇主的命令，登記參加投票，因此失去了佃農工作。於是，她開始和 SNCC 合作進行選民登記與識字輔導工作。她有句名言：「如果我神經敏銳一點，也許會有些許的恐懼，但恐懼有什麼用呢？他們現在唯一能做的，就是殺了我。從我有記憶以來，他們似乎一直這麼做，只是一次做一點點罷了。」[6]一九六三年，哈默因莫須有的罪名入獄，她描述自己先後遭到獄友與警察毆打到差點喪命的故事。[7]那傷害原本可能結束她的生命，卻激發了她的決心與道德義憤。

我聆聽哈默演講時，內心激動不已。顯然，強烈的誠信正直、道德勇氣與忠實，幫她度過了重重挑戰，她的行動也呼應了信念。儘管她沒這麼說，但我相信她也經歷了不少道德煎熬——任何人在她的處境中，眼看著自己的社群成員在南方農村受到蔑視、毆打與殺害，誰不會感到煎熬呢？

儘管哈默遭到可怕的虐待，但她從未放棄。事實上，她以自己的苦難來造福他人，勇敢地與種族分裂的雙方合作，即使生命受到威脅亦不退縮。那天晚上在格林威治村，她強調她把民權運動視為一條靈修之路，以激勵自己持續投入。我清楚聽到她大聲呼籲：「站出來……這是徹底寫實主義的實踐，結合了重新賦予人性以及無盡的道德想像。」哈默成了我的榜樣，也是對我的人生影響最大的人之一，我常想起她的過人勇氣與誠正。

哈默的夥伴霍華德．津恩博士（Howard Zinn）是史學家，社會活動人士，也是SNCC的顧問。他對於哈默能在如此動盪與暴力的情境中展現道德權威與力量，充滿了尊敬。我相信他寫出以下文字時，一定是受到哈默的精神感召：

在逆境中懷抱希望不是愚蠢的浪漫，而是基於一個事實：人類歷史不單只是一部殘酷的歷史，也是一部充滿慈悲、犧牲、勇氣、良善的歷史。

我們在這複雜的歷史中選擇強調什麼，將會決定我們的生活。如果我們只看到最壞的情況，那會破壞我們做事的能力。如果我們記得那些人們表現出色的時間與地點——而且這種例子很多——那會賦予我們行動的能量，而且至少有機會把這個旋轉的世界陀螺推向不同的方向。

如果我們真正採取行動，無論是多麼微小的行動，我們都不需要等待某個宏大的烏托邦未來。未來是現在無窮無盡的延續，按照我們認為人類該有的方式生活，無視周遭的一切逆境，這本身就是一個了不起的勝利。8

哈默的人生確實是一場勝利，也是道德勇氣、誠正、徹底現實主義的最佳實例。

信守誓言

誠正的核心是「信守誓言」，讓最重要的價值觀來指引你，有責任心，活出真正的自我。信守誓言也顯示我們的道德敏感力，那表示我們有能力在人際互動及任職的組織中辨識攸關道德的特質，也有處理傷害議題的洞見與勇氣。

誠正可以用宏大的方式展現，像哈默的一生那樣。誠正也可以在一般人的日常決定中表露無遺，例如告訴收銀員她多找了零錢；為遭到霸凌的穆斯林女性挺身而出；要求有種族歧視的叔叔別在孩子面前發表他的觀點。

我們可能害怕表明立場，而選擇忽視這些情況。當踰越道德或倫理的情境出現時，我們可能會否認或故意忽視他人經歷的傷害。我們可能對道德漠不關心，或活在特權泡沫中。但如果我們不受這些防禦所困，我們會挺身而出，面對傷害，下定決心結束苦難。

使我們維持正直的，是道德勇氣，亦即堅持良善原則的勇氣。使我們誠正不偏的，是我們的道德敏感力。我們需要外柔內剛，落實沉著與慈悲，以符合我們的價值觀。如果我們的觀點與主流相悖，我們也需要有寬廣的心胸去接受拒絕、批評、貶損、憤怒與指責。當我們堅守原則時，甚至可能喪命。

叔叔可能再也不會跟你說話；你家可能遭到標記，只因為你出面保護一名穆斯林婦女；你甚至可能遇到更糟的情況……但這就是「信守誓言」。

然而，許多人不喜歡誓言。他們覺得誓言好像約束自己的規則，有些人先天就愛打破規矩。也有一些人覺得誓言太宗教化，他們是積極的世俗論者。還有一些人則是根本不在乎，覺得沒有理由做出承諾或信守承諾。然而，我們活在社會心理迅速改變的時代，一個把無禮、說謊、暴力、更糟的行徑常態化的時代。我們應該謹記，誓言幫我們持續守住最重要的價值觀，提醒我們真正的自我究竟是什麼樣子。

我們的誓言是一種價值觀的措辭，反映在我們的態度、思想、言行舉止上。我們的承諾基本上是關於我們如何與他人及自己相處，如何與人相連及提供服務，以及如何面對世界。當我們實踐承諾、體現承諾時，承諾反映了我們的誠正，並在我們面對人生的內外風暴時，幫我們沉著下來，找到意義。

誓言可以按字面意思來實踐，就像遵守十誡或佛教戒律一樣。誓言也可以是以慈悲為基礎，更靈活，與情境脈絡有關。或者，誓言也可以是以「不分離」（non-separateness）、「不二」（non-duality）的智慧視角為基礎。最重要的是，誓言比多數人意識到的更寬廣，它們支持我們生活中的誠正，也保護我們的世界。

有些誓言是個人的，是我們為了讓生活展現堅毅的品格，而必須遵守的內心承諾。例如，家母的服務生涯對我有很大的影響，我從小就立誓絕不拋棄那些脆弱的人，永遠努力終結他人的苦難。

有些誓言是透過宗教薰陶得到的，例如金科玉律「己所不欲，勿施於人」，或菩薩三聚淨戒「攝律儀戒者（不作諸惡）、攝善法戒者（奉行一切之善）、攝眾生戒者（廣修一切善法，以利益眾生）」。這是我們與他人共同遵守的誓言，讓我們謹守眾生的神聖不可侵犯性。

另外，還有一些實用的戒律可以幫我們活在這個世界上。那些是促進文明與社會合作的習俗與規範。例如，尊重他人；友善地與人談話及談論他人；對生活的恩賜心懷感恩。

特別的誓言可以改變我們的自私。那些誓言要求我們嚴以律己，因為它們是把焦點放在自我上，跟破壞性的情緒有關。馴化自我的誓言則是告訴我們，自私是不切實際的，就那麼簡單！大多數的人都會認同，貪婪、仇恨或被迷惑不符合任何人的最佳利益。然而，我們免不了都有任性的時候。馴化自我的誓言可以幫我們化解這種自以為是的意識，就像粗鹽溶解在大海裡一樣。

在尤帕亞禪修訓練中心裡，每天早上密集修行的時候，我們會吟誦懺悔文。那是一種馴化自我的誓言，叫我們不要抽離我們對他人與自己造成的傷害。那經文提醒我們懺悔，它是這樣說的：「我昔所造諸惡業，皆由無始貪瞋痴。從身語意之所生，一切我今皆懺悔。」atone（懺悔）這個字很好，Atonement 意指「at-onement」（結為一體），不脫離整個生活的真相，並以勇敢又誠實的和解行為把碎片拼湊在一起。

最強大的誓言可以指引我們活出更宏大的人生，修行成佛。那些誓言支持我們了解無常、緣起、無私、慈悲。對佛教徒來說，這是指皈依佛陀，祂是智慧與慈悲的典範。歸依是指修行「成佛」。我們也在佛法中尋求庇護，佛法的教導與價值觀指引我們不作惡，無私地服務，然後覺醒，這表示我們竭盡所能體現佛法的教導。最後，我們投靠僧伽，我們覺醒的同伴，甚至是那些給我們帶來麻煩的人，例如在地的政客、岳父、無禮的雇主。這表示我們明白，我們與眾生或萬物是不分離的，我們如此生活。

對基督徒來說，這可能也是指去主耶穌基督那裡尋求庇護，帶著天國八福（beatitudes）作為愛與謙卑的生活經驗。對原住民來說，這可能是指在大地與廣闊的天空之間尋求庇護，尊重與珍惜所有的生物。無論我們的誓言源自何處，我相信誓言是支持誠正與道德品格發展的基本修練。因此，我常對學生說：「為什麼不現在就成佛呢？」

那要怎麼做呢？一種方法是轉向我們最抗拒的地方。我們可以去我們最害怕的地方，考驗我們與那些誓言及價值觀的關係。哈默、馬拉拉、珍．古德（Jane Goodall）站在誠正的高緣，面對種族歧視、性別歧視、環境破壞、貧富不均所造成的系統苦難。在極端不確定中，這些女性信守她們「終結苦難」的誓言：持續不斷的誓言，持續不斷的實踐！她們的道德勇氣與道德敏感力使她們以外柔內剛的特質去面對苦難——禪宗稱之為「對一說」（恰當的回應），那是靠智慧塑造出來的勇氣與誠正。這就是我所謂的信守誓言。

2.從誠正的邊緣跌落：道德煎熬

道德煎熬是行為逾越人類的基本良善原則時所感受到的傷害，它至少是以四種主要形式展現。當我們意識到一個道德問題並決定採取補救措施，卻因為內部或外部限制而無法採取行動時，就會出現**道德困擾**（moral distress）。**道德傷害**（moral injury）是因為目睹或參與違反道德的行為而造成的心理創傷，那是一種持續惡化的有害創傷，混合了恐懼、內疚與羞愧。

相較之下，**道德義憤**（moral outrage）是對違反社會規範的人所展現的外顯憤怒。這種反應同時包含憤怒與厭惡。對不道德行為的道德義憤，可能促使我們採取行動，並要求正義及究責。當我們根本不想知道或否認造成傷害的情況時，就會出現**道德冷漠**（moral apathy）。

修・湯普森（Hugh Thompson Jr.）的故事中涵蓋了這四種道德煎熬的形式。湯普森是直升機的機師，跟家父一樣來自喬治亞州。一九六八年三月十六日在南越，湯普森駕著直升機飛過一處可怕的場景。他看到美國士兵肆意地強姦、殘害、殺死越南的男女老幼，這就是後來所謂的「美萊村屠殺」(My Lai Massacre)。湯普森與兩位同袍展現了驚人的誠正與勇氣,阻止美國士兵繼續屠殺,並威脅他們,要是不停下來,就用武器對付他們。湯普森隨後親自護送一些越南平民到安全的地方。目睹這種失控暴力對無辜村民造成的傷害,激起了湯普森的道德義憤,使他因此有力量去拯救一些越南百姓的性命,並追究那些殘害者的責任。

當時美軍在越南的總指揮官是威廉・魏摩蘭(William C. Westmoreland)。他讚揚那些殘害百姓的美國士兵「表現傑出」,並寫道他們「給敵人沉重的打擊」。[9] 但幾年後,魏摩蘭在回憶錄裡,把那次事件描述成「刻意屠殺手無寸鐵的嬰兒、孩童、母親、老人,就像一場可怕的慢動作噩夢,持續了近一整天,中間還有冷血的午餐休息時間」。[10]

事發後不久,湯普森榮獲飛行優異十字勳章(Distinguished Flying Cross),但他把那個勳章扔了。頒獎詞讚揚他「面對敵方惡火」的英勇行為,卻忽略了惡火是來自美國這個事實。湯普森確信,指揮官頒獎給他是為了收買他的沉默,這也是違反道德的行為。一九六九年,他在法庭上指證那些下令屠殺的軍官,但那些軍官後來都獲得赦免或無罪釋放。[11]

多年來,湯普森因為在美萊村屠殺案的調查與審判中所扮演的角色,而受到美國軍方、政府、大眾的詆毀。儘管他表現得很英勇,但美軍大屠殺及隨後掩蓋的行為對他造成的痛苦從未消失。湯普森深受道德傷害的折磨,罹患創傷後壓力症候群(PTSD),離婚,有嚴重的夢魘，酗酒。他去世時，年僅六十二歲。

湯普森意識到他必須違抗上級的命令，才能維持個人誠正及拯救平民性命時，他感受到道德困擾。他的道德義憤促使他做出正確的事，儘管他因此有大半輩子承受道德傷害的煎熬，而且那很可能也助長了他的酗酒習慣（那是與否認及麻木有關的疾病，所以有一定程度的道德冷漠）。

然而，在生命接近尾聲時，湯普森終於被大家公認為英雄。他與同袍獲頒士兵勳章（Soldier's Medal），以表彰他們有勇氣做很少人在那種情況下敢做的事。

我是從一個學生那裡得知湯普森的故事，那個學生曾是海豹部隊（Navy SEAL）的隊員，他聽過湯普森談軍中道德的演講。湯普森告訴聽眾，他獲頒士兵勳章十天後，也就是大屠殺發生三十年後，他回到了美萊。在美萊村，他遇到一位在大屠殺中倖存下來的越南婦女。她說，她曾經祈禱那些對他們開槍的士兵會跟著湯普森一起回來，這樣他們就能獲得原諒。那名婦女看到村民遭到強暴、折磨、殺害時，無疑也承受了道德傷害，但她能夠把傷害轉化為寬恕。

知道大屠殺的肇事者如何面對自己的行徑，可能也有幫助。除非他們對道德無動於衷，否則他們一定也承受著痛苦。二〇一〇年，一位參與這場災難的班長說，他之所以那樣做，是因為他害怕遭到處決。「如果我進入戰鬥狀態並告訴他們『不，我不會去，我不會那樣做的，我不會遵循那個命令』，他們會把我推到牆邊，一槍斃了我。」[12]

那位班長的擔憂可能合情合理。這種陷入「要不要殺」的情境、但難以抉擇的人，值得我們同情。然而，站在誠正高緣的是湯普森。他的道德傷害與道德義憤，在他面對違背良心的行為時，給了他採取行動的勇氣與能量。

道德困擾

在我幾十年的臨終照護工作中，許多臨床醫生向我透露，當延長病人生命的負擔開始超過效益時，往往會使他們陷入道德困境。有些醫生被迫對只剩幾天生命的病人進行心肺復甦術（CPR），那對臨終病人來說不僅痛苦，而且通常徒勞無益。一位醫生說他無法幫病人輸血，只因為院內的血液供應不足。許多醫生表示，他們與團隊曾經爭論干預措施的真正作用，卻囿於醫院政策或病人期望而無法尋求最佳途徑。有些人因工作倦怠而陷入道德冷漠，失去照護病患的能力。

幾十年來，我的經驗主要是和臨床醫生合作，有些醫生每天都有道德困擾。幾年前，我與一位同事為一群在心臟病加護病房（CICU）工作的護士提供諮詢服務。那個護理團隊士氣低落，近乎崩潰。九個月來，他們一直照顧一位心臟移植的病人。手術後發現捐贈者的心臟有缺陷，病人羅伊的健康急劇惡化。

可以理解，羅伊與妻子都很絕望，他們願意不顧一切延長他的生命。羅伊的心臟科醫生為他們勾勒出一幅樂觀的遠景，說羅伊只要採用他建議的干預措施就會好起來。

但事實並非如此。幾個月以來，羅伊忍受著截肢造成的壞疽、褥瘡、頻繁清洗、更換傷口敷料、復發性肺炎、抗藥性感染的痛苦，依賴機械式呼吸輔助。羅伊的痛苦變得無法控制，他陷入了沉默的絕望。

護士表示，他們照料羅伊的身心創傷時，也變得愈來愈痛苦。幾位護士告訴我們，他們幾乎無法踏入羅伊的房間，因為他們覺得他們的照護帶給他更多的痛苦。其中一人透露，接觸羅伊的壞疽與腐爛的氣味後，她離開病房時不禁開始嘔吐。有些護士繼續履行職責，但是對病人的痛苦感到恐慌。有些護士說他們感到麻木，只能放空大腦繼續工作。至於羅伊本身，他陷入黑暗的沉默。羅伊歷經九個月的痛苦後，護士承受的道德痛苦日益沉重，最後羅伊在心臟病加護病房中過世了。

聆聽護士的敘述時，我想起希波克拉底（Hippocrates）建議的醫療三個目標：「治癒，減輕痛苦，不治療藥石罔效的病患。」這些經驗豐富的護士認為，羅伊確實已經藥石罔效，他們提供的照護不僅無效，似乎還對病人有害。更糟的是，外科醫生似乎對他們的擔心充耳不聞，他們覺得自己被羅伊的病情與醫院的政策擊垮了

有些護士因為自己想要迴避病人而感到內疚羞愧；有些護士開始封閉起來，陷入道德冷漠；還有一些護士出現道德義憤，他們覺得那些近乎不道德的行為都是外科醫生害的。所有的護士都感到道德困擾。

這些護士與我們面談時，問道：在一個**不惜一切代價**延長生命的醫療體系當中，他們應該怎麼做。他們也想知道，在這種情況下，他們如何擺脫想要拋棄病人的情緒反應，或避免陷入道德冷漠或道德義憤。他們認為，在照顧這位病人的過程中，他們的誠正嚴重受損，違反了自己的價值觀及人道護理原則。此外，他們已經喪失道德勇氣，並問我們如何恢復自尊與誠正。

我們仔細聆聽他們的敘述，也支持他們相互傾聽。我們與他們分享如何重塑自己的經歷，探索不同的情境，接著建議他們探索寬容：寬容自己，寬容彼此，寬容醫生與機構。

這個故事並未隨著我們的諮詢而結束。在兩年間，我的同事持續與這個護理團隊合作，幫他們培養道德復原力（moral resilience）。他們探索了冥想，以強化他們在高壓下的心理靈活應變、沉著與洞察力。他們也檢討了個人價值觀以及指引醫院的原則。他們發現自己的原

則不見得與醫院的期望一致。他們也探索了**道德殘餘**（moral remainder）的概念，那是指做出違反個人誠正意識的行為後所殘留下來的痛苦情感。他們開始意識到，多數的道德困境結束後，會出現道德殘餘。接受道德殘餘是培養復原力的重要部分。

但是，對這個護理團隊來說，這個過程不僅是療癒而已。培養道德復原力可以賦予他們力量。這個團隊主動改變了政策，好讓病情日益惡化的心臟病患獲得適切的安寧醫療。撰寫本文之際，該護理團隊的多數成員仍繼續在那個心臟病加護病房裡共事。

道德傷害的痛苦

道德困擾可能是短暫的，但道德傷害即使可以癒合，也可能需要很長的時間。道德傷害是一種複雜的精神與社會創傷，當我們目睹或參與違背良心的行為，導致誠正受損時，就會出現這樣的傷害。這種情況常出現在軍人身上，原因很明顯。就像屠殺美萊村的美軍班長一樣，許多軍人面對體制的要求，覺得自己無力堅持個人信念與價值觀。在這種情況下，我們的誠信可能崩解，昧著良心去遵從我們認為錯誤的命令——或是在嚴重傷害中，即使良心要求我們見義勇為、出面干預，卻做不到。

「道德傷害」一詞不僅是指受到的創傷，也是指創傷造成的長期心理傷害。受創者可能一生都有揮之不去的失調感，包括憂鬱、羞愧、內疚、退縮、自我厭惡。與道德傷害有關的感覺也會激發憤怒與厭惡，因而促成道德義憤以及與道德冷漠有關的上癮行為。

疏離是道德傷害的另一個特徵。軍人退役後回歸百姓生活時，可能覺得自己與同儕、朋友、家人失去了聯繫。因為多數百姓不知道從軍是怎麼一回事，他們很難理解退役軍人的體驗。退役軍人可能很怕自己在軍中被迫做的事情遭到負面看待。如果他們有一些行為可能有道德瑕疵或違法，他們也怕自己被當成英雄讚揚。

當然，不只軍人可能出現道德傷害。政客為了選票說謊，而意識到自己正在破壞誠正時，也會出現道德傷害。石油與天然氣公司的員工對於自己參與環境破壞感到沮喪時，也會出現道德傷害；老師不惜一切代價逼學生通過考試，對於自己傷害學生感到內疚時，也會出現道德傷害；甚至那些試圖阻止這種傷害的人，光是目睹這種傷害，就會出現道德傷害。我認為我們需要了解我們的社會中存在了多少道德傷害，以便以更好的方式來解決這個問題。

二〇〇一年十一月六日晚上，泰瑞・克拉克（Terry Clark）在新墨西哥州的監獄裡遭處注射死刑，我經歷了道德傷害。死刑（以殺戮作為對殺戮的懲罰）對許多相關人員造成了道德傷害，甚至對那些試圖阻止死刑的人造成傷害。死刑令我感到不安，如今美國有三十一州仍保留這種懲處方式。克拉克遭到處決那件事永遠烙印在我心裡。

一九八六年初，克拉克因綁架及強姦一名六歲女童而遭定罪。那年夏天保釋外出時，他又姦殺了一名九歲女孩，幾天後他坦承罪行。儘管新墨西哥州自一九六〇年以來就沒有處決過囚犯，但陪審團還是判處克拉克死刑。

克拉克在監禁期間，持續上訴到一九九九年才放棄，開始在監獄裡等死。我隸屬於一個團隊，該團隊試圖說服克拉克改變決定，恢復上訴，以免遭到處決。顯然，我們沒有成功。

克拉克似乎非常痛苦，飽受煎熬。我和一位同事坐在牢房外的水泥地板上，與他之間相隔著一扇大鐵門，只能透過送飯的小孔對話。他的聲音近乎耳語，牢房裡總是瀰漫著灰色的香菸煙霧。

在處決當晚，我與五十名左右的學生和朋友聚集在監獄外，監獄是在聖塔菲附近一條鄉村公路的旁邊。在寒冷漆黑的夜晚，我們靜靜地坐在地面上抗議。我們並不孤單，遇害女童的家人與鄰居在我們的附近高喊：「殺了他！殺了他！」過了一會兒，或許是受到我們的靜默所影響，他們平靜了下來，開始唱：「耶穌愛我，我知道。」我們都在等待。

晚上七點三十分，一名獄警出來通知我們，克拉克已經遭到處決。我們這群人陷入更深的沉默，我覺得非常難受。當我聽到那些支持處決他的人在一旁歡呼時，我更加難過。我知道克拉克犯下那些可怕的罪行。儘管如此，我還是無法接受以奪走性命的方式來懲罰殺人者。佛陀教導我們非暴力，祂致力改造殺人犯，而不是懲罰他們。在佛陀的教導下，多數的佛教徒認為死刑是不道德的，以奪走性命的方式來懲罰殺人並無法赦免任何人。我們大多也反對「正當殺人」（justifiable homicide）的概念，因為那也是把不正當的殺人（即謀殺）正常化了。

由於新墨西哥州的懲教署已有四十幾年未執行死刑，他們對這次處決沒有做準備，而是從德州請來一支團隊支援。許多監獄的員工私下告訴我，這次死刑在他們的監督下執行，他們有一些道德上的顧慮。

克拉克遭到處決那天，有人告訴我，克拉克非常害怕，他要求獄方給他注射鎮靜劑。在行刑過程中，克拉克以驚恐的眼神看著現場一位心理學家時，那位心理學家不禁落淚。我有一位夥伴也在現場，他後來永遠改變了，最後也離開了懲教署。

我們很少聽到死刑執行者的故事，但許多死刑執行者承受著長期的痛苦。艾倫·奧爾特博士（Allen Ault）接受《衛報》採訪時表示：「第一次按下開關時，我意識到自己剛剛殺了一個人，這對我造成很大的創傷。」[13]一九九〇年代中期，時任喬治亞州懲教署署長的奧爾特下令以電椅執行了五次死刑。他說：「我不得不一遍又一遍地做這件事，到最後我再也做不下去了。」

這些事先策劃好的殺人活動，使奧爾特覺得自己的地位「比最可鄙的人還不如」。第五次行刑後，奧爾夫痛苦不堪，只能辭職。至今，他覺得那些生命結束在他手中的人依然陰魂不散，他說：「我不記得他們的名字，但做噩夢時仍會看到他們。」[14]

他的行刑團隊中，有幾個成員尋求治療以因應那些創傷。奧爾特說，他認識三個曾經參與死刑的人，後來自殺了。他們無法接受道德殘餘，於是道德傷害與後來的自殺成了結果。

當道德殘餘使我們輾轉難眠，也使我們的噩夢充斥著惡魔時，我們就會受苦。奧爾特辭職了，他的夥伴則是自我了斷。就像身體的疼痛告訴我們身體出了問題一樣，道德傷害也告訴我們，我們的誠正受損了，這些資訊可以把我們的行為導回價值觀。就像奧爾特和那位從懲教署離職的夥伴一樣，我們可以抽離那種情況，同時努力改變體制的制度暴力。

道德義憤以及憤怒與厭惡的膠著度

另外還有道德義憤。一九六〇年代我住在紐約市，某個夏夜我走出住所，看到一個男人對著一個女人大吼大叫。那個男人突然從身邊的車子扯下一根無線電天線，開始鞭打那個女人。我不假思索地衝過去，以身體擋在他們的中間，大叫他住手。我滿心道德義憤，完全未顧及自身安全。目睹男人痛打女人，使我怒火中燒，立即反應。

道德義憤的定義是：察覺有悖道德而產生憤怒與厭惡的反應。在上述的街頭場景中，我不僅目睹了身體暴力，也目睹了性別暴力。五十年後，親身經歷那種暴力的感覺仍歷歷在目。那是憤怒與厭惡下的衝動，沒有什麼能阻止我擋在他們兩人之間。

我站在那裡，心臟急速跳動，那個女人連忙跟我道謝，接著她連忙逃離現場。那個男人把天線扔在街上，對我咆哮，接著揚長而去。如今回想起來，我很確定我試圖阻止暴力時，不是出於自私的動機。我並不是為了獲得別人的認可或提升自尊而見義勇為。我沒有時間考慮自己——我根本無法見死不救，從那個可怕的場景中溜走。促使我採取行動的，是迅速從內心深處湧現的道德義憤，再加上慈悲心。

多年來，我看到道德義憤以健康及不健康的形式，在政治、行動主義、新聞、醫學、我個人的經驗中呈現。試著深入挖掘後發現，道德義憤就像病態的利他，有時反映出一種未承認的需求：想要被別人視為「好人」的渴望。我們可能以為，我們優越的道德立場，使我們在他人的眼中顯得更值得信任、可敬。義憤填膺可以帶給我們很多的自我滿足，也可以減輕內疚感：「我們是對的，別人是錯的；我們是道德高尚的，別人是道德敗壞的。」

社會評論家雷貝嘉．索爾尼（Rebecca Solnit）投書《衛報》，標題是〈我們可以成為英雄：一封選舉年的信〉，她文中進一步揭露道德義憤的自私面向。她指出，一些極左派的人士喜歡「把尖酸刻薄當有趣」，他們覺得「完美」是「好」的敵人，所以動不動就在進步、改善、甚至在徹底勝利中找碴，藉此把道德義憤變成一種競技運動。索爾尼指出，這種立場對任何理念毫無助益，只會破壞結盟。[15]在二〇一六年的美國大選結果中，自由派與極左派之間日益擴大的鴻溝，不知有多少是這種「把尖酸刻薄當有趣」的心態造成的。

「把尖酸刻薄當有趣」及其他形式的道德義憤可能有感染力、成癮性、煽動性，使人生病。一點點道德義憤可以激勵人行動，但是大量湧現的道德義憤則可能搞垮自己，那正是敵手樂見的。當我們憤怒、情緒過於激動時，便開始失衡，失去看清局面的能力，那很容易跌落邊緣，陷入道德煎熬的深淵。

然而，許多人覺得，如果我們不讓別人為他們造成的傷害負責，就違背了自己的誠正。面對違反道德的行為，我們不能袖手旁觀，也不能假裝沒事以求自保。為了避免誠正受損，我們必須對當權者講真話，這就是我所謂的**有原則的道德義憤**（principled moral outrage）。

有原則的道德義憤，涉及其他邊緣狀態（利他、同理心、誠正、尊重）的要素。一九八一年，我和神經學家弗朗西斯科·瓦雷拉（Francisco Varela）及普林斯頓大學高等研究院的院長哈利·沃夫（Harry Woolf）一起造訪一間靈長類實驗室。這間實驗室位於地下室，裡面有數十個小籠子，裡面關著恆河猴。我與沃夫走近一個籠子，看到猴子的頭骨被鋸開了，露出裡面的大腦，電極可以直接接觸到這隻小猴子的大腦。可憐的猴子被銬住了，動彈不得，但牠的眼神透露出一切——充滿了痛苦與恐懼。沃夫在我旁邊，跪在那隻猴子的前面，似乎在請求原諒。我顫抖地站起來，凝視猴子的眼睛，感受到牠的痛苦，對牠傳達了憐憫之意。

後來，我告訴瓦雷拉，我覺得做這種研究完全不道德。在神經學的研究中，動物常淪為犧牲者。面對那隻猴子，我不禁產生道德義憤，彷彿身上有個東西裂開了。我決定以我的憤怒與厭惡來強化我想要結束這些苦難的承諾。我決定密切注意動物實驗，絕不讓這種實驗逃離我的關注。至於瓦雷拉，他在參觀那個實驗室不久，就放棄動物研究了。我不知道沃夫做了什麼，因為不久我就失去了他的音訊。但我沒有忘記那隻猴子，近四十年後的今天，他仍活在我的體內。

我看到那隻猴子時，產生深切的慈悲心。在那個實驗室裡，痛苦的厭惡感也是我諸多複雜情緒的一部分——我厭惡人類對眾生的殘忍行徑。道德義憤的一個重要特點是，它是對違背道德的反感。社會心理學家研究了厭惡對道德辨識力（moral discernment）的影響。在一項研究中，當模擬審判中的陪審員暴露在令人作嘔的氣味中，他們對被告做出的判決比較嚴厲。厭惡似乎放大了他們的道德義憤，因此促成更嚴格的判斷。[16]另一項研究發現，反感情緒較強烈的人，會覺得圈內人比較有吸引力，對圈外人有較多的負面態度。[17]這可能是道德義憤容易兩極化的一個原因——它擴大了自己與他者之間的鴻溝。

我們的內心可能對自己的道德義憤出現矛盾的反應。憤怒可能激發攻擊性，厭惡可能導致退縮——那可能是指躲進自己的圈子，物化及迴避圈外人。倫理學家兼法學家瑪莎・納思邦（Martha Nussbaum）以「厭惡感政治」（politics of disgust）這個詞來批評那些因厭惡而歧視 LGBT 群體的法律，例如禁止同性婚姻以及反對跨性別的「洗手間法」（bathroom bills）。她指出，那種政治支持偏執、黨同伐異與壓迫。

倫理學家拉什頓教授寫道：「道德義憤可以變成凝聚群眾的粘合劑，促使大家合力對抗那些威脅他們的個人或專業身分、價值觀、信仰或誠正的人。這種道德義憤可能產生感染力，不加以檢視的話，可能會使分歧惡化，加劇分離，而不是促進連結與合作。」[18]

多年來我投入多種社會公益，那些經驗讓我了解到，我們的情感與恐懼很容易使我們對一些戲劇性的道德事件做出某種反應。當我看到我參與的組織管理不善，覺得我有必須表達擔憂時，我的內心很掙扎。我是執行長的老友，我很關心他。我直接向他表達了擔憂，但虐待的情況仍持續存在。最後，我覺得我有道德義務直接向董事會報告，我對這位執行長不當處理專案、員工、資金的方式感到擔憂。我知道我對執行長的關心使我遲遲無法表明立場，但最後我覺得我別無選擇了。我對那種情況感到厭惡，對自己不願挺身而出感到失望。

當然，理性思考扮演很重要的角色，但那往往是次要的。哈佛大學的心理學教授約書亞．葛林（Joshua Greene）指出：「道德思想之所以是道德思想，是因為它在社會中發揮的作用，而不是在腦中發生的自動化流程。」[19] 最終促使我向董事會吐露擔憂的，是我的良心，而不是我的概念性思維。

一位宗教師在青年監獄服務，他寫到他在那個地方面臨的問題。「看到這個體系中所謂的『關懷』，我很難過，我這樣說其實很尷尬。這個體系的設置為什麼會那麼暴力，為什麼會挑起暴力。看到年輕人承受那些痛苦，我很難過、沮喪、憤慨、深感羞愧。」這位宗教師承受著同理痛苦、道德憤慨與內疚感。

某種程度上來說，憤怒是對不道德的行為（例如在實驗室裡折磨猴子或忽略監獄裡的青年）的正當反應。然而，即使情況沒有那麼嚴重的道德問題（例如機構管理不善），也可能激怒我們、使我們產生厭惡與道德義憤。當道德義憤是偶發的、也有所節制時，那是有效促進道德行為的驅動力。世界上有很多令人憤恨不平的事情，我們的憤怒可以給我們對抗不公不義的能量。強烈的情緒可以幫我們辨識不道德的情況，激勵我們去干預，表明立場，甚至冒著生命危險去造福他人。

然而，當道德義憤是為了自己、積習成癖或毫無節制時——當它變成我們看世界的唯一視角時——那可能有成癮性並造成分裂。羞辱、譴責、自以為是也使我們站在優越的權力地位，短期內令人滿足，但長期則導致我們與他人隔絕。持續的過度激發（overarousal）可能對身心與精神產生嚴重的影響——從潰瘍到憂鬱等症狀。那也會嚴重影響別人對我們的看法。最後，我學到了，道德義憤不僅對我們自己可能產生有益或有害的後果，對我們的人際關係、甚至社會也會有影響。我們的洞察力（亦即對意圖的洞察）以及調節情緒的能力，決定了道德義憤究竟對我們或他人是有益、還是有害。

道德冷漠與心死

我們活在一個充滿直接暴力與系統性壓迫的極端世界裡，因此很容易就會遇到道德煎熬。我們如何因應企業與政治腐敗、婦女與兒童受虐、難民危機、種族歧視、經濟不公、環境剝削、遊民問題？這類例子不勝枚舉。處理不道德的議題時，部分重點在於辨識那些使逃避苦難變成常態的社會心理價值觀與行為，並加以轉變。

我覺得有一點很重要：不要老是想著自己應該被別人視為「正派」的人。我們往往必須冒著遭到否定或更糟的風險，以守住自己最深層的價值觀。作家莎拉・舒爾曼（Sarah

Schulman）指出，太多人放任特權掌控我們的常識與面子，選擇了「心理士紳化」（mental gentrification），不抗議社會的道德淪喪。我們不想打破和諧，也不想讓別人感到不安，我們討厭衝突，所以迴避苦難，於是暴力系統日益壯大。如今許多人選擇心理士紳化，不面對逾越道德的議題。舒爾曼寫道：「對最高權威來說，真相的揭露極其危險。在我們的社會裡，特權階層的幸福是建立在永不開始承擔責任的基礎上。」[20]

第四種道德煎熬是**道德冷漠**，那是指我們的否認、不在乎或刻意忽視，使我們能夠忽略或阻隔他人的苦難。詹姆斯．鮑德溫（James Baldwin）在《記得這房子》（*Remember This House*）中寫道：「道德冷漠與心死令我恐懼，這種情況正在我國發生。這些人自欺欺人太久了，他們真的以為我不是人。」[21]

我在一個暱稱為「白城」的地方成長，那是佛羅里達州南部一個「嚴格管制」的社區，猶太人與黑人都不准住在那裡。我家和那個社群是活在一個泡沫裡。與「白城」對應的是「有色城」，而且就在鐵路的另一邊。

每個工作日，我父親都會開著他的福特雷鳥（Ford Thunderbird）或林肯大陸（Lincoln Continental）轎車穿過鐵道，前往有色城那條不太大的大街，接萊拉．羅賓遜（Lila Robinson）。一九四六年，我四歲，大病一場，當時家人開始雇用萊拉。她的家族來自巴哈馬，更早的祖先是非洲人。她來當我們的管家兼廚師，多年來，她為我們家帶來關愛與力量。

萊拉剛來我們家時，我不知道我們是住在珊瑚牆市（白城的真實名稱）的排外社區裡。就像魚兒不知道自己在水裡游一樣，我們家也在種族歧視、階級主義、特權、以及自以為我們的宗教才是唯一正統宗教的海域中暢游。我們不知道——或者我們選擇不去看——滲透在生活中的種族歧視。我們展現出最糟的道德冷漠——因物化他人而產生的冷漠，以及因活在特權泡沫中而產生的否認。

我的健康開始好轉時，我常搭父親的車去西椰林市（有色城的真實名稱）接萊拉。我依然記得當地油炸食物的味道、商品乏善可陳的雜貨店、破舊的汽車、美妙的音樂、社區的溫暖。我就讀的學校以及我們家參與的鄉村俱樂部都是白人，鄉村俱樂部裡可以打高爾夫球、玩橋牌、喝雞尾酒。西椰林市則是截然不同的世界。我很容易就看出那兩個世界天差地別，但我不太相信我是活在「比較好」的世界裡。

我不知道萊拉的收入多少，但是我看到她與三個女兒的住所時，我知道她的收入肯定很微薄。她的公寓是在一個「混凝土怪獸」裡，他們以「混凝土怪獸」來戲稱西椰林市那些看起來很糟糕的半高建築，因為它們看起來就像城市更新搞壞了一樣。那些充滿黴菌、蟑螂滋生的混凝土建築在高溫下烘烤著住戶。我為這個對我如此慈愛、我也深愛的人感到擔心。

當萊拉告訴我她的祖母是奴隸時，我嚇了一跳。麥里克示範學校（Merrick Demonstration School）沒有教我們奴隸制的相關知識，但我知道奴隸制是什麼，也知道那是很糟糕的事情。不過，我們家還是不談奴隸制，我只聽家人談過高爾夫球、幼女童軍、商業交易。

萊拉和我似乎活在兩個不同的世界中。然而，我們的世界還是有交集的。我們家所在的那個世界剝削了萊拉的世界，是靠「他化」（othering）存續的。萊拉在不知不覺中，透過人性關懷，打開了我的眼界，讓我看到白人特權，這種特權幫我們一家人隔絕了種族歧視的殘酷現實。這一切塑造了今天的我，讓我更了解道德冷漠如何繼續毒害這個世界。

另外，還有其他冷漠的泡沫，一種是孤立泡沫。幾年前，一個在特種部隊服役的學生寫信給我，說他選擇孤立以逃避身為戰士的道德傷害所帶來的痛苦。在一封電子郵件中，他寫道，身為資深戰士，他曾經在孤立泡沫中尋求庇護，以因應戰爭的創傷，但是後來孤立轉變成冷漠。

> 有些當權者為了迴避某些經驗，下令他人參與。我曾在這些人的命令下投入那些經驗。我看到戰爭毫無助益，只製造出受害者。目前為止，美國仍未正式承認伊拉克戰爭中實際死

亡的平民人數，也沒有為戰爭對美國士兵及其眷屬造成的傷害做出充分的反應。某種意義上來說，我也是微不足道的人之一。為了因應痛苦，我退隱到山中以便獨處。在與世隔絕之際，打坐、閱讀、反思佛法對我有很大的幫助，但我不屬於任何群體，也沒有目的。我的孤立最終超越了療癒，變成支柱：我變得冷漠安然。

這個人有勇氣抽離冷漠，加入尤帕亞的佛教宗教師培訓計畫，探索如何服務他人。他需要很多的療癒。他談及參與的任務時，我看得出來戰爭對他造成很大的創傷。他的故事讓我對道德傷害以及遁入道德冷漠中尋求庇護有了更細膩的了解。內疚、羞愧、自我厭惡是他經歷的道德傷害，否認也屬於道德傷害。最後，他重新找回了勇氣與慈悲心。我不得不佩服他想要療癒的意志。

鮑德溫找到了消除冷漠的良方：「不是你面對的一切都能改變。但不面對的話，一切都不會改變。」[22]那位在特種部隊服役的學生加入尤帕亞的佛教宗教師培訓計畫，藉此擺脫以孤立保護自己的方式，面對他的痛苦。

至於我的作法，我藉由參與一九六〇年代的民權運動來抵抗道德冷漠的誘惑，因為它迫使我面對種族不平等的恐懼。民權運動也讓我明白，為了更瞭解各種苦難，我必須進入各種充滿苦難的人間煉獄。二十幾歲時我到紐奧良的精神科病房當志工，抗議越南戰爭及後來的其他戰爭，陪伴臨終患者，去監獄教冥想，見證洛斯阿拉莫斯國家實驗室（Los Alamos）和奧斯威辛集中營——這些經驗可能都使我與生俱來的特權感減弱了一些。

柏尼禪師稱這樣的歷程是「冒險一試」。冒險一試，就能轉變自己——理想上，我們也可以幫忙轉變造成傷害的機構與文化。但是，想要冒險一試及進入人間煉獄（例如敘利亞、監獄或病房），需要意志、決心、耐力，以及愛與智慧。這些環境是道德品格形成的地方，也是真正的誠正誕生的地方。

3. 誠正與其他的邊緣狀態

道德煎熬是一種生態系統，可以促進各種邊緣狀態的陰暗面：病態利他、同理痛苦、輕蔑無禮、疲勞倦怠。

二〇一六年夏季，科修・杜瑞爾（Kosho Durel）與喬心・本恩斯（Joshin Byrnes）在舊金山市（約六千七百人露宿街頭）[23]領導九個人進行「街頭靜修」。杜瑞爾是尤帕亞的學員，本恩斯曾為尤帕亞規劃過一項遊民專案。前面提過，街頭靜修是柏尼禪師開發出來的，他利用這個活動讓禪修者體驗無家可歸的現實，以便更了解那些壓迫遊民的系統力量。那些參與靜修的人睡在街上，乞求金錢與食物，在施食處用餐，與遇見的人一起走路及交談，目睹毒品交易、盜竊與饑餓，並觸及他們在那種情況下所感受到的脆弱。多數參與者目睹了社會的階級主義、種族歧視、道德冷漠後，感受到道德煎熬。他們不得不修習「無明」與「見證」，常受到啟發而採取「慈悲行」。

為了二〇一六年舊金山的街頭靜修，杜瑞爾和本恩斯提早到當地勘查施食處，並在街道上尋找可以睡覺的安全地方。杜瑞爾寫道，走在田德隆區（Tenderloin District），「街上遊民數量、毒品濫用、垃圾與污染、建築搖搖欲墜、居民如行屍走肉的模樣令他大為震驚」。

杜瑞爾和本恩斯決定去參觀格萊德紀念教堂（Glide Memorial Church）經營的施食處。格萊德紀念教堂向來是比較開明先進的衛理公會教堂，致力維護種族、階級、LGBTQ 群體的權利。不過，那裡的施食處與他們的預期不同。杜瑞爾描述，它的自助餐廳位於地下室，那是一個鋪著混凝土地板的房間，內有金屬家具及三十呎高的牆壁，「粉刷成一種狀似淨化消毒過但不太乾淨的淡藍色，宛如一個沒水的游泳池」。他寫道，有五十到一百人拿著糧票分批進去用餐，他們默默地低頭進食，時間到就得離開，好讓下一批人用餐。

後來，杜瑞爾與本恩斯「震驚地」離開那裡，可能帶了不少同理痛苦與道德義憤。接著，他們前往市政中心地區的聯合國廣場。「那裡有人在噴泉邊吸食古柯鹼，身障人士坐著輪椅移動或休息，精障人士漫無目的地遊蕩，其他人則是坐在水泥地上聊天。」

杜瑞爾注意到廣場上有一根支柱，上面刻了聯合國《世界人權宣言》的序言：「承認人類家庭所有成員的固有尊嚴及其平等與不移的權利，乃是世界自由、正義與和平的基礎；對人權的無視和侮蔑，已發展為野蠻暴行……」

這些文字與舊金山街頭的現實形成了鮮明的對比，這個對比讓杜瑞爾因此醒悟。「年輕的專業人士（大多是男性）戴著連接智慧型手機的耳機走過街頭時，幾乎沒意識到其他人，我心想：『完了，這裡一片混亂，實在太慘了。』那些科技公司的總部，就在田德隆區的對面，兩邊隔著鐵道……我想像這些年輕人的年收是六、七位數美元。往南是一塊又一塊的重建區，現代主義風格的公寓林立，外觀是全新的玻璃、塑膠、金屬材質，裡面住著特權階級。田德隆街上的人則是目睹房價飛漲。想在這個不討喜的社區找到棲身之所，必須每月支付一千五百美元，才能租到簡易小套房，或者要夠幸運，才能獲得政府補助。」接著杜瑞爾說：「也許你可以稍微感覺到我的道德義憤。」

他接著說：「然而，在心靈的道德領域中，我有一個誓言：不怨恨，不憤懣。還有一個誓言：注意內心出現的所有感受、想法、知覺。我相信，讓所有的體驗——整個廣場——滲透到我體內，將會改變我。這一切是為了發現我的偏誤與成見，並加以排除。」

我認為，對杜瑞爾和多數人來說，這並不容易。他的話讓我想起一個痛苦的議題，那個議題在我十幾歲時終於變得顯而易見：階級與種族分化了我們，是痛苦的根源。然而，特權與貧窮的世界是相互依存的，因為享有特權的人直接或間接地剝削窮人；低收入者往往要為特權階級服務。我看到這個事實時，感到憤怒、厭惡、無奈，但這也是一個轉捩點，喚醒我有必要去服務那些受到結構與制度壓迫的人，以及改變那些造成結構暴力的信念與制度。那也讓我看到，我們都應該對種族歧視的醜陋真相及其造成的傷害負責。然而，我不確定我們白人能否擺脫特權，因為不管我們想不想要，那是社會無意識地賦予我們的東西。然而，我們可以學習如何利用它來幫助比較不幸的人。我也必須小心，不要陷入病態利他，因為那很容易發生。

我相信杜瑞爾也有類似的經歷。他說：「我的階級意識就像扳機一樣被扣動了。一旦扣了扳機，我就想繼續開火。那是一種憤怒的展現，我這一生三十年來的所見所聞強化了那個憤怒。或許恐懼使我的視野變窄了。把每件事都看成『我們vs.他們』可能是一種因應痛苦及感到放心的方式，但愈是迴避特權與壓迫的痛苦，痛苦愈是緊抓著你不放。」

杜瑞爾發現，轉變道德義憤不是指改變現狀。「許多人參加街頭靜修時，會出現想要幫忙與解決問題的衝動，想要成為受害者的救世主。」杜瑞爾注意到，很多人會想要以病態利他的對策來減輕道德義憤與同理痛苦。他寫道：「街頭靜修的參與者可能把自己乞討來填飽肚子的錢，送給其他的乞討者，那樣做把助人者與受助者的身分具體化了，所以會有痛苦。偶爾，我想像懷著革命理想的街頭靜修者去攻擊那些年輕的專業人士，那是一種虛構的敘事，只在某些情況下我才會那樣想……當我以街頭為家時，腦中會浮現這兩種解決問題及抗爭的行為模式。我可以透過不假思索的幫助來結識陌生人，也可以發動戰爭——即使我不採取行動，腦中也會出現壁壘分明的分歧。我的大腦與身體在設定界限及分裂鄰里方面成了共謀。我覺得沒有必要這樣。」這裡，尊重變成很重要的因素：尊重這種情況下的指導原則與誓言；尊重他人，不分貧富；尊重自我，因為在這種令人擔憂的環境中，自我很容易崩潰。

杜瑞爾解釋：「街頭靜修鼓勵參與者暫停行動，拋棄對是非對錯的成見，不要執意非知不可。這個過程中會出現一個很好的機會，我們看待事物的方式會跟遊民一樣，不帶內疚與責備的濾鏡。所以我覺得，憤怒底下是對疾病、年老、死亡等痛苦的悲傷，而在那悲傷底下是難過，涵蓋這一切情感的是一種深刻的連結感，一個整體的感覺。接著，想和所有鄰居——不分貧富、不分施予者或受助者——成為朋友的純粹動機促成了『慈悲行』。這是一種深厚的關係，是療癒彼此及我們自己的行動。」

我們對道德煎熬的反應，很容易傷害自己及我們想要幫助的人。杜瑞爾瞭解到道德傷害與道德義憤——通常是源自於同理痛苦——可能導致病態利他。道德傷害與道德義憤可能不經意地流露出輕蔑無禮，促成破壞性的行為。當我們發現自己對別人的苦難束手無策時，久而久之會導致倦怠。杜瑞爾接觸遊民的睿智方式讓我們知道，當我們勇敢地坐在內心與外在的煉獄火堆時，如何培養健康的邊緣狀態。

4.支持誠正的作法

每天我們都面臨道德困境——有些困境確實令人困惑，有些微不足道。我們如何在誠正的脆弱邊緣站穩腳跟，以免掉落呢？當我們真的陷入道德煎熬的泥沼時，如何重返慈悲的岸上？當你心碎、良知從裂縫中滲漏時，你不只要探索自己的心，也要深入探索那些苦難者的心，以及那些加害者的心。如此一來，才能確認苦難的真相，堅定地站在誠正的高緣上，同時看到困境與尊嚴。

擴大探究範圍

冥想可以幫我們注意良心的逾越，校準道德的羅盤。當我們面臨威脅誠正的道德議題時，注意身體告訴我們的資訊可以幫我們沉靜下來。我們可以從吸氣開始，並於呼氣時讓注意力沉澱到體內。若是感覺肩膀、胸部或腸胃緊繃，應該注意那些資訊。通常身體比大腦更早知道我們正處於危險中。

接著，把注意力轉移到心上，觸及我們的意圖，注意此時此刻產生的任何情緒。情緒會影響我們看待道德困境的方式，所以要試著注意自己的感受，但不要被情緒淹沒。誠如詩人萊納・馬利亞・里爾克（Rainer Maria Rilke）在詩作〈向你渴望的極限奔去〉（Go to the Limits of Your Longing）所說的：**沒有什麼感覺是恆久底定的**。

一開始先注意感受，接著開始注意是否出現任何想法。注意此時此刻的想法，可以幫我們更了解我們是如何把經驗變成概念的。我們的觀點、偏見、意見常促使我們採取行動，但意見激發的行動可能沒有用。（柏尼禪師總是說：那只是我的淺見！）所以注意想法，但不要妄下結論或太快行動。我們可以用探究的流程來辨識我們的反應或退縮的傾向，並在感受刺激我們去做不智的行動之前，先管控一下感受。

當我們了解自己的處境以後，就可以試著擴大注意範圍，以涵蓋他人的經驗。他人的觀點可能是什麼樣子？注意他們的身心狀態，透過他們的眼睛去觀察情況，我們可以問：對他們來說，什麼至關重要？

接著，我們可以把探究範圍擴展到更廣泛的情境，到發生道德衝突的地方。我們必須深入探究那些助長衝突的系統。那些系統可能需要我們及他人做什麼，才會出現有建設性的結果？我們如何接納「無明」，從不確定中學習？

智慧告訴我們，沒有完美的解決方案，也沒有簡單的方法。我們可能不得不接受與包容至少一點道德殘餘。但我們可以致力從經驗中學習，並與我們的誠正培養更和諧的關係。

信守的誓言

四十多年前，我第一次接受佛教戒律。當時我並不知道自己有多需要那些戒律，年輕的我對一切都很好奇。我也很有實驗精神，無所畏懼，樂於參與社會活動——我不介意冒險及挑戰極限。不知怎的，我知道我需要一套作法來支持我敞開心胸，向別人敞開生活，擴大我助人的潛力。我也需要一些指導原則來教我如何避免傷害，需要一套心法來教我如何覺醒、去愛、更勇敢地關心他人。如今回想起來，我確信遵循那些戒律減少了我可能帶給他人的傷害。它們也是考驗及提升我的誠正、讓它往另一種「自在」發展的方法。

我們可以把誓言視為承諾、指導原則、心法、價值觀。在佛教中，它們是把我們轉向穩定與智慧的支點。它們也反映了我們致力過誠正生活的承諾：體貼地對待他人與自己，關懷他人，培養穩定及包容的思想與心靈，用奉獻的雙手迎接世界。它們反映了我們關心什麼，我們的優先要務是什麼，我們做了什麼選擇，我們需要放棄什麼。

當我不知道該走哪條路時，我可能自問：佛陀會怎麼做？這樣做不是在要求自己做不可能的事，而是提醒自己，自在的種子已經播在我心中。我的誓言澆灌了那些種子，這個看似天真的問題幫我避開了許多傷害。

為了讓佛教的五大戒律更好記，我設計了以下的版本。這一版大幅簡化了原始的佛教五戒，但大意不變。

知道我們的生命如此緊密地交織在一起，我立誓：

1. 不殺生，敬畏所有生命。
2. 不偷盜，力行寬宏大量。
3. 不邪淫，實踐尊重、愛與承諾。
4. 不妄語，講話真實、有建設性。
5. 不飲酒，培養清醒的頭腦。

這五個誓言為一輩子的修行提供了足夠的素材。它們可以作為道德羅盤，為我們指引方向，告訴我們何時誤入歧途。信守這些誓言時，通常可以堅定地站在邊緣，避免陷入道德煎熬。當然，這不是萬無一失的良方。我們都是凡人，無法完全遵守戒律，也不可能時時刻刻依循著價值觀生活。但多年來我學到，我們需要維持履行戒律的**意願**，無論如何都要竭盡所能地實踐。萬一做不到時，謙卑可以強化自我，讓我們對傷害他人的人有更多的慈悲心。

無論如何，培養謙卑都不是壞事。培養謙卑可以避免我們陷入評斷的陷阱，也避免我們對那些行為看似比我們不道德的人產生道德義憤。信守誓言是邀請我們對自己的苦難及覺醒負責，那通常需要做出艱難的選擇。有時我們不得不去做對我們來說最難的事。

修習感恩

我覺得還有一個誓言對誠正的培養是不可或缺的：感恩的誓言。我們知道誠正是指精神的完整以及對世界的良善。佛陀也清楚指出，感恩是誠正的一種表達：「何為非正直者的層次？非正直者忘恩，不承認施予他的幫助。這種忘恩、這種悔恩，是粗暴者的第二天性。這完全是非正直者的層次。正直者感恩，承認施予他的幫助。這種感恩、這種記恩，是精良者的第二天性。這完全是正直者的層次。」[24]

我逐漸意識到，我們感恩的能力不見得是取決於生活環境。在我為物質貧困的社群及臨終者服務的工作中，我發現感恩是一種心態，本質上是寬宏大量及開明的，不會因為希望事情有所不同而感到壓抑（至少當下是如此）。

在尼泊爾的尤帕亞遊牧診所裡，我們的尼泊爾朋友與病患自在地表達他們的感恩之心，體現了佛陀所說的精良與正直。獲得這種感激是一種根植於互信與福報的體驗。

臨終病患送給我的禮物也讓我相當感激，例如結婚戒指、巴勃羅・聶魯達（Pablo Neruda）的詩、紅色的針織帽、小佛像、折成紙鶴狀的餐巾、一包口香糖、溫柔地握著我的手、微笑表示感謝。我感受到這些寶物的祝福，因為它們反映了給予者的誠正、幽默、寬宏與信任，也激發了我的感激之情。

然而，有時「匱乏心態」會阻礙我們施予或接受感恩的能力，那是一種與物質匱乏無關的精神與心靈狀態。當我們陷入匱乏心態時，我們只注意到自己缺了什麼，覺得自己不值得被愛或覺得自己與愛疏離了，還會忽略自己得到的一切。有意識地感恩，是擺脫匱乏心態的方法。匱乏心態會腐蝕心靈，進而腐蝕誠正。

為了克服一天結束時可能出現的挫敗感，我會花時間以感恩之情回憶我所獲得的一切。有時我會想起剛剛看到的日落，或多年未見的學生寄來的電郵，或學生告訴我最近過得很好時眼中流露的光芒，甚至是某個帶給我很好教訓的困境。一天結束時回顧這些時刻，是一種感恩的修習，它讓我明白生命與人際關係的價值。那是一種惜福的方式，但我不會自己獨享。我會在心裡或直接與可以利用那些福報或學習經驗的人分享。

每天我也試著至少寫信給一個人，感謝他做的好事，感謝他為我的生活帶來的福報，或感謝他對他人的愛。身為尤帕亞禪修訓練中心的住持，有時我很高興能寫幾封電郵或賀卡以感謝這個中心的支持者。我覺得，感恩就像慈悲心一樣，對施予者及接受者都有益，也可以讓連結的體驗更豐富。

冥想也可以培養感恩的心，因為它使我們更注意及欣賞當下這一刻。冥想幫我們更清楚地看待道德困境，給予我們情感上的平靜，那更有利於感恩。它也讓我們有機會回想起價觀與意圖，並謹記造福他人的誓言。它也讓我們意識到無常，幫我們放下抱怨。如果當下是不愉快的時刻，我們可以謹記情況終究會改變，並自問：我可以從當下學到什麼？

我們的誓言與承諾（包括感恩的修習），是為了過一種有良知、勇氣、不傷害的生活。它們讓我們敞開生活去接納一個更深刻的真理：我們彼此不是分離的，我們有一個共同的身體、共同的生活、以及對眾生福祉的共同渴望。當我們了解這點，信守這點，實踐這點時，感恩就像煉金術一樣點燃我們的心，讓我們感受到誠正的溫暖與榮耀。

5. 在誠正邊緣的發現

在這個複雜的時代，我們有很多機會把道德煎熬轉變成**道德復原力**。倫理學家拉什頓把道德復原力定義為「一個人在面對道德複雜性、困惑、痛苦或挫折時，維持或恢復誠正的能力」。[25]當我們有道德復原力時，即使陷入道德逆境，也能夠堅守誠正。

日本有一種工藝名為「金繕」，意思是「金漆修復」。那是指把金粉或白金粉混入漆料中，以修復破碎的陶器，使修復反映出破碎的歷史。這種「修復」的物件，反映了生命的脆弱與不完美，也反映了生命的力與美。物件回歸一體，回歸完整。

雖然有些文化確實在成人儀式中以尋求危機的方式來培養性格及敞開心胸，但我不是要建議大家以破損作為一種強化誠正的方式。我的看法是，在適當的情況下，跌落道德煎熬的邊緣所造成的創傷與傷害，可能有正面的價值。道德困擾、道德傷害與義憤，甚至道德冷漠的麻木，都可以作為「金繕」的工具，幫我們提升堅守誠正的能力，讓我們不為風吹所動。

這些年來，我在日本接觸過幾個這種精心修復的容器。我看到「金繕」不是一種隱藏的修復。它清楚顯示了容器的壞損，結合普通材質與貴金屬來修復裂縫，而不是隱藏裂縫。我認為，這就是道德轉變發生與啟動誠正的方式——不是拒絕苦難，而是把苦難融入一種更強大的物質（一種良善的物質），好讓我們的天性、社會、世界中的破碎部分在黃金當中交會癒合。

第四章

尊重

尊重是人類的一大珍寶，使我們變得高尚並敞開心扉去愛。

四歲的時候，我生了一場重病，失去視力兩年。康復之後，我的發育跟不上同齡的孩童。就讀國小一年級的時候，我比許多同學瘦小。一群女孩喜歡聯合起來捉弄我、取笑我。我不記得她們說了什麼，但我確實記得遭到貶損的感覺。我還記得有一天放學後，我坐上轎車後座後就哭了起來。我不明白為什麼會這樣。母親安慰我，但是她的話並未減輕那些輕蔑的刺痛感。

這些年來，我一直記得我從霸凌中記取的教訓。如今我對輕蔑無禮的擔憂大幅提升，因為這種粗暴無禮的行為正在增加。我之所以對這個議題比較敏感，不僅是因為童年遭到霸凌的經歷，也因為我的女性身分、在學術界工作的經驗，以及在多個組織擔任董事的經歷。此外，看到我們的人民因膚色、移民身分、身體能力或性取向而遭到虐待，也令我震驚。特別令人不安的是，我們認為某些人有威脅性，因此把他們邊緣化或禁止他們進入我國。當尊嚴不受重視，無禮漸成常態，缺乏文明似乎侵蝕我們的道德敏感性時，我擔心那些作法對我們的社會結構有什麼影響。

另一方面，我認為多數人都意識到尊重在當今世界的重要性。生命可能就靠它了！尊重他人是指尊重他人的自主權與隱私權，誠正忠實地待人。那也需要對自己有足夠的了解，知道我們與他人禍福與共，我們都是人，都承受著苦難，終將一死。[1]

人類學家威廉·尤瑞（William Ury）在《第三條路》（*The Third Side*）中寫道：「人類有許多情感需求，諸如對愛與肯定的需求、對歸屬感與身分的需求、對使命與意義的需求。如果要以一個詞來概括這些需求，那就是尊重。」[2]當我們感受到尊重時，會覺得自己受到重視與「關注」。當我們尊重別人時，我們會保持謙遜、道德、關懷他人與自己。尊重有助於培養健康的同理心與誠正（兩種邊緣狀態），也為我們的人際關係以及我們與地球的關係增添了尊嚴與深度。它是愛與正義的基礎，是把衝突轉化為和解的途徑。

這是我把尊重視為一種邊緣狀態的原因。當我們站在尊敬的高緣時，我們展現出最美好的人心。我們可以把他人與自己從內外壓迫中解放，同時滋養文明、安全、理智的根基。我們可以深入觀察事物與眾生的本質，以及他們的所有優缺點，並以慈悲心及理解相待。

但是，從懸崖的邊緣滑落輕蔑無禮的泥沼太容易了。當我們的性格或價值觀與另一人有衝突時，我們可能透過微妙或不太微妙的貶抑方式來表達反對。當我們否認他人的基本人性時，我們也扼殺了自己的人性。當別人以輕蔑的方式否定我們的人性時，我們會感到卑下、無力、消沉。

在個人層面上，輕蔑無禮會導致衝突升溫，為所有相關的人士帶來痛苦。在系統層面上，輕蔑無禮侵蝕社會與世界的根基。如果我們確定尊重是一種邊緣狀態，就能避免陷入輕蔑無禮的泥沼。萬一不幸陷入，或許我們可以在那黑暗的池子裡找到慈悲心與勇氣。希望我們都能了解，尊重是人類的一大珍寶，使我們變得高尚並敞開心扉去愛。

1.站在尊重的高緣

在達蘭薩拉舉行的某次神經科學會議上，我看到達賴喇嘛在一場熱絡的科學討論中停下來，伸手去拿一張卡片，輕輕地以卡片撥弄另一隻前臂的皮膚。接著，他把卡片遞給坐在他旁邊的措尼仁波切（Tsoknyi Rinpoche）。達賴喇嘛注意到一隻小蟲子在手臂上爬行，遂以卡片挖起小蟲，然後交給措尼仁波切拿去釋放。措尼仁波切小心翼翼地把昆蟲帶離房間時，達賴喇嘛又繼續加入熱絡的討論。我對自己說，達賴喇嘛似乎尊重所有的生命，即便是我們之中最微不足道的蟲子。

在尤帕亞的宗教師培訓計畫中，我們探索了什麼是尊重、什麼不是。為了獲得尊重，我們必須以誠正、理解、自知為基礎。為了尊重他人，我們必須誠實、有建設性地溝通，信守承諾，維護尊嚴，尊重選擇與界限。

對他人的尊重，反映了對自己的尊重，也反映了對道德原則的尊重。社會需要道德原則，才能健康發展。此外，我從與臨床醫生、教育工作者、學生的合作中瞭解到，尊重**不是**指為了避免衝突而壓抑有建設性的意見不說，也不是指寬恕那些破壞誠正者的行為。[3] 尊重與誠正是相連的邊緣狀態，它們相互依存，而且尊重往往需要我們「對當權者說真話」，或清楚知道什麼有害並呼籲大家結束它。

尊重也是各種人際關係中的關鍵要素——尊重一旦破壞，就無法恢復，人際關係就有危險。身為尤帕亞中心的住持，多年來我瞭解到，社群成員之間必須把彼此當朋友與合作者看待，而不是競爭對手。我們也需要培養對彼此福祉的深切尊重，對彼此有足夠的信任，以便針對弊端好好地溝通。這是為了營造一種兼具誠正與尊重的文化。

尊重他人、原則與自己

尊重有三方面：尊重他人、尊重原則與價值觀、尊重自己（自重）。尊重他人是指承認對方的價值。我們可以尊重對手，也可以尊重親友。我們可能無法認同他們的言行，也可能不完全瞭解他們——但某種程度上，我們尊重他們身為「人」的身分，也知道每個人生來都是脆弱的，很可能離世時也是脆弱的。

我們甚至可以尊重那些帶來傷害的人。只要我們能洞察他所處的更深層處境，了解那處境的本質，我們也可以尊重他。幾年前，我不太欣賞我國的副總統，對他的厭惡感常讓我內心糾結。某天，我決定在冥想時，把注意力放在他身上。我先把他視為嬰兒，接著把他視為小男孩。我想著有一天他會死去，有鑑於他帶給別人的痛苦，死亡對他來說可能不是那麼容易。我意識到，儘管我可能不想與他一起用餐，但他仍是一個人——羞辱他對我們兩人都沒有好處。我也意識到，如果他臨終時，有人叫我坐在他的床邊，我會答應。我也非常清楚，我必須明確地反對他代表的原則。我可以把這個人和他的行為區分開來。我可以反對他對別人的行為，但同時對他敞開心扉。

從那時起，我更清楚地看到那些施虐者的痛苦。這種觀點讓我在遇到一個對別人有危險的人時，避免陷入厭惡的泥沼。我不是冷漠看待他造成的傷害，但是把他想像成嬰兒或垂死的人可以幫我客觀地看待他的生活。如果他的敵意是針對我來的，這樣做可以幫我避免把他的冒犯放在心上——他的輕蔑無禮可能是他自己的問題，不是我的問題。就像我去監獄輔導謀殺者一樣，我會等同看待他的妄想以及他在痛苦的深層底下的真實樣貌。我也認為他們應該為自己的行為及覺醒負責。

合十

我們尊重某人時，會了解到我們與對方之間是互連的。我的尼泊爾朋友把雙手合十，互相鞠躬，同時說「Namaste」（意指「向你鞠躬致意」或「向你內在的聖潔鞠躬」），藉此把互重互連加以儀式化。這是表達自我與他人之間的相互連結，也是對他人真實身分的一種肯定。我注意到，尼泊爾孩童學會的第一件事，就是雙手合十以示連結與尊重，接著向家人、朋友、陌生人展示這個手勢。

我第一次見到達賴喇嘛是在一九八〇年代，我注意到他會見訪客時，會深深地鞠躬，彷彿在說：「我尊敬你。」無論他會見的對象是剛越過邊境的西藏人，還是國家元首，他總是以同樣謙卑的姿態深深地鞠躬，毫無高高在上的感覺。這個簡單的姿勢就讓他深受數百萬人的喜愛。他表示：「我的信仰是良善。」深深的鞠躬讓我們想起了這點。

尊重的第二種形式，是尊重道德原則。這是指即使在困難的情況下，也要謹記最深層的價值觀，並從那裡採取行動。作家蒂蒂安稱這種尊重是**道德勇氣**。[4] 從佛教的角度來看，擁有道德勇氣是指堅守原則與戒律，肯定相互依存共生的真理：「此有故彼有。」坐在一位正在切牛排的佛教禪師對面，我看到了因果關係，無論是動物的痛苦、還是養牛業對氣候變遷的影響。當下我做了一個自覺的選擇，不要促成更多的痛苦，並點了扁豆燉湯。後來，我也和他分享了我對飲食偏好的看法。

尊重自我（自重）是第三種形式的尊重，那是指擺脫羞愧與自責的鎖鏈。蒂蒂安寫道，自重源自於「品格——為自己的生活承擔責任的意願」。她解釋：「自重是一種紀律，一種思維習慣，那是無法偽裝的，但可以培養、訓練、誘導出來。」[5]

蒂蒂安繼續解釋：「擁有那種構成自重的內在價值感，無論是好是壞，都可能擁有一切：辨別、愛、維持冷漠的能力。缺乏那種內在價值感，就是把自己鎖在內心，既不能愛、也無法保持冷漠。」[6] 換句話說，當我們真正瞭解自己的基本良善時，就會從切斷所有連結、陷在冷漠中的「小我」解放出來。接著，我們才能放手投入自重的懷抱，成為包容的自我，與眾生相連。

為人洗腳

我以前就讀聖公會女校時，研讀聖經是必要的課程。有一個耶穌的故事一直縈繞在我的腦海中：他被釘死在十字架的前夕，也就是逾越節那天，為門徒洗腳。這種尊重又謙卑的行為，為追隨者帶來了深遠的啟示，讓他們了解愛與服務的重要。

二〇一六年的濯足節（Maundy Thursday），在羅馬郊外的一處收容所裡，另一人跪在難民的面前。那些難民是來自厄利垂亞、馬利、巴基斯坦、敘利亞。他們的信仰各不相同，有伊斯蘭教、印度教、科普特正教、天主教。歐洲反移民的情緒日益高漲之際，教宗方濟各在那個神聖的日子裡，為移民及尋求庇護者洗腳。他說：「今天這個時候，當我像耶穌那樣為你們十二人洗腳時，讓我們一起展現手足情誼，讓我們一起說：『我們不同，我們不一樣，我們有相異的文化與宗教，但我們情同手足，我們想要和平相處。』[7]

和平相處，尊重他人，服務我們之中最脆弱的人。二〇一六年秋季，尼泊爾德爾帕（Dolpo）的遊牧診所團隊決定為病患洗腳時，我想起教宗方濟各無私的愛與慈悲心。我覺得這是我們更深入服務村民的方式。在亞洲，一般認為腳是不潔的，摸別人的腳是一種謙卑與尊重的表現。我們的團隊不只為十二人洗腳，而是為數百名男女洗腳。一開始，我們很猶豫，這樣做可以嗎？這會讓村民感到尷尬嗎？或者，這是我們彌合文化差異、與病人建立親近關係的一種方式嗎？

率先幫一位德爾帕中年婦女用溫水洗腳的人是一個年輕律師，名叫皮特。他恭敬溫柔地觸摸那位婦女的腳，我想他們兩人應該都很訝異吧。接著，一個來自北加州的年輕人也開始幫村民洗腳，西恩在為農人與牧民洗腳時，帶給他們很多喜悅。托尼奧也是如此，他小心翼翼地為年少與年長的村民洗腳時，臉上洋溢著喜悅。比爾是著名的保育作家，他跪在地上為一位老人洗腳，那老人的腳趾像舊繩子一樣扭曲。

工作人員把一盆又一盆的溫水送到洗腳者那邊。遊牧診所看診的每一天，我們都準備了肥皂、刷子與腳盆。到最後，整個團隊洗了幾百雙腳——有老有少，有拇指外翻而疼痛不已的腳，有彎曲及罹患關節炎的腳，有可能從來沒洗過的腳，也有越過千山萬嶺的腳。那感覺像一種愛、尊重、謙卑、懺悔的行為。

後來，我向該村的精神領袖多波仁波切徵詢他的意見。他說：「我聽說是你們做的，這讓德爾帕人非常信任你們。沒有人碰過我們村民的腳，但你們不僅接觸了腳，也觸動了心，那是一件非常符合佛教的事，但在德爾帕從未發生過。我們村民永遠不會忘記你們的。」

水即生命

對佛教徒來說，水象徵著頭腦與心靈的清澈、純淨與平靜——這些素質促成了慈悲心。在亞洲，許多地方的廟宇都有供水，以提醒我們培養這些素質。我們在德爾帕的洗腳站也算是某種供水的廟宇，我們可以藉由洗腳向每個人表達敬意。我也認為，這種作法在無意間變成一種請求原住民原諒西方人的方式（原諒西方人幾世紀以來對他們的不尊重、虐待、剝削、種族滅絕）。那是一種懺悔的行為。

我們在德爾帕為村民洗腳時，在地球的另一端，來自世界各地的人齊聚於北達科他州的立巖印第安保育區（Standing Rock），抗議達科他州輸油管道（DAPL）的興建。那些管道將會從立巖保育區的飲用水源、密蘇里河、歐瓦希湖（Lake Oahe）的底下經過，危及當地的用水。我行經崎嶇的喜馬拉雅山時，想到拉科塔社群（Lakota）和德爾帕的原住民長期以來對水的崇敬：水是通道，是生命的孕育體，也是生命的載體；水是淨化體，也是滋養體。水象徵著眼淚、潔淨、沉浸、陰柔與智慧。沒有水，什麼也無法生長，什麼也活不了。

我與團隊在山間穿梭，看到日益乾燥的喜馬拉雅山脈上，山澗的水量漸稀。我在心裡聽到拉科塔人的一句話：mni wiconi——水即生命。拉科塔人說，大地之母的血液就是這些水，這些水是所有生命的源泉。我想起密西根州的弗林特市（Flint），鉛與種族歧視污染了那裡的水。我想起朋友溫德爾・貝里（Wendell Berry）曾告訴我，肯塔基州的河流與小溪遭煤礦業染成令人作嘔的黑色，破壞殆盡。

我從德爾帕返美後，朋友與學生告訴我，水資源保護者領導大家恢復對神聖的尊重、對傳統的尊重、對地球的尊重，所以「mni wiconi」這個口號在立巖保育區裡迴盪。當我得知一群青少年發起立巖運動以對抗附近夏安河印地安保留區（Cheyenne River Reservation）的毒品氾濫與自殺潮時，我相當感動。這些青少年面對洶湧的苦難浪潮，決定幫社群的年輕人把自我毀滅轉化為慈悲行動，親自擔負起療癒工作。他們用心地探索，如何讓積極行動主義成為強大的反制力，不僅對抗 DAPL 這條威脅立巖保育區飲用水的「黑蛇」，也對抗那些折磨著族人的自我憎恨。他們從環保活動分子那裡學習「公民不服從」，開始以更深入的方式服從祖靈與傳統方式。8

凱倫．戈柏（Karen Goble）是我們宗教師培訓課程的學生，他介紹我認識作家索菲．派特里奇（Sophie Partridge），她在十二月的隆冬時節，從倫敦來到立巖保育區以支持水資源保護者。她表示，除了「mni wiconi」這個口號以外，她在當地最常聽到的短句是「mitakuye oyasin」，意思是「我們相互連結」。在祈禱與開會時，有人想要發言及結束發言時，都會使用這個短句。聽眾也會對他重複說一遍這個短句，以確認他們聽到了。

「mitakuye oyasin」是尊重與愛的象徵，誠如派特里奇所寫的，那是承認我們「與萬物及所有人……與蟲子、蚯蝓和老鷹……與荊棘、毒菌、蕁麻，以及大紅杉和彩虹」都是相互連結的。我們不只與所愛的人相連，也與「那些與我們遠隔重洋的人」相連。

蘇菲在一封電郵中寫道：「我在立巖保育區的經驗之所以如此強大，是因為我尊敬的那些人把他們反抗的對象——那些傷害他們的人、對他們噴灑辣椒噴霧的人、在嚴冬中用水柱驅趕他們的人、對他們發射橡膠子彈的人、把他們關進牢裡的人、把他們當成罪犯對待的人，對他們撒謊的人——也**納入**祈禱中。他們是真心誠意把那些人也納入祈禱中。他們的祈禱是為了水資源與大地。這不是一場好人對抗壞人的戰爭，沒有敵人需要擊垮。我們都需要水，我們風雨同舟。對我後代子孫有利的事情，也對你的後代子孫有利……我們的需求並無二致。」

立巖保育區的人所面臨的暴力——辣椒噴霧、催淚瓦斯、攻擊犬、橡膠子彈、寒夜水柱——可能撕裂這個社群。當他們面對暴力時，他們大可用暴力回應，但他們誓言以非暴力及尊重來回應對方。

後來我讀到，二十六歲的保育區領袖愛琳．懷斯（Eryn Wise）在臉書的直播影片中看到妹妹遭到辣椒噴霧攻擊。據《紐約時報》報導，[9]她連忙趕到妹妹遭警察攻擊的地方，跳入衝突中，撲向警員。突然間，有六隻手放在她的肩膀上——水資源保護者把她拉了回來。懷斯看到哥哥的臉，他以為哥哥的臉上塗滿了顏料，「他把手舉過我的肩頭，指向警方喊道：『我們會為你祈禱，我們會為你祈禱！』」這時她才意識到哥哥的臉上布滿了催淚瓦斯，但他依然為攻擊者祈禱。她說：「那把我拉了回來。」哥哥幫她堅守在尊重的邊緣上。

「mitakuye oyasin」（我們相互連結）呼應佛教一個強大的觀點：眾生、萬物皆相連：水與山、警察與水資源的保護者、原住民與殖民者都是相連的。我在德爾帕及返美以後，反思了曹洞宗禪法的創始人道元禪師的教誨。十三世紀時，他寫道：「心者，山河大地也，日月星辰也。」[10]

在佛教中，這種包容身分及相連的觀點，是在「慈心」（metta）修行中以一種特別有趣的形式表達。在這種形式中，我們可以向「敵人」散發慈愛。當我們對某人感到不尊重、不信任、甚至仇恨時，我們可以躍上尊重的高緣，看到我們都是以某種方式相連的；至少，我們都承受著苦難。接著，我們可以像水資源的保護者那樣，一次又一次地進入內心，祈禱敵人從苦難中解脫。我們可能不尊重他們的行為，但我們可以尊重一個人的基本人性，從而尊重他轉變的潛力。這是療癒我們的無助感、痛苦與憤怒，並恢復對他人尊重的方式。

2. 從尊重的邊緣跌落：輕蔑無禮

一九八七年我第一次造訪西藏時，親眼看到中國士兵欺負在中國西部偏遠地區修路的西藏人。士兵奚落那些工人，侮辱他們，嘲笑他們。我不禁憤怒了起來，也感到恐懼。幾分鐘後，一個搬石頭的老人對折磨他的士兵露出慈祥的微笑時，我內心不禁糾結了起來。我心想：「他怎麼會那樣？他的憤怒在哪裡？他不是遭到羞辱嗎？他難道不覺得自己是受害者嗎？」

後來，我意識到，這位西藏路工很可能已經看清那些折磨他的人所承受的苦難，也看清自己受辱的真相，因此以慈悲心回應。對我來說，這是一個深刻的教訓，它提醒我尊重可以有多種形式，包括作為一種深度智慧的表達。

這位老人似乎有一種「不離」（non-separation）的觀念，那是西方文化中多數人所沒有的觀念。我們常認為自我與他人之間沒有連結，我們很容易把別人視為加害者或受害者，把自己視為受害者，或讓別人把我們視為受害者、加害者或拯救者。這種分離的態度可能是中國士兵霸凌的根源，也是目前全球缺乏尊重的原因。

我們不假思索地殺死昆蟲及吃動物的肉；盲目地以厭惡及蔑視的眼光看待遊民；與伴侶共餐時，注意力遭到數位裝置的綁架；下課鈴響時，教室裡的孩童大叫以引起關注，我們卻只會厲聲斥責；面對的工作要求，我們刻意忽略員工或組成分子的抱怨；輕易地貶抑及欺負那些與我們不同的人。

有時我們的輕蔑無禮似乎有正當的理由。當我們的價值觀與他人的價值觀出現衝突時，當我們不同意他人的決定時，或是他人的言語或行為冒犯我們時，我們可能會失去對他人的尊重。當別人在互動中咄咄逼人或語帶威脅時，我們對他的尊重可能受損。別人不尊重我們時，我們很難不以牙還牙。雖然輕蔑無禮有多種形式，但輕蔑無禮從來沒有正當的理由。

霸凌

霸凌是最常見的輕蔑無禮行為之一。霸凌是使用武力、威脅或嘲笑來支配及貶損他人。很多人都有這樣的經驗，無論是在學校操場上、在學術殿堂、在會議室、在病房裡、在企業休息室、或是在國家首都，我們都經歷或目睹過嘲笑引發的痛苦。也許我們曾經霸凌過別人……或貶低自己。也許那些自認運氣比我們差的人曾經看不起我們。多數人也曾被掌權者欺負，例如我們的父母、老師或老闆。

霸凌可能是明顯的或微妙的，可能有攻擊性或以擺爛的方式進行。鄙視也是一種霸凌，彷彿對方不值得關注，或粗暴無禮對他也無所謂似的。比較顯著的霸凌形式包括羞辱、嘲笑他人。霸凌可能來自同儕、上司，也可能來自社會階層比我們低的人。它可能發生在個人層級與社會層級，甚至可能來自媒體。

我認識珍．賈納（Jan Jahner）時，對霸凌這種輕蔑無禮的形式更感興趣了。賈納是一位資深護士，她來尤帕亞參加佛教宗教師的培訓計畫。她告訴我，護士會「吃掉菜鳥與彼此」——這是研究人員凱薩琳．巴塞洛繆（Kathleen Bartholomew）自創的說法。護士是以惻隱之心著稱的專業，我覺得以那種說法來形容護士令人惶恐不安，所以我請賈納為我闡述那句話究竟是怎麼回事。

賈納告訴我，**水平敵意**（horizontal hostility）是指在組織或社會階層中，地位相當的人對彼此輕蔑無禮。水平敵意又稱為「**同儕攻擊**」（peer aggression），在許多情況下都看得到。例如，企業的管理者互挖牆角，同行相輕及相互排擠，政客相互嘲諷，甚至連一些精神導師也會互相貶抑。女權作家丹尼絲．湯普森（Denise Thompson）把「水平敵意」定義為「抹黑那些容易接近的人，因為他們在權力與特權上沒有多大的差異」。11

霸凌不僅發生在同儕之間。在階級制度中，不同的階層可能更蔑視彼此，這種現象稱為

「**垂直暴力**」（vertical violence）。在職場中，多數恃強凌弱者是老闆，其他的霸凌者是位高權重的人。在職場外，教師可能羞辱學生，軍官常奚落新兵，父母可能貶低孩子，醫生可能對護士無禮，國家元首可能侮辱少數群體。

我從個人經驗與其他人的故事中了解到，垂直暴力也有可能是下對上的。當階層較低的人試圖從高層手中奪取權力時，或是被剝奪權利的人反抗來自上層的虐待時，就會出現下對上的垂直暴力。[12]

水平敵意

每年，在尤帕亞中心的臨床醫生培訓課程中，我都會遇到一些遭到同事傷害並考慮離開護理業的護士。賈納告訴我，約二十%的護士離開護理崗位，不是因為他們與病人或醫生相處困難，而是因為遭到同事的騷擾與無禮對待。水平敵意對護理專業造成的成本，以及對病人和醫療機構造成的成本，都高得驚人。

賈納在宗教師的論文中，提到自己在職場遇到水平敵意的經驗。她的弟弟因癌症過世時，她是擔任急診室護士。弟弟去世令她悲痛分心，因此工作表現受到影響。她寫道：

我所屬的團隊本來一直很器重我，但這件事之後，感覺就像滾雪球一樣。在步調迅速的環境中，小錯誤或普通錯誤變成了大事；情緒變成流言蜚語與含沙射影的話題。大家日益關注我的表現時，我的焦慮、不知所措、恐懼的感覺也增加了。我沒有意識到我的脆弱使多數的夥伴感到不安，我也沒意識到那些微妙的攻擊與破壞是一種自我保護。我只知道，在醫院裡轉個彎，看到一群護士突然沉默不語時，那就表示他們在談論我，因為我也看過其他的護士或急救人員遭到團隊排擠。我感覺大家好像在觀察我、監視我。13

後來，賈納休了六週的假。休假結束後，她感覺自己比較穩定，更能勝任工作了。然而，她的團隊尚未準備好讓她回來。

無數微妙、公開、隱蔽的攻擊與冷漠態度都清楚地顯示，我應該轉往其他部門服務……這個原本讓我蓬勃發展的環境，變得充滿敵意。我知道「我的故事」不管現在演變成怎樣，已經傳遍了整個醫院，我連在最奇怪的地方也會無意間聽到。在這個小醫院裡，有些護士似乎以我之前的痛苦為樂，並試圖讓他們捏造的故事版本存續下去。那種感覺就像禿鷹在尋找美味獵物一樣，潛伏在我周邊，等著把我的工作生活變成他們茶餘飯後的八卦素材。14

最後，賈納在醫院對面的安寧照護中心找到新的工作。新同事認為她的悲傷很正常，她在新的職位上表現愈來愈稱職。不過，她的自我價值感已經被同伴攻擊的經驗破壞了。多年來，每當她進入醫院時，她都必須硬著頭皮前往。她寫道：「不知怎的，那些同事在一段極度脆弱又充滿挑戰的時期，觸及了某個非常核心且非常敏感的東西。」

為什麼在以關愛著稱的護理業中，同儕攻擊如此普遍呢？探索「受壓迫群體」的行為，可以幫我們深入瞭解同儕攻擊在護理業與整個社會的情況。

一九七〇年代初期，女性主義正在美國扎根時，我學到很多有關同儕攻擊的知識。許多參與女權運動的人很快就發現，女性同胞之間有輕蔑無禮的現象。事實上，「**水平敵意**」一詞是源自於女權運動。著名的女性主義者、民運人士兼律師弗洛倫絲・甘迺迪（Florynce Kennedy）創造了這個詞。她寫道：「水平敵意可能以手足之爭的形式展現，或以鬥爭的方式呈現。那不僅破壞辦公室的寧靜或郊區的家庭生活，也破壞了一些激進的政治團體與婦女解放團體，這點特別可悲……那是一種遭到誤導的義憤，那些義憤應該投射在壓迫她們的外部原因上。」[15]

甘迺迪積極參與紐約的民權運動時，我正好在哥倫比亞大學擔任研究員。那幾年間，我在民權運動的場子上見過她幾次。她口才過人，氣勢強悍，沒有人敢對她輕蔑無禮。她是黑人，父親是臥鋪車的行李伕，從小在坎薩斯城中一個白人居多的社區長大。三K黨試圖趕走她的家人時，她的父親以一把獵槍趕走他們。她在哥倫比亞大學的法學院為自己爭取正當的學生地位，她是該學院唯一的黑人學生，也是班上的八名女生之一。一九六五年，她在回家的路上遭到逮捕，因為警察不相信她住在東四十八街。這段經驗使她變成一位活動分子，後來她成立了女權黨（Feminist Party）。

內化的壓迫

關於水平敵意，甘迺迪寫道：「我們互相批評，而不是指責壓迫者，因為這樣做比較沒那麼危險。」[16]壓迫者有時也比較模糊不清，甚至看不見。

但甘迺迪指出，水平敵意有一個更隱伏為害的原因：受壓迫者可能成為壓迫的共犯。她寫道：「要不是有受壓迫者的同意，壓迫體系不可能像美國那麼普遍。」當壓迫變成現狀時，受壓迫的群體很容易變成強化『權力宰制』（power-over）模式的角色。例如，女性可能把「女性比男性弱」的訊息加以內化，無意間在男性周圍表現得順從。這種現象稱為「內化的壓迫」（internalized oppression）。遭到邊緣化的人，顧名思義，比當權者遭到更多的霸凌。

他們常把這種霸凌經驗放在內心深處，以羞愧及缺乏自重的形式展現出來。

內化的壓迫、系統暴力、各種形式的階級虐待造成了邊緣化，也為水平敵意營造了完美條件。「分而治之（divide and conquer）——這是他們對任何試圖進行社會變革的群體所做的事。」甘迺迪寫道：「黑人應該反對波多黎各人，女人應該背叛她們的母親與婆婆，我們都應該為了爭取統治階級的利益而互相競爭。」[17]

我很年輕就學到，男性為了維持主導地位而欺負女性時，通常是透過直接、由上而下的虐待——從居高臨下、屈尊俯就、性別化或羞辱的行為（例如「男人說教」），到實際的身體虐待及性虐待等等。相反的，我在女權運動中看到，女性是從脆弱的立場出發，利用同儕攻擊及由下而上的垂直暴力，試圖平衡她們經歷的權力失衡。我看到，那些感覺自己權力不大的女性，往往想把她們認為比較有權力的女性拉下來。我們常在女性政治家、學者、商業領袖、宗教領袖的身上看到這點。我自己也遇過這種情況，那很辛苦。展現權力的女性可能變成大家攻擊的目標——不僅遭到男性與媒體的攻擊，也遭到其他女性的攻擊。然而，我們不該因此忽視一個事實：男人比女人更容易變成霸凌他人的惡霸。職場霸凌協會（Workplace Bullying Institute）的《二〇一四年美國職場霸凌調查》（*2014 U.S. Workplace Bullying Survey*）顯示，三分之二的職場惡霸是男性。[18]

賈納解釋，在她身為護士的經歷中，自重在邊緣化現象中如何發揮作用：

以往，護理業是招募重視病人照護、服務、犧牲自我的年輕女性。在一個主要由年長的男性醫生所組成的醫療照護體系中，護士面臨的普遍觀感是：她們在成熟度、思辯力、技能方面不如醫生。這些護士缺乏權力、自主權與自尊，有時他們的行為就像遭到邊緣化的人一樣，會向當權者尋求認同，貶抑自己的力量。[19]

護士之間之所以會出現同儕攻擊，除了因為他們必須面對有身體與情緒風險的醫療緊急狀況以外，遭到邊緣化的壓力也是一個原因。對賈納來說，這種水平敵意始於她接受前輩指導的過程。她寫道，有些前輩會傾聽與指導後輩，「有些前輩則是打著『淘汰弱者』的幌子，冷眼旁觀，伺機羞辱後輩，那可能是因為他們就是這樣媳婦熬成婆的。」[20]

垂直暴力

垂直暴力是指由上而下的霸凌，那在個人層面與社會層面都很普遍。有較多特權的人常透過一些強化性別歧視、種族歧視、階級歧視、年齡歧視、異性戀結構的評論、行為與政策，來貶低擁有較少權利的人。職場霸凌協會發現，非白人成為職場暴力目標的比例明顯高於白人。[21]

由上而下的霸凌是二〇一六年美國總統大選的核心特質。共和黨的總統候選人公開嘲笑及蔑視各種「他者」，包括女性、黑人、穆斯林、殘障人士、墨西哥移民，當然還有其他的候選人。他的一些支持者以他的高調言行為例，作為選戰期間及選戰過後霸凌及威脅那些群體的擋箭牌。在奧勒岡州西部的一所高中，有些白人學生在物理課上開始高喊：「築牆！築牆！」不久之後，一名學生在學校裡掛起自製的橫幅標語，上面寫著「築牆」，導致當地的拉丁裔學生憤而罷課。[22]在其他地方，有人戲稱穆斯林孩童是「恐怖分子」、「ISIS」（伊斯蘭國）、「炸彈客」。南方貧困法律中心（Southern Poverty Law Center）發布了一分報告，結論是：「選戰導致有色人種的兒童陷入極大的恐懼與焦慮，嚴重的程度令人擔憂，也加劇了教室裡的種族與民族緊張關係。許多學生擔心遭到驅逐出境。」[23]

凱倫．史托爾（Karen Stohr）在《紐約時報》上寫道，由上而下的霸凌比其他形式的霸凌影響更大。她指出：「有權勢者對社會弱勢者展現輕蔑時，這種道德危險性遠比弱勢者輕蔑權勢者的危險還大。川普身為總統，占有特殊的社會權力地位。輕蔑在這種權力的支持下，效果更強，因此對基礎的民主價值觀構成更大的威脅。」[24]

宗教師課程的學員蜜雪兒．魯迪（Michele Rudy）在亞利桑那州服務所謂的「夢想者」（DREAMer，歐巴馬政府保護下的非法移民孩童）。她告訴我，夢想者因為害怕美國移民及海關執法局（ＩＣＥ）突襲他們的住家、學校、工作場所而躲起來。「孩子不想上學，」蜜雪兒寫道，「一位母親告訴我們，她的兒子窩在臥室三天，不肯出來。大家有充分的理由擔心自己遭到迫害，生活遭到摧毀。」[25]

為了因應這一刻，亞利桑那州組成一個團隊，魯迪是該團隊的成員。「首先，我們先讓夢想家與家人一起去白人的福音教會展現人性，並了解這樣做對他們的意義。對他們來說，這樣做很痛苦，因為他們必須在他人面前——甚至是那些可能反對他們的人面前——展示痛苦，以便把大家從幻想中喚醒。萬一這些最弱勢的族群遭到迫害，我們請教會一定要支持他們。」

霸凌也可能是由下而上的。我常思考歐巴馬在八年總統任內的每一天所面臨的情況：人們出於種族動機對他不敬，試圖破壞他的地位。歐巴馬總是以尊重的態度對所有的人說話，至少在公開場合是如此。第一夫人蜜雪兒．歐巴馬有句名言：「別人低劣攻擊時，我們高尚回應。」[26]

我就像多數身居要職的人一樣，多年來，也曾是由下而上霸凌的對象，多數老師應該都有同感。我第一次遇到這種情況是在一九七六年，當時我在社會研究新學院（New School for Social Research）教人類學，班上有一百五十名學生。教室後排坐了三個年紀較大的女性，她們整堂課一直以貶抑的話語評論我。我忍受這種對待很久，後來在系主任的建議下，我誠懇但堅定地請她們三人坐到教室的前排。

起初她們不願意。這是七〇年代的紐約，那時「很流行」霸凌權威。但我客氣且堅持地提出要求，後來她們終於同意了。第二天她們坐在第一排時，我們似乎已經達成一些和解。

或許我因為不再忍受她們的侮辱，而獲得了一兩分的尊重。但我後來得知，這些女性來自受虐背景，社會研究新學院對她們來說是個安全的地方，而貶抑我是她們提升自我的一種方式。然而，最終，我們產生了共鳴，我認為這才是她們真正想要的。有時我們必須冒著惹上更多麻煩的風險，才有可能創造與他人產生共鳴的可能性。這些女性讓我學習到，由下而上的霸凌通常是源自於人們對掌權者的無助與憤怒。有時候，權力對等可能以出人意料的方式發生。

權力共享與權力宰制

尊重與否和權力動態密切相關：權力**共享**（power with）與權力**宰制**（power over）。尊重可以是一種健康的力量，一種權力共享。尊重父母、老師、同儕，或那些脆弱及無家可歸者。當我們運用權力來提升弱勢者的地位時，我們的行為是從尊重出發，是出於權力**共享**。當我們犧牲他人，運用權力來推升自己的利益時，我們的行為是出於不尊重與權利**宰制**。

權力有許多陷阱。權力可能使人更自私自利，優先考量自己的需求，而不是他人的需求。權力可以解除束縛，使人無視尊重、良善、體貼、認真等社會規範。權力可能使人魯莽衝動，沉醉其中。我認為，霸凌別人的惡霸往往醉心權力，沉迷於利用權力落差來為自己謀利，如此一來，他們就能掌控環境，操控他人。

即使是在社會地位相當的群體中，細微的權力差異也會隨著個人魅力、領導能力、身高、年齡、吸引力、體力等因素而出現。惡霸知道如何把這些權力上的微小失衡轉變成更大的落差，以便占弱勢者的便宜。

在宏觀的層面上，權力**宰制**是以種族歧視、性別歧視、其他歧視的形式展現出來。「當輕蔑無禮被體制化，變成社會體系與結構時，那就是**系統性壓迫**（systemic oppression）。系統性壓迫導致密西根州弗林特市的政客決定，為了省錢，拿多數黑人的飲用水來冒險也沒關係。多年來，毒害神經的鉛流過家有幼童的家庭管道。決定把達科他州輸油管道（DAPL）從白人占多數的俾斯麥市（Bismarck）轉移到密蘇里河的下方（立巖印第安保育區的水源），顯然也是系統性壓迫在作祟。二〇一六年，女性最終無法打破美國的玻璃天花板成為總統，系統性壓迫無疑也是原因之一。「宗教自由恢復法」、「洗手間法」、把歧視LGBTQ族群加以合法化的政策，都是源自於系統性壓迫。系統性壓迫也以更微妙的方式展現，揭開了彌漫在冰山深處的思維，例如「我沒有把你當黑人看待」這類微歧視。

系統性壓迫與不尊重，是把別人視為「他者」造成的。東印度學者兼女權評論家佳雅特莉．史畢娃克（Gayatri Chakravorty Spivak）把「他者」定義為「一個過程。帝國透過這個過程把自己定義為與其殖民、排擠、邊緣化的人相對立」。[27]在美國，這種殖民行為以兩種方式展現：實際接管原住民的土地，並把原住民視為「他者」；象徵意義上，是把有色人種、殘障人士、LGBTQ族群、囚犯加以邊緣化。這也助長了性騷擾與性別暴力。當我們遭到邊緣化、羞辱、排擠時，很難維持自重。我們的低自尊可能不是因為性格缺陷，而是因為我們內化了社會的壓迫態度。

剝奪尊嚴

我們的「監獄產業」（prison-industrial）系統也是問題。在那裡，輕蔑無禮與羞辱成了常態。我去新墨西哥州的監獄體系擔任志工時，為囚犯規劃了一套為期二十週的課程，涵蓋各種形式的冥想，包括**慈心禪**。那套課程也強調道德與溝通。

我教慈心禪的那天早上，獄警押送一個戴上手銬的新囚犯來到我們上課的教室。他身材高大，面目猙獰，有一張麻臉，光頭的後腦勺上刺著「雅利安兄弟會」（Aryan Brotherhood，譯注：白人監獄幫派，主張白人至上）字樣。我看了他一眼，腦中閃過一個念頭，也許今天改變一下課程比較好。我記得他的名字（他叫約翰），暱稱是「納粹車手」。獄警解開約翰的手銬，離開了教室，並迅速出現在玻璃守衛室中，那個守衛室只能從教室外面進入。

我們從檢視內心開始做起，約翰不發一語，只在一旁怒目而視。我們做一些伸展運動時，他依然沉默，動也不動，像冰冷的鐵一樣。接著，我開始講心理訓練，我告訴學生，他們想閉上眼睛或睜開眼睛都可以，自己覺得舒服就好。我是睜大眼睛，約翰也是睜大眼睛。

我開始做引導式冥想，引導「學生」進入身體沉澱下來，回想他們認識某個真正受苦的人。接著，我緩緩覆誦幾句《慈經》：「願你無危險，無精神的痛苦……」我這樣進行不到一分鐘，約翰就站起來大喊：「你這個臭婊子！你根本不知道你他媽的在說什麼！」他漲紅著臉咆哮，持續咒罵。

我沒有時間思考如何改變這種情況。我看著約翰充血的眼睛，以一種堅定且幽默的謙遜態度說道：「我同意你說的，我只是不喜歡你說的方式。」

頓時，大家哄堂大笑。此刻，獄警衝了進來，他可能預期我蜷縮在角落或被扣為人質，但我沒事。我覺得，多年的修行幫我提高了警覺，也讓我更能敏銳地因應我差點促成的災難。我的話似乎切中要害，至少這次是如此。

那次能夠安然地在笑聲中結束課程，我覺得很感恩。但事實上，那對約翰與我來說都是一個艱難的情境。

後來，我只見過約翰一次，那是一年多以後的事了。那段期間，他殺了一位囚犯，可判處死刑，獄方認為他非常危險。那天我看到他時，他正準備脫衣搜身，以便押送牢房。我們的目光交會了片刻，獄警準備對他做搜身這個羞辱儀式時，我可以感覺到他冰冷的憤怒。我想起一年前我們簡短但複雜的交流，我突然想到，上次見面以來，他肯定受到很大的屈辱，發洩了大量的怒氣。

我們上次見面時，他把我物化了，我也以幽默的反擊把他物化了，那可能在同儕的面前羞辱了他。我一直沒意識到這點，直到我在監獄走廊上，瞥見他赤裸、傷痕累累、布滿刺青的緊繃軀體時才想到。大家似乎都覺得有一個女人在附近無所謂。我匆匆地走過那個尷尬的場景時，注意到我的胸口猛然緊縮，也覺得要挽救這個巨漢的機會恐怕已經流失了。

約翰的尊嚴連同身上的一切都被剝奪了。儘管他是惡霸，但獄警身為壓迫者的權力更大，他們以一種漠不關心的態度展現輕蔑與駕馭之姿，彷彿在處理一個沒有生命的物體。

我沿著走廊走時，心裡難過極了。那一刻，我目睹了垂直暴力與系統性壓迫——那是軍隊、醫院、學校、宗教組織、政府中都可能出現的動態。我可以感受到約翰的無助所引發的憤怒，也可以感覺到獄警冷酷又專橫的卑劣，我因此對惡霸的形成有了一些瞭解。

央掘魔羅

垂直暴力與水平敵意中，都有內化的壓迫這個元素。感到內化壓迫的人，可能試圖透過由上而下的霸凌來征服或傷害他們認為位階較低的人。或者，他們可能變成由下而上的惡霸，挑戰那些他們認為位階較高的人，像約翰那樣。惡霸與專橫者也可能在無意間模仿習得的行為，或想要平衡他們感受到的不公平。

我從監獄系統的工作中瞭解到，人之所以專橫暴虐，不是因為他覺得自己比別人強大，而是因為他覺得自己**比較弱**，通常也是因為他遭受到未獲承認的羞辱。他們對自己的脆弱感到恐懼，攻擊他人因此變成一種自保的方法。

我在內心反思時，常想起一個有關連環殺手央掘魔羅（Angulimala）的佛教故事。那個故事顯示，在適當的情況下，仇恨是可以轉變的。佛陀在世的時候，光是「Angulimala」這個字就足以令許多人背脊發涼，因為那個字是指「手指串成的項鍊」（央掘魔羅謀殺對象的手指）。《央掘魔羅經》寫道，央掘魔羅「兇惡，血腥，以殺戮為事，對眾生類無慈心」，[28]他有殺人癖好，破壞整個村莊、整個地區。

有一天，佛陀正在布施，村民、牧童、農夫都警告他，央掘魔羅就在附近，要注意安全。佛陀沒聽他們的勸告，繼續平靜地布施。不久，他聽到奔跑的腳步聲，接著身後傳來一聲怒吼，命令他停下來。佛陀繼續緩慢前行，毫不在意。他有一種神祕的力量，不管央掘魔羅再怎麼窮追不捨，佛陀都可以跟他保持距離。憤怒又沮喪的央掘魔羅對佛陀喊道：「停！比丘！停！」

佛陀回答說：「吾止已來其日久矣，但汝未止。」（我早已完全停下，是你沒有停下。）

央掘魔羅嚇了一跳，終於能夠醒悟，修行佛道。佛陀以平靜又清澈的眼睛凝視著他。現在央掘魔羅更訝異了，他問佛陀為什麼不害怕。佛陀看著他，彷彿看老友一般。

央掘魔羅說：「汝走無智想，吾定爾不止。」（你說你早已停下，但你還在走。你又說我沒有停下，那是什麼意思？）

佛陀回答，他已經停止傷害他人，並學會珍惜他人的生命。

央掘魔羅說，既然人類互不關心，為什麼他要關心他們呢？他要把所有的人都殺光才停下來。

佛陀平靜地回答，他知道央掘魔羅遭受他人的傷害——他受到老師的傷害，同學也輕蔑他。佛陀說：「無知惡邪見，捨我須無我。」（人的殘忍係源於無知，但人亦可醒悟。）

接著，佛陀深深地注視央掘魔羅的眼睛，說他的僧侶立誓大發慈悲，保護他人的生命。「化瞋恨為善，即為佛法。」[29]佛陀告訴央掘魔羅，他正走在仇恨的道路上，並敦促他選擇寬恕與愛。央掘魔羅聽完佛陀的話，心已動搖。他意識到自己在傷害之路上走太久了，擔心回頭已遲。

佛陀回應，回頭永不嫌遲，他敦促央掘魔羅轉向醒悟之岸。佛陀立誓，只要央掘魔羅致力過善良與慈悲的生活，他就會照顧他。央掘魔羅潸然落淚，放下屠刀，承諾放棄瞋恨，皈依佛門。

我第一次讀到這部佛經時覺得，對央掘魔羅來說，傷害別人可能是他幼時遭到同儕與老師虐待的一種反應。我很熟悉這種故事。我在高度設防的監獄裡，見過很多像央掘魔羅那樣的人。但央掘魔羅經歷了轉變的福報，因為他獲得佛陀的深刻理解。沒錯，央掘魔羅是連環殺手，但他也有良善的本性，佛陀看到他的真實本性並把它從內在喚醒。

想到央掘魔羅的故事，我意識到我錯過了輔導約翰的機會。約翰殺了三個人，他很強悍，但更深入地觀察他的內心，我可以感覺到他的內在已經崩解。時光無法倒流，我再也見不到他了。但他常駐我心，作為失敗的教訓。

某一天在監獄裡，一位囚犯對我說：「這是我有生以來，第一次有人尊重及善待我。」我與他的目光相接時，喉嚨頓時繃緊了，難以用言語形容。但他回望我的眼神是毫無防備的。後來，隨著時間推移，這個人變成模範囚犯——他朝內心的自在邁進，最終也獲得了外在的自由。

因果

透過「緣起」的視角，我們可以看到，對他人輕蔑無禮是多種原因與條件造成的。在性格層面，惡霸有一種虛假的優越感，那種優越感是源自於自卑感、未承認的羞恥感、缺乏自知、情感遲鈍與盲目，以及物化他人的防禦機制。在動機層面上，可能有一個看似合理的輕蔑理由，例如別人做了違反其道德感與誠正的事情。在外部層面上，競爭激烈的組織文化與制度化的壓迫也助長了輕蔑無禮。

我們也必須謹記，輕蔑無禮對情感、身體、精神的影響可能很嚴重。一項研究探討醫療業的無禮現象，找出五個原因：工作量大、缺乏支持、病人安全、階級制度、文化。[30] 然而，當我們變成輕蔑、敵意、霸凌、無禮的目標時，我們可能感到憤怒、羞愧、羞辱、憤世嫉俗、無力——這些情緒可能導致自我憎恨與自我傷害。身體上，我們可能出現失眠、疲勞，威脅相關的壓力反應（戰、逃、愣住不動）。我們也可能因自身的特殊弱點而患病。

此外，人際關係也會受到影響。當我們遭到輕蔑時，我們可能反擊迫害者或懲罰他們。我們可能為了抽離那個情境而離職或遷離那個社群。或者，我們可能像央掘魔羅那樣，尋找霸凌對象以報心頭之恨，從而助長惡性循環。我們的應對方式（例如藥物濫用）可能導致社交孤立、心理問題，甚至犯罪行為。有害的情緒纏上惡霸時，他們也會經歷這些心理、身體、人際方面的後果。

當我們發現自己陷入輕蔑無禮的泥沼時，需要盡快抽身。對央掘魔羅來說，這是他需要面對的危機，他需要更深入瞭解真實自我。正如「因」可以把我們推下輕蔑無禮的泥沼，「果」也可以幫我們拉回尊重、禮貌、敬重的高緣。央掘魔羅是如此，我們也可以如此。

3. 尊重與其他的邊緣狀態

按照傳統定義，「**尊重**」是指「尊敬或高度重視的態度」。尊重是誠正與同理心的產物，源自我們的見解、價值觀與情感。「respect」（尊重）的字源很有趣，在拉丁語中，respectus是指「回顧與思考」。相較之下，disrespect（不尊重）是指「輕視」，而不是深思熟慮。當我們有意識地尊重某個人、某個原則、甚至自己時，我們會經歷一種自然的停頓，回歸更深刻的反思。從這個角度來看，尊重不僅是一個名詞，也是一個動詞——一個流程。

在思考尊重的流程以及它如何觸動其他的邊緣狀態時，我想起了蘇珊的經驗。她是軍醫，覺得新上任的政府展現美國政治體系有害的一面。她向我請教，如何為新政府服務，同時維持自重及尊重自己的價值觀與原則。她對我透露，由於戰爭造成許多痛苦，從軍常使她感到矛盾。與此同時，她也感覺到自己有更深層的使命。她說：「我擔心我是有害體系的共犯，但我也覺得我因為貼近這個體系，而有機會從內部改變體系，這比從軍方的外部推動改變更有效率及效果。」[31]

最近蘇姍派駐阿富汗，她覺得她的軍醫角色是正命（Right Livelihood）——這是佛教術語，意指有道德的工作，讓她有機會「為黑暗的地方帶來光明」，也為那些在戰場上受傷及受創的人提供殷勤的關懷。但是她告訴我，身為樂天助人者，她有時覺得自己受到病態利他的影響。有些時候，她遇到的痛苦（同理痛苦）及工作所要求的強度（過勞）令她難以招架。而且，她覺得她效勞的組織在精神上是根植於暴力（道德痛苦），她覺得為這種組織工作很矛盾。

她與我交談時坦言，為了保持自重，萬一上級要求她執行非法的命令，她會考慮不服從。儘管做了這樣的承諾，她還是很掙扎。「我可以繼續培養下一代的醫護人員，以提供醫療及其他服務——以更深刻的慈悲心去舒緩及處理他們目睹的痛苦與憤怒。我可以在自我延續的體系中，繼續提出異議與質疑。但這樣就夠了嗎？我的存在是一種默許嗎？這是對現狀的默許嗎？」

我沉吟著蘇珊的話。我可以感覺到她為傷者與垂死者提供照護的同時，也覺得自己違背了誠正與自重而備感矛盾。我的作法不是給予意見，而是探究。我想到我父親，想到他的道德傷害以及因此喪失自重教了我什麼。我也想到那些飽受戰爭創傷的學生。我回想起我在監獄產業複合體（prison-industrial complex，譯注：美國實行監獄外包制度，監獄除了營利或創造就業機會以外，僅餘暫時隔離及懲罰犯罪者功能）當志工的經歷，在那個體制中，輕蔑無禮、霸凌、暴力是現狀。

於是，我寫信告訴蘇姍：

我針對妳的情況以及我在監獄體系內當志工的情況，問過類似的問題。當我們置身在造成傷害的體制內，我們如何助長結構性暴力？我認為這必須深入探究。我們的動機（例如退休計畫或地位）可能牽累我們，導致我們的心理受創，因為我們某種程度上是在助紂為孽，也因此傷了自己。但另一方面，有沒有一種方法讓我們身處在體制內，同時體現及維護我們的人生價值觀呢？深入探究你的問題，也看看你未來五年、十年的生活……你看到了什麼？你想成為什麼樣的人？你現在是誰？如果你只剩一年的生命，你想要如何度過餘生？

寫完這封信後的那幾天，我時常想起蘇珊。許多因素可能使我們無法自重及恪守原則，例如我們的理想主義、我們不知不覺中對社會期望的反應、我們對物質保障的渴望、我們所做的承諾及害怕打破的承諾、我們不知道自己所屬的體系造成的傷害有多深、錯誤的利他主義等等。

蘇珊很快又與我聯繫。她一直在關注立巖印第安保育區的事件。神職人員及信仰人士為保護那片土地所採取的勇敢行動也令她大受鼓舞。她很確定，萬一軍方介入干預立巖保育區的水資源保衛者，她會拒絕參與軍方的活動。她非常尊重水資源保護者的非暴力立場，覺得水資源保護者遭到的暴力對待令人擔憂。

這時，蘇珊打算繼續擔任軍醫，「陪伴那些最直接處於戰爭苦難深處的人」。但她決定更勇於表達異議，直言不諱。她寫道：

我決定把保持緘默以符合軍法規定的責任擱在一邊。我願意承擔被紀律處分、遭軍事法庭審判或遭到解職的風險。有些時候我不得不說出真相，不管我的身分是否規定我不得參與政治討論。誠然，這感覺像很大的風險，令我感到不安，但我也相信，在這個困難時期，它將顯現新的存在方式。

幾週後，我見到蘇珊時，她有了新的決定——她已經邁出第一步，以一個良心拒服兵役者（conscientious objector，簡稱 CO，譯注：基於思想自由、個人良心或者宗教信仰，而要求拒絕履行軍事服務權利者）的身分，申請正式軍籍。她告訴我，軍方暗中威脅她放棄 CO 身分的要求，暗示她有心理問題。她看著我，我們都笑了。我知道她不僅神智清醒，她的決定是出於自重以及對原則的尊重，並以誠正作為指引。

蘇珊在探索她的困境時，經過一個仔細辨識的流程。她尊重自己的考慮過程，避免妄下結論。在某一刻，她意識到，為了符合自己的價值觀，她願意冒著違反軍法的風險，忍受同事的輕蔑。最後，她覺得唯一的選擇是申請CO身分。我知道這個決定得來不易。

我從蘇珊與其他人那裡瞭解到，尊重與輕蔑無禮存在於一個複雜的生態系統中，與其他的邊緣狀態共存。對他人輕蔑無禮，往往顯示一個人缺乏健康的利他心態、同理心與誠正。刻意去啟動這些素質，可以幫我們從輕蔑無禮回歸尊重。輕蔑無禮也會導致道德痛苦，使人像蘇珊那樣，覺得自己的誠正受損。我們工作與服務的地方可能是霸凌盛行的地方，萬一我們受到騷擾，很快就會陷入過勞狀態。過勞的人道工作者、軍事人員、護理人員也容易把自己的挫折感發洩在同儕、上司、甚至他們服務的人身上，輕蔑無禮地待人。

相反的，尊重可為其他四種邊緣狀態注入力量。利他是表達尊重的有效方式。同理心是無條件關心他人的一種途徑。健康的個人、組織、社會把尊重融入其道德與倫理原則中。我常想起許多文化都有一條金科玉律，只是表達方式各不相同：己所不欲，勿施於人。這句格言體現了對他人的尊重、對原則的尊重，以及對自己的尊重。

4. 支持尊重的作法

當我們感覺內在出現輕蔑無禮的感覺，或是成為他人輕蔑無禮的對象時，如何巧妙因應呢？哪些作法可以支持我們？哪些作法是以尊重為基礎，可以幫我們培養更多的尊重？

卡普曼戲劇三角

在尤帕亞的宗教師培訓課程中，我們教導學生卡普曼戲劇三角（Stephen Karpman's Drama Triangle），我們把它當成一個社會模型，用來分析及處理人際關係中的輕蔑無禮、恐懼、權力剝奪（disempowerment，或譯「消權」）。無論是在工作上、在家庭生活中、還是在友誼中，多數人遲早都會陷入戲劇三角。這個模型雖然本身與佛教無關，但精神上與佛教有些相似。它可以幫我們意識到我們因為害怕而對有害的互動所產生的習慣性反應。該模型也提供一個視角，讓我們更深入瞭解真實自我。

戲劇三角是描述人們陷入迫害者、受害者、拯救者這三種角色。一般情況下，當迫害者攻擊受害者，或受害者察覺到迫害者的攻擊、甚至尋求迫害者的攻擊時，戲劇就開始了。受害者覺得受到威脅及不受尊重，向救援者尋求幫助，或救援者主動前來解決問題。救援者通常認為自己的行動是出於利他，但通常這是一種病態的利他，只會提升救援者的自我價值感，使受害者變得依賴。

參與者各自扮演角色時，三角關係開始失去穩定性，動態變化遲早會發生，角色也會隨之變化。例如，當救援者開始厭惡受害者的需求時，他可能轉換成受害者的角色，而受害者則變成新的迫害者。或者，救援者可能憤怒地大發脾氣，變成迫害者。迫害者可能宣稱自己遭到迫害，開始扮演受害者的角色。事實上，任何角色的參與者都可以轉換為其他角色。

戲劇三角與霸凌之間的關連顯而易見。迫害者與受害者是製造水平或垂直敵意的必要因素，而這種敵意正是吸引救援者的條件。覺得自己受到欺壓或霸凌的人很容易變成迫害者，並羞辱及責怪原來的迫害者。或者，救援者可能假裝尊重，作為扮演迫害者的藉口。

戲劇三角是靠個人責任與權力之間的連結鞏固的。受害者不為自己的權力負責（亦即不自己出力），而是試圖找救援者來解救他。救援者不為自己負責，而是為他認定的受害者負責。迫害者也拒絕為自己的行為負責，否認他造成的苦難。

要破解這種不正常的動態，我們需要從更廣泛的角度來看這種情況，接著為我們在困境中扮演的角色承擔責任。在尤帕亞的宗教師培訓課程中，菲利特・馬爾（Fleet Maull）提出一套脫離「戲劇三角」的指導方針：留心那些觸發我們的情況，保持冷靜；別把事情放在心上；不要臆度揣測；維持良好的內外界限；制定及保持清楚的協議；必要時重新商量協議。客觀看待事物；並以以下的素質面對事情：示弱（vulnerability）、問責（accountability）、自我負責（self-responsibility）、信任、連結、無懼。

五道言語把關

正語（Right Speech）是與「戲劇三角」搭配運用的強大工具。正語是一種佛教修行，是連結與關懷的基礎之一。美國的禪宗老師開始深入探索語言在我們所處系統中所扮演的角色時，發現輕蔑無禮與貶抑在家庭、職場、宗教社群中很常見。於是，我們開始使用五道言語把關（取自佛陀教誨的問題）作為適切溝通的工具。這是指在開口之前先思考：

1. 真的嗎？
2. 良善嗎？
3. 有益嗎？
4. 有必要嗎？

5. 時間恰當嗎？

這些問題幫我們深入探索，此刻我們想說的話是否有必要，以及是否真的有用。現在是不是需要我們講那些話來扭轉局面的時刻？我們的意見可能被當成霸凌、輕蔑無禮或是在潑冷水嗎？

然而，回答這些問題時，我必須謹記一行禪師多年來一再強調正語的一個重要元素。遇到不公正、不尊重、傷害、虐待、騷擾、暴力等情況時，我們有責任以慈悲之名指出傷害。一行禪師以下面的文字來詮釋佛教的正語：「不要為了個人利益或為了讓人留下深刻印象而說假話。不要說出會製造分裂或仇恨的話。不要散播你不確定的消息。不要批評或譴責你不確定的事情。說話要真誠，有建設性。要有勇氣揭露不公不義的情況，即使這樣做可能會威脅到自己的安全，亦在所不惜。」[32] 正語是勇敢的語言。富有慈悲心及無畏的語言，是以真正的尊重為基礎。這也是我們走出「戲劇三角」的一種方式。

與他人交換自我

同理心、良善、洞察力、慈悲心是消除輕蔑無禮的有效方法。知道這點後，我發現「與對方交換自我」對於加深尊重有很大的幫助，也可以培養智慧，並在遭遇輕蔑無禮的對待時強化復原力。

這是八世紀的印度佛教僧侶寂天菩薩提出的方法，他寫了《入菩薩行論》。

首先，我們先回想自己想要造福他人的抱負，以及眾生都想擺脫苦難。

接著，我們誠實地思考，自私與自我珍愛並未帶給我們真正的快樂。使我們幸福安樂的是尊重、關愛、關懷他人。

深入觀察，我們也會看到，對我們有益的一切都來自他人，無論是我們的身體、吃的食物、穿的衣服、住的房子，甚至呼吸的空氣都是。

因此，重要的是理解，從一個角度來說，自我與他人之間沒有區別，眾生與萬物是完全相互依存的，值得尊重與關愛。

雖然多數人通常只關注自己，但現在我們把注意力與關愛集中在他人身上。

把自我珍愛換成珍愛他人時，需要想到一個正在受苦的人。想像你就是那個人，過著他的生活，忍受著他承受的苦難。

想像他的苦難是黑煙，並吸進那黑煙。在呼氣時，把你的一切美好素質都送給那個人。

執行這個方法一段時間後，回歸你的廣闊內心，讓自己徹底的休息。

結束這個修練時，把功德迴向給他人。
這是培養對他人的關愛與尊重的有效方法。

5.在尊重邊緣的發現

在佛教中，我們試著深入探究每個人苦難的根源。我們可以從惡霸、專橫者、施虐者的身上看到央掘魔羅的影子：一個需要適切的情境以重新發現真實自我的人。

另外，還有魔羅（Mara），他一再地出現在佛陀的生活中，試圖恐嚇他。一行禪師寫道，每次魔羅出現時，佛陀都說：「你好，老友，我認得你。」於是魔羅就逃逸無蹤。[33]在另一個版本的故事中，佛陀向魔羅列舉他可以用來戰勝魔羅的優點：「因為我有信仰與能量，我也有智慧……你排列方陣，這世上的所有神都無法擊破它。但我現在要用智慧來破解它，就像用石頭打碎陶罐那樣。」[34]征服魔羅後，佛陀被稱為「世尊」，意思是他已經克服了一切障礙，有能力轉變自己內心的痛苦。

魔羅是一個原型，代表我們的痛苦、仇恨、貪婪、困惑、妄想與恐懼。或許我們遇到自己的魔羅時，可以帶著幾分慈悲說道：「你好，老友，我認得你。」我們抗拒想要欺壓的衝動，持續以理解與尊重為基礎。我們也可以仿效佛陀那樣，運用信仰、能量、智慧來克服自己的魔羅，以尋求自由。

在《精勤經》中，魔羅抱怨道：「世尊每一步，我隨從七年，正念正覺者，無機可趁。石有脂肪色，烏鳥走遍已，心想：此處或有柔軟物，或有美味。不得美味故，烏鳥離此處，如近岩石之烏鳥，我等亦厭離瞿曇。」[35]（我亦步亦趨地跟蹤佛陀七年，但佛陀時時刻刻覺醒，我無機可趁。就像烏鴉盤旋於色如肥肉的石頭上，心想：可在此享用鮮嫩或美味。但烏鴉得不到美味，失望地飛離。我就像烏鴉碰到石頭，也放棄了佛陀。）

不要給惡霸任何機會享用佳餚，你要當一塊色如肥肉的石頭！不管惡霸是在我們的內心、還是外部的侵略者，我們都必須先深入瞭解自己。我們可以試著為惡霸的苦難與妄想培養無畏的慈悲心。如此一來，我們可以獲得需要的洞見，以免助長我們壓抑的心理狀態。我們也可以培養對自己的慈悲，以及欣賞自己的優點。當我們的自尊心很強時，就不需要詆毀別人。

當我們站在尊重的邊緣，可能跌入輕蔑無禮的深淵時，那種不適感足以使我們轉向內心，去發現我們對他人的慈悲心，去發現我們如何透過尊重與愛的力量去轉變困難的關係與制度。這些經歷可以成為我們改變慣性反應、學習巧妙與慈悲的溝通、以及讓我們與眾生萬物恢復相連的門道。當我們學會提升他人時，也提升了自己。

第五章

敬業

再怎麼忙碌，也無法讓你開悟。

幾年前，在尤帕亞，我注意到一位年輕的墨西哥工人，他正小心翼翼地堆放土坯磚。那些土坯磚是準備用來重建我們的一棟建築。在興建的過程中，他一直以同樣的專注力投入工作，臉上總是掛著一絲微笑。無論是鋪設管道，還是粉刷牆壁，他總是如此。專案結束時，我請何賽繼續留在尤帕亞擔任我們的總務工，幫我們處理各種雜活。

何賽悄悄地融入尤帕亞的日常生活，激勵了一些學員與來賓。某天，我與何賽一起參與一項花園整理活動時，我想到十七世紀日本禪宗大師松尾芭蕉與弟子之間的某次交流。弟子問松尾芭蕉：「您修行的本質是什麼？」大師回應：「任何需要的東西。」何賽就像松尾芭蕉一樣，似乎投入任何需要的事情，不僅是功能性的，也有存在性的，彷彿他的工作是一種靈修。無論是處理管道問題、電器故障、還是防洪工程，何賽似乎都是全心全意地投入，沒有壓力。

當然，何賽不是在充滿叛逆青少年的教室裡工作，他也不是在處理垂死患者的沉痾或失業選民的情感需求。那些每天在工作上都必須面對他人苦難的人，有過勞及心灰意冷的風險。不過，我覺得，健康的敬業心態還是可以存在各行各業。

我有一位夥伴在某個低收入社區的小學教書。她每次上課都是以冥想開場。牆上掛著學童的畫作，窗台上種滿了茂盛的植物。她的學生是同儕中數學成績最好的，她把那歸功於他們啟動每一天的方式。她告訴我，她的日子也過得不錯。我有一位朋友是「鐵銹地帶」（Rust Belt，譯注：美國自一九八〇年代起工業衰退的地區，主要由五大湖區的城市群所組成）的政治人物，他似乎無時無刻都在處理選民的需求。我聽說他幾乎隨時面帶微笑，即使是處理華府特區的複雜事務也是如此，他有長期的冥想習慣。

另外，一位執行長已經把公司的重心轉向利潤分享與願景分享。事業蒸蒸日上的同時，她也養育了四個健康的孩子。一位肯塔基州的詩人兼農夫，堅守環保責任，即使附近的山頂遭到破壞。他的幽默、對科技的厭惡、對土地與詩歌的熱愛，使他保持平衡、理智與多產。

我從以上這些人的身上都學到了東西，但或許我從何賽的身上學到最多。我從與他互動的友誼中逐漸了解到，我們更深層的身分，不在於我們做了什麼，而在於我們如何堅持所做的——我們如何敬業地投入工作，無論是砌磚、制定法律，還是陪伴垂死的病患。

心理學家克麗絲汀・馬斯勒博士（Christina Maslach）以「敬業」（engagement）這個詞來描述我們與工作的健康關係，以及我們服務他人的健康心態。相對的，過勞倦怠則是不健康的工作關係所導致的疲勞與沮喪。當我開始檢視敬業與過勞倦怠時，我發現敬業是一種邊緣狀態。

當我們站在敬業的堅實基礎上，會在工作中找到力量。服務他人時可能會遇到挑戰，但一般來說，我們會專注投入，也為自己做的事情感到開心。我們的生活提高了自己的生活品質，理想上，也提高了他人的生活品質。然而，當我們的工時太長，處於岌岌可危的環境中，而且得到的情感回報太少時；或者，當我們感覺付出對他人毫無正面改變時，那些因素可能把我們推向極限。在那個極限上，我們很容易跌落邊緣，陷入過勞倦怠的低谷，感到疲憊沮喪，失去工作的熱情與興趣，也失去服務他人的欲望。

工作過度可能變成習慣，導致過勞倦怠，一旦跌入那個泥沼，就很難脫身。有些人陷在裡面好幾年，無法重新點燃熱情。然而，當我們想辦法走出過勞倦怠的低谷，重拾滋養他人與自己的生活時，我們也找到了復原力，或許也累積了智慧。

1. 站在敬業的高緣上

佛教中，有一個百丈懷海禪師的故事很有名。他活在中國唐朝，就像一般純樸善良的百姓一樣，終其一生，天天工作。百丈懷海禪師年事高了以後，弟子覺得他應該放鬆一下，把他的工具藏了起來，讓他無法工作。但百丈懷海禪師不喜歡這種惡作劇，他堅定地主張，不工作是缺德的，並宣稱：「一日不作，一日不食。」他因此拒絕進餐，直到弟子讓步，讓他繼續工作。百丈懷海禪師的格言成了禪宗的指導原則長達一千兩百多年：那是禪宗的工作倫理，一種敬業的倫理，一種「做什麼都好」的倫理。

精力、投入、高效

過勞倦怠專家馬斯勒博士指出，職場上的敬業特質包括精力、投入、高效。當我們投入時，會覺得工作令人感到充實。[1] 我們有動力與方法去實現結果，也感覺自己的工作對他人、對自己、甚至對整個世界都有影響。雖然挫折與阻力在所難免，但我們對工作的承諾與熱愛，讓我們有力量與智慧去乘風破浪，安度難關。

我與本篤會的修士大衛・斯坦德爾—拉斯特（David Steindl-Rast）一起擔任一門課程的講師，他在課堂上與大家分享，過勞倦怠不一定要靠度假排解，「而是全心全意！」他高興地喊道。我喜歡「**全心全意**」（wholeheartedness）這個詞，因為那表示整顆心都投入了，是一種與工作真誠相連的感覺，也是一種對工作的熱愛。在隨後的一次談話中，大衛弟兄分享了他避免過勞倦怠的對策。

詩人大衛・懷特（David Whyte）描述某次他向大衛弟兄請益的重要談話，大衛弟兄說：

> 你之所以疲憊不堪，是因為你在這個組織內做的事情，有一大半與你的真正力量無關，也與你在人生中達到的位置無關。你只有一半在這裡，而這一半會在一段時間之後殺了你。你需要一個讓你全力以赴的東西……。天鵝不會靠拍打自己的背部、移動更快、或準備更好來解決其行動的彆扭，而是移向牠所屬的自然水域。只要接觸到水，牠就能優雅地存在。你只需要接觸你生活中的自然水域，它就會改變一切。但你必須主動從你站立的陸面走進水域，那可能很難，尤其你覺得自己可能溺水時，更是困難。

大衛弟兄繼續說道：

緊張地走進水域……需要勇氣。Courage（勇氣）這個英文字是來自古法文字coeur（心）。你必須做發自內心的事，而且你必須儘快去做。全心全意地投入，不管多麼彆扭，讓自己走進你想做的工作水域。你可以在作品成熟之前，以一些次要的東西來支持自己。然而，一旦你的作品成熟，顯而易見，你就必須把它收集起來。你已經成熟了，等著有人賞賜。你的疲憊是一種內在發酵的形式，你開始慢慢在藤上腐爛了。[2]

在藤上腐爛，沒錯！為了避免那種難堪的命運，我們必須走進自己及世界希望我們從事的工作水域，使我們在服務方面達到圓滿及全心全意的境界。

馬斯勒博士指出，對工作敬業的人，以及在工作中找到使命感與能動力的人，比較不容易過勞倦怠。他們已經讓自己走進生命的水域。研究人員艾亞拉．派恩斯（Ayala Pines）對保險代理人進行研究，保險代理人的工作在一般人的眼中似乎很乏味。派恩斯發現，遇過保險相關創傷經歷（例如火災或水災）的經紀人，比較可能長時間工作而不過勞倦怠，因為他們對這個職業有很深的使命感，相信他們的工作是真的服務他人。[3]

為什麼同樣的工作會使一些人過勞，但其他人不會過勞呢？一個家庭的故事幫我找到了這個問題的答案。這個家庭從事很少人能勝任的工作，但那個工作似乎帶給他們很大的鼓舞。二〇一二年，寇莉．薩爾卻（Cori Salchert）和先生馬克開始收養來日不多的嬰兒，他們稱那些孩子為「安寧嬰兒」。他們夫妻倆本身已有八個親生子女，但他們覺得有必要收養那些遭到父母遺棄的嬰兒，那些父母可能是無力因應重症嬰兒的複雜照顧，或不忍目睹孩子過世而離去。

寇莉以前在威斯康辛州的希博伊根市擔任護士，負責周產期的傷慟護理，有照顧重症嬰兒的專長，也相當有心。他們夫妻倆領養的第一位安寧嬰兒是一個先天大腦嚴重異常的兩週大無名女嬰。他們幫她取名為艾瑪琳，她活了五十天，最後在寇莉的懷裡離世。寇莉說：「艾瑪琳五十天的人生，比許多人的一輩子更豐富。」[4]

接著，他們收養了查理。那是一個十八個月大的男嬰，需要靠呼吸器維生。儘管他必須一直接著裝置，他們全家還是盡可能帶他一起出遊。「他終究會死，那是不會改變的。」寇莉告訴《希博伊根報》，「但我們可以改變他的一生，對查理來說，差別在於，他離世之前是受到關愛的。」[5]

薩爾卻夫婦的故事是利他的故事，也是勇敢無私的故事。薩爾卻一家是真的悠遊在生活的水域中，即使他們見證了瀕危與死亡。如此了不起的家庭是如何在全心付出下避免過勞倦怠？寇麗提到他們家有強烈的使命感，還有基督教信仰的力量。此外，他們也獲得彼此的支持：他們全家都接納這種無條件的愛與連結，這些因素使他們遠離過勞倦怠。[6]

我常想起偉大的蘇非派詩人魯米（Rumi）的話：「讓我們熱愛的美好，成為我們的所做所為。跪下來親吻大地的方式多不勝數。」這個家庭為那些垂死的孩子所做的一切是美好的，而這種美好與全心全意是密不可分的。

忙碌的恩賜

毫無疑問，薩爾卻一家非常忙碌，照顧垂死的嬰兒需要投入大量的時間及處理無數的小任務。然而，在我們的文化中，忙碌是一種利弊互見的現象：忙碌可以是一種健康敬業的表現，一種深度服務的方式，也是熱情與信念的結果。忙碌也可能成癮，待辦事項、約定、旁騖不斷地增加；或者，忙碌也可能是上述兩種情況同時出現。

從某種角度來看，忙碌是一種尋求行為的形式，受到神經化學物質「多巴胺」的刺激。多巴胺使我們產生動力，有渴望，去追求。它放大我們激發（arousal）的程度，讓我們更好奇。我們稱之為大腦搜尋引擎的燃料。它也可以改善思維流程，為我們的情感生活帶來能量。神經科學顯示，「尋求」這種行為透過這種神經化學物質，比達成目標更能提升人類的滿足感。[7]

最近有關美國中老年人的研究顯示，忙碌與投入對心理健康有益。在一項研究中，五十歲以上生活忙碌的參試者，在一系列認知功能測試中表現較好，包括大腦處理速度、對特定活動的記憶、推理能力、詞彙等等。[8]

這項研究讓我想起慈善家勞倫斯．洛克斐勒（Laurance Rockefeller）。他大半生都在工作，也是長期的冥想愛好者。他九十歲出頭的時候，仍積極投身多項活動，從自然保育到創投，從商業到佛教，涉獵廣泛。他九十四歲時，某天他像往常一樣去洛克菲勒中心的 5600 室。接近中午時，他感覺不太舒服，回家休息，不久就平靜地過世了。他直到生命終點，始終反應敏銳，個性積極，充滿好奇與幽默感。

我有幸在洛克菲勒先生的晚年認識他。我創建尤帕亞禪修訓練中心時，他指導我如何構建一個穩健蓬勃的機構。我從他的身上學到，為了避免過勞倦怠，我們需要培養欣賞、感恩、幽默、好奇等素質，對任何事情抱持開放的心態，還要有冒險的意願。他也教我，不要對自己或他人抱持太高的期望，不要對結果太執著，只要竭盡所能造福他人就好。隨著尤帕亞成長為一個大型組織，他的教誨證明是無價的，也充實了我的領導知識。

多年來，我致力照顧這個地方及這裡的人，致力投入冥想，也到世界各地教學及參與服務專案。這些事情對我的健康都有助益，我熱愛我的工作，珍惜我的學生、我的學習、我的修行。對任何年齡的人來說，這都是充實又真實的生活。根據研究，即使是公開演講或趕專案截止日期所承受的壓力，對身體也有助益，那種效果就像運動壓力對身體有利一樣——它可以動員免疫細胞，增強記憶力及學習力。目前為止看來，一切都很好。[9]

我相信，當我們能在工作中浥注一種連結感與使命感、奉獻與全心全意、信念與快樂時，我們就能站在健康敬業的邊緣。然而，當工作出現強迫性及成癮性質時，我們會陷入多巴胺迴圈，也會感到恐懼。馬斯勒博士指出，這種情況發生時，憤世嫉俗與過勞倦怠也會隨之而來。

工作是一種能量付出，「work」與「energy」這兩個字甚至有相同的字根。我們透過工作，為世界、他人、自己浥注能量。

我對學生說：「找到有意義的工作，竭盡所能地投入，善用每一天，真正造福他人，並為自己帶來快樂。」在我看來，為了他人與世界的愛而健康地投入工作，是最有成就感的事。

因此，無論你是臨床醫生、教師、執行長、人權工作者、砌磚匠、藝術家、母親、還是禪修者，我都會說，放手去做吧！全心全意地投入，「讓我們熱愛的美好，成為我們的所做所為」。

2. 從敬業的邊緣跌落：過勞倦怠

當我們的投入失衡，工作似乎受到恐懼、逃避現實或強迫的驅使時，我們很容易陷入過勞倦怠——疲憊、悲觀、憤世嫉俗，甚至身體生病等悲慘的經歷，而且我們也會覺得自己的工作似乎對任何人（包括我們自己）都沒什麼好處。

我試圖了解過勞倦怠時，研究了讓這個詞彙出名的人。我仔細研究他的個人歷史時發現，也許佛洛依頓伯格醫生（Freudenberger）並未出現過勞倦怠，但他確實對研究相當癡迷，並寫出了詳細的流程。

赫伯特．佛洛依頓伯格（Herbert Freudenberger）生於德國的猶太家庭。他出生七年後，希特勒掌權，他的家族工廠遭到占領，祖母遭到納粹毆打。佛洛依頓伯格十二歲時，用父親的護照獨自離開德國。他搭船到紐約，與繼姑姑同住。姑姑把他關在閣樓裡，當她發現佛洛依頓伯格的父親無法像承諾那樣支付她照顧孩子的錢時，她要求佛洛依頓伯格坐在一張直立椅上睡覺。十四歲時，佛洛依頓伯格逃離了那個環境，住在曼哈頓的街道上，後來才被一位表親收留。

後來，他的父母來到美國時，佛洛依頓伯格去工廠工作以供養父母。[10]與此同時，他也在布魯克林學院上夜校。他在那裡認識著名的心理學家亞伯拉罕・馬斯洛（Abraham Maslow）。馬斯洛鼓勵他攻讀心理學，並成為他的人生導師。佛洛依頓伯格一邊在工廠工作，一邊攻讀碩士與博士學位。

一九五八年，佛洛依頓伯格開設了成功的精神分析診所。一九七〇年代，他開始在東哈林區（East Harlem）與一家免費的戒毒診所合作。他在自己的精神分析診所看診一天後，就去那個戒毒診所義診。在那個免費診所及其他的治療社群中，佛洛依頓伯格觀察病人的治療結果令心理健康與藥物濫用的專家感到沮喪時，所發生的情況。一九七四年，他獲許受到格雷安・葛林（Graham Greene）的小說《廢人》（*A Burnt-Out Case*）的啟發，導入「burnout」一字。這項研究使他一舉躍升為全美數一數二的心理學家。

佛洛依頓伯格幹勁十足，每天工作十四或十五小時，每週工作六天，直到去世前三週都是如此，享年七十三歲。他的兒子馬克・佛洛德（Mark Freud）接受《紐約時報》訪問時表示：「很遺憾，他始終忘不了早年的際遇。他很複雜，成長過程使他的內心充滿矛盾。他幾乎沒有童年，是個倖存者。」[11]我們不得不懷疑，他研究過勞倦怠時，對象會不會是他自己；或者，他是否能維持健康的敬業狀態。總之，研究過勞倦怠成了他的事業及專業身分。

佛洛依頓伯格把過勞倦怠定義為「職業生活導致的身心俱疲狀態」及「失去動力或動機，尤其一個人為某個理念或某段關係付出，但結果不如預期的時候」。佛洛依頓伯格和同仁蓋爾・諾斯（Gail North）的研究顯示，過勞倦怠通常有一定的故事情節：我們覺得有必要全力投入工作以證明自己的價值。我們對工作太投入，以至於跟家人和同事發生衝突。我們因缺乏睡眠而犯錯。努力工作變成我們新的價值體系。隨著我們的觀點日益狹隘，我們否認出現的問題。別人看到了我們的處境，但我們自己卻看不見。我們抽離深愛的人，變得愈來愈孤立。我們感到冷漠，日益失去人性。為了填補內心的空虛，我們可能開始轉向成癮行為，感到憂鬱，可能出現身心崩潰。在極端的情況下，甚至可能出現輕生的念頭。[12]

誰過勞倦怠？

一九八一年，馬斯勒博士與夥伴合作設計了一項詳細的調查，名為「馬斯勒職業倦怠量表」（MBI）。MBI是衡量倦怠的心理標準，它詢問倦怠者對三個主要因素的感受：情緒耗竭、憤世嫉俗、無效。[13]（這些因素與她用來定義敬業的那些因素正好相反：精力、投入、高效。）

這些因素在一定程度上與職業及生活方式有關。第一個因素「情緒耗竭」容易影響情緒需求高的職業，例如醫療、社工、社會運動、教育。它也會影響社會支援較少的人，例如單身、有潛在憂鬱及焦慮的人。

第二個因素「憤世嫉俗」容易影響理想主義者，包括年紀較輕的人。當現實不如預期時，他們容易幻滅。每個人都很容易受到第三個因素影響：普遍的無效感——例如，即使竭盡所能，仍無法達成目標。從那開始，一切急轉直下，我們很快就相信自己的工作毫無意義。這些都是造成危機的因素，尤其我們的自尊與身分跟工作緊密相連時更是如此。如果我們的工作毫無意義，生活又有什麼意義呢？[14]

我不知道工作造成的無力感、心灰意冷、憤世嫉俗是什麼感覺，但我聽過數百個人被這些可怕的症狀折磨的故事，包括社工、獄警、教師、緊急醫療人員、醫生與護士。過勞倦怠是任何職業、任何國家都存在的一種職業危害。紐約市公立學校教師的統計資料顯示，就職五年內離職的教師中，有四五％可能是因為過勞倦怠。[15]醫界的過勞倦怠相當盛行，導致自殺率高得驚人：男性醫生的自殺機率是一般男性的一．四倍，女性醫生的自殺雞率是一般女性的二．三倍。[16]

過勞倦怠也會影響高壓的企業工作，例如執行長、律師、高科技工作者、金融從業人員——他們每天晚上把工作帶回家，績效壓力很大。如今智慧型手機無處不在，許多人覺得下班也無法擺脫工作，甚至無法睡個好覺。研究顯示，當我們只是為了金錢投入工作，而不是為了更高的價值觀投入時（例如助人或獲得創作滿足），我們往往會更快倦怠。[17]

倦怠是如此的常見，現在已經自成一個產業。在美國，有一整個產業的教練、治療師、顧問、醫生專門治療職業倦怠與工作創傷。

忙碌成癮

忙碌一直是大家公認的美德，至少從天主教聖熱羅尼莫（Saint Jerome）那個年代就開始了，他創造了「游手好閒是作惡溫床」這個說法。新教也認為工作本來就是一種美德，其著名的工作倫理強調，生產是一種遠離魔鬼的方式。因為這些因素及其他的影響，工作已經變成現代美國文化與個人身分的一個重要面向。

我們為工作做了什麼、花了多少時間工作、在工作中完成了什麼，是很多人看待自己的關鍵。我們的自我意識與自我價值感都與那些因素息息相關。「您在哪裡高就？」通常是我們詢問初識者的第一個問題，我們對他的看法很容易受到他的回答所影響。

工作對我們很重要，所以工作狂在職場上已經變成一種身分的象徵，同事常互相比較昨晚在辦公室加班到多晚，或週末加班幾個小時。在西方與東方的許多工作與服務環境中，很多人甚至覺得工作狂是理所當然的。這種工作成癮的現象特別難以糾正，因為有社會的默許——畢竟，成效顯著，而且許多人相信工作本身就是一種美德。工作成癮與忙碌成癮已經變成許多人的指導原則，彷彿是一種宗教，但缺乏真正的靈性。

多瑪斯．牟敦（Thomas Merton）寫道：

當代有一種普遍存在的暴力，理想主義者最容易屈服於這種暴力：那就是積極行動主義與工作過度。現代生活的匆忙與壓力是一種先天暴力的形式，或許也是最常見的形式。允許自己被許多相互衝突的問題牽著鼻子走，順應太多的要求，投入太多的專案，貪心想要幫每個人做每件事，就是屈服於暴力。我們積極行動主義的狂熱，抵銷了我們為了平和所付出的努力，摧毀了我們內心追求平和的能力，也摧毀了我們努力的豐碩成果，因為它扼殺了讓努力呈現豐碩成效的內在智慧根源。[18]

我也很欣賞教授兼作家奧米德．薩菲（Omid Safi）的話：「我們活在一個崇尚活動的文化中。我們把自我意識加以簡化，並把自我意識與工作劃上等號。公開展現『忙碌』是我們向他人證明我們很重要的方式。別人愈是看到我們疲憊不堪、疲於奔命，就愈覺得我們應該是不可或缺的，覺得我們很重要。」[19]

幾年前，我在國會圖書館有一間辦公室，就在喬治．克勞索斯博士（George Chrousos）的辦公室旁邊。克勞索斯博士是專門研究壓力的內分泌學家。我問他，人會不會對自己的神經傳導物（neurotransmitter）上癮。他斬釘截鐵地回答：「會。」他說，神經傳導物的生化性質，很容易啟動多巴胺迴路中對獎勵的強迫性預期與追求，使我們感到壓力很大。

幾年後，我在達蘭薩拉舉辦的一場思想與生活會議上，遇到肯特．貝瑞奇博士（Kent Berridge）。他讓我們看一段老鼠實驗的影片，那些老鼠在研究人員的刺激下，變得渴望鹽水，儘管牠們先天並不喜歡鹽水。老鼠陷入了上癮迴圈。貝瑞奇博士指出，即使鹽水不好喝，牠們依然愈喝愈多。

同樣的，忙碌久了，即使這種強迫性的行為帶來的滿足感愈來愈少，壓力愈來愈大，但忙碌會讓人渴望更多的忙碌。然而，更多永遠都嫌不夠，當我們不斷在這種享樂跑步機（hedonic treadmill）上奔跑時，我們對刺激的無止境追求（甚至是令人不快或有害的刺激）會完全占用我們的注意力，使我們忽略了親密關係與連結。

當工作占據了生活與心理時，我們就像餓鬼一樣。餓鬼是傳統佛教中的一種原型，用來描述在渴望與成癮的享樂跑步機上不斷奔跑的人。餓鬼是一種貪婪的生物，四肢瘦削，脖子纖細，肚子鼓漲起來，嘴巴很小，胃口永遠無法滿足。更令人不安的是，餓鬼放入嘴裡的東西都會變成毒藥。我們對工作的狂熱，使我們變得像惡鬼一樣貪婪，把愈來愈多的工時及無止境的活動塞進小嘴中，使胃裡充滿有毒的倦怠化合物。

喝下工作壓力的毒藥

二〇一五年的一項蓋洛普民調發現，四八％的美國人覺得他們沒有足夠的時間去做他們真正想做的事。過去的十五年間，那個比率大致上維持穩定。同一年，皮尤研究中心（Pew Research Center）的一項調查顯示，九十％的職業婦女表示，她們有時或一直都很匆忙。

對有些人來說，這種想要表現的內在壓力，從大學、甚至高中時代就開始了。我們似乎很愛赫曼·赫塞（Hermann Hesse）所謂的「拚命匆忙」（aggressive haste）。[20]例如，卯起來修很多學分，開夜車寫報告，考前臨時抱佛腳。這種模式一直延續到我們進入職場接受培訓的時候，例如住院醫生上夜班或連值兩班。在職涯或服務生涯中，工作時間通常會變長。許多人一開始很喜歡這個過程。專注地沉浸其中，再加上睡眠不足，可以讓人進入一種化境，愈做愈帶勁。壓力會釋放多巴胺，[21]但是當快感逐漸消失時，我們需要再一次的刺激。所以，我們可以輕易理解，為什麼美國有一千萬人每週工作超過六十小時，有三四％的員工甚至連一天假也不休。[22]

在古英語時代，「bisig」意指「小心、焦慮」。「busy」（忙碌）這個字的意思後來朝不同的方向演進，但我覺得它仍帶有不少焦慮的成分。我們感到時間緊迫，這種時間的匱乏使我們長期處於匆忙狀態。最終，諷刺的是，那也導致我們的時間效率更低落。人類的大腦對於匱乏有一種特定的反應：當我們覺得自己擁有的某物太少時，會使我們對那個東西更加癡迷，導致其他能力與技能受損。[23]時間匱乏會刺激皮質醇的釋放，那是一種「戰或逃」的荷爾蒙，長時間濃度居高不下對身體有害，例如削弱免疫系統。就像多巴胺一樣，皮質醇一開始也讓人充滿活力，而且速度很快，但它會更快導致疲憊。同樣的，在短時間內，身體對壓力的反應很好，但承受壓力的時間一長，就會導致一系列的健康問題。

長期的工作壓力可能把我們逼到過勞倦怠的邊緣，以及一種類似的狀況：「**身心俱疲**」（vital exhaustion）。身心俱疲是一系列身體與情感症狀，包括身體疲憊及絕望感。身心俱疲通常是心臟病的前兆，可能也是導致心臟病的原因之一。[24]它也和自身免疫性疾病、憂鬱症、認知障礙有關。[25]

過勞倦怠也常與工作環境密切相關。馬斯勒指出，這包括在幾乎沒有社會支援、自主或控制的情況下工作；在不公正的環境中工作；或為價值觀無法苟同的地方服務；工作提供的金錢、社交或情感回報太少。馬斯勒呼籲大家研究一下工作環境，以及工作環境與職業倦怠的關係。她於一九八二年寫道：「試想，我們探究黃瓜的特質，以發現它們為何變成酸黃瓜，卻不分析它們浸泡的醋桶！」[26] 然而，馬斯勒也強調，過勞倦怠通常不僅是制度的「錯」，也是制度與個人之間的契合度問題。

把我們搞得精疲力竭，對職場來說幾乎都是有利的——它讓我們麻木到沒有動力去改變導致過勞倦怠的環境與政策。或者，他們可能會透過支付加班費、最適化、或設定高生產目標（包括醫生看病的人數配額），來獎勵我們喝下工作壓力與快速工作的毒藥。這是一種系統性的壓迫，包括機構及其政策對旗下勞工造成的傷害。

3. 敬業與其他的邊緣狀態

所有的邊緣狀態都可能導致過勞倦怠。病態利他與同理痛苦會使人精疲力竭，道德煎熬以及遭到輕蔑無禮的對待也會使人疲憊不堪。當我們過於融入痛苦（同理痛苦），過於努力幫人結束苦難（病態利他）時，過勞倦怠通常會隨之而來。當誠正受損（道德煎熬）或遭到他人或自己的輕蔑無禮對待時，身心俱疲是很常見的結果。或者，當我們遭到系統性的壓迫，或有權有勢者對我們施展結構性暴力時，也可能導致憤怒、徒勞、倦怠。

每年，我都會去日本教臨床醫護人員如何培養慈悲心。課堂上，我通常是面對一群非常勤奮的醫護人員。他們告訴我，他們總是隨時待命，每週至少工作六十個小時。他們覺得自己為病患或任職機構做的事情永遠不夠。這些醫護人員面臨嚴格的內外期許，韓國與中國的醫護人員也是如此。在中日韓三國，過勞死是眾所皆知的現象。

有些日本醫生告訴我，他們過於融入病人的痛苦，這種過度同理把他們拉下同理痛苦的斜坡，使他們感到過勞倦怠的三大特徵：情緒耗竭、去人格化（depersonalization）、無意義。很多人都說，他們對任職機構的價值觀、同事的行為或被迫進行的醫療干預，感到道德上的痛苦。幻滅、憤世嫉俗、徒勞感往往隨之而來，導致過勞倦怠。護士尤其容易受到醫生、其他護士、甚至病人的霸凌。當然，在職場上成為他人輕蔑無禮與敵意的目標，會導致身心俱疲的症狀。

幾年前，我輔導一群日本護士，一位罹癌的男性病人對他們頤指氣使，導致他們不知所措。這種情況持續太久，他們因日復一日面對那個病人的攻擊而身心俱疲。他們公開透露出自己無法因應那種狀況，經常遭到那位病患無禮對待的絕望心情。他們已經疲乏了，累壞了，身心俱疲。

日本的護士非常敬業，他們會竭盡全力照顧病人。但這些護士付出所有之後，自己也被淘空了，看起來彷彿坐在墓地裡。病態利他、同理痛苦、道德煎熬、輕蔑無禮擊垮了他們，每個護士都失去了鬥志與熱情。他們也為自己無法處理這種情況而感到內疚羞愧。他們告訴我，他們覺得自己好像辜負了病人，辜負了醫院，辜負了彼此，也辜負了自己。

我和他們相處的時間很短。聽完他們逐一透露疲憊與絕望感之後，我回顧了GRACE法，那是與他人互動時培養慈悲心的方法。我建議他們，去看病人之前，先讓自己靜下來，在病人的房間門口停一下，用心地呼吸。他們也可以回想一下，當初自己為什麼會選擇照顧垂死的病患，並花點時間注意自己的反應潛力以及病人的身心痛苦，這樣做可以讓他們保持客觀。當他們意識到自己對該病患的恐懼是可以理解的，就可以把霸凌也視為一種苦難。那個病患因癌症末期，來日不多，嚇壞了。他很痛苦，無法忍受。他失去了控制生命進程及死亡方式的能動力。

那次輔導接近尾聲時，我也建議那些護士把那個病患想像成一個無助又害怕的嬰兒。那個人很久以前也曾是嬰兒，現在因病得太厲害，或許又回歸那種狀態。

此外，他們也可以考慮不要把他的攻擊放在心上，以防禦的心態看待病人的胡鬧可能會使情況惡化。深入傾聽病患、也深入傾聽彼此很重要。或許，這可以幫他們了解，遭到無禮輕蔑的對待時，如何設定界限，並照顧好自己與彼此。

後來我得知，那次輔導似乎對那個護理團隊很有幫助。他們那個安寧病房又出現一位行為類似的病人時，他們能夠減輕恐懼與徒勞感，並以更平衡、慈悲的態度面對第二個病人。

另一個過勞倦怠的故事是來自我的助理瑪雅．杜爾（Maia Duerr）。她在美國的心理治療體系做了十年，後來陷入過勞倦怠，但導致她倦怠的原因不是病患、同事或工作時間表，而是因為她對充滿問題的心理醫療體系深感無奈。她寫道：「我看到病人不斷地進進出出，他們出院回歸社群後，不久又再度住院。在我看來，我們似乎缺乏某個必備的要件。我的工作必須為病患的『康復』提出治療方案，但我一直在想，病患令人迴避、恐懼、憐憫、遭到監禁、被迫服藥到遺忘的程度，對他的心理健康有什麼影響，那些對待超出了病患面臨的任何精神挑戰。」

醫院的價值觀與環境使杜爾的誠正受損，[27]她因此承受著道德痛苦。她的病患不僅不受尊重，在她看來，病患還受到嚴重的虐待。此外，她也無法改變她身處的體制。她無法長久承受那種有害的工作環境，因此陷入過勞倦怠。後來她離職了，但離職之前她也付出了慘痛的代價。

權力、野心、競爭、工作成癮、怨恨、恐懼也會助長過勞倦怠。這些驅動力是自我毒藥（ego poison），可能出現在邊緣狀態中。例如，權力、野心、怨恨可能出現在輕蔑無禮、道德義憤、道德冷漠中；工作成癮可能出現在病態利他與道德煎熬中；恐懼可能出現在病態利他、同理痛苦、道德痛苦、輕蔑無禮中。

造成過勞倦怠的「緊急文化」（culture of emergency）有許多肇因。然而，有一些方法可以幫我們恢復信任與人性。逐漸了解工作是一種正念修練。讓生活不僅對外部世界開放，也對內心世界開放。確保自己的價值觀與工作相符，也要記得幽默、玩樂、休息！羅馬詩人奧維德（Ovid）在《愛的藝術》（*Ar Amatoria*）中寫道：「好好休息。休耕過的田地，收成豐足。」

還有一個建議：我曾聽哈佛商學院的比爾・喬治教授（Bill George）提出一種重要但常被忽視的方法，那種方法可以轉變因工作缺乏意義而衍生的倦怠。他說，當我們看到自己對工作的正面影響時，憤世嫉俗、疲憊、無效感就會消失，我們會更有動力以更開放、投入、平衡、互惠的方式工作。這是抒解過勞倦怠，並把倦怠轉化為熱情，以便全心投入的良方。

4.支持敬業的作法

二十幾歲時，我在哥倫比亞大學的一個研究環境中工作。那個辦公室裡，壓力不小。每天工作十四個小時，一週工作七天，是家常便飯。我可以用飛快的速度，自己手算卡方檢驗（一種統計測試）。那分工作令我著迷，但我投入工作的方式是無法持久的。

我在哥倫比亞大學工作的那段期間，開始接觸禪修，作為抒解壓力的方式。我希望把冥想與社會行動結合起來。所有的禪修學生遲早都會被分配到廚房工作，我第一次在禪修廚房工作時，以為切胡蘿蔔的目的，是盡快有效率地完成任務，就像我快速做卡方檢驗那樣。後來，我逐漸意識到快速完成不是重點。從禪修的角度來看，切蘿蔔就只是切蘿蔔。我切了幾千根蘿蔔後，發現「只是切蘿蔔」這種修練有很多好處。

工作修習

我可以輕易理解，為什麼切蘿蔔在外人看來似乎是一項無聊的任務。我的禪修夥伴佐可茲．諾曼．費契（Zoketsu Norman Fischer）把那種普通的任務描述成冥想工具以及對他人的奉獻。費契指出，當我們把工作視為一種奉獻時，我們會為了造福他人而無私奉獻。他寫道：「把工作視為奉獻，是一種在工作活動中燃燒自我的行為……完全不帶保留地去做。沒有觀察者的感覺，也沒有修練的感覺，完全是基於一片善意去做。」[28]我想，這就是大衛弟兄所謂的「全心全意」——毫無保留。與我們做的任何事情合而為一，燃燒自我，放開自我。如此一來，我們是為了生活而工作，而不是為了生計而工作。

日語「無上道の体験」也有這個意思，那是指「在日常生活中開悟見道」。禪修者知道，工作只是一種媒介，它讓我們以專注又統一的方式做普通的事情。總有一天，廚房裡的職責不再是一種任務，而是一種修練，是一種服務他人同時陶冶心靈的方式。我與蘿蔔和刀子合而為一，我們完全相連在一起。這種連結包括吃東西的人、種蘿蔔的農民、把蘿蔔運到市場的卡車司機，還有陽光、雨水、土壤，以及所有的一切。

這裡稍微解釋一下亞洲的歷史，或許可以幫大家更了解「把工作視為一種修練媒介」的意義。佛陀在世時，梵文單詞「bhavana」意為培育，與耕種有關——包括耕地、播種、澆水、除草、收成。培育作物，家庭與村莊就有東西可以填飽肚子。佛陀擴大了「bhavana」這個字的運用，使它也涵蓋透過冥想來培育心理，修身養性。這個比喻甚至出現在僧人穿的長袍上，那個長袍是以稻田作為設計基礎。

兩千年前，佛教僧侶首次從印度進入中國時，印度僧侶並不工作。他們從一個村莊漫遊到另一個村莊化緣。這在中國是無法接受的，因為儒家的工作倫理重視一般勞動。但佛陀有關耕地的比喻在中國流行起來，因為那符合中國人的工作倫理：「修身養性」、「播下佛陀教誨的種子」、「解放的田地」。

佛教的冥想與中國的工作倫理結合起來，變成如今所謂的「**工作修習**」（work practice），也就是把工作當成培養智慧與慈悲心的媒介。在中國較大的寺院裡，僧侶耕種以自食其力。他們把日常活動稱為「農禪」（farming meditation）。農耕是有道德、緩慢的良性工作，就像修身養性也是有道德、緩慢的良性工作。

那麼，我們今天的生活呢？我喜歡佛教老師克拉克．史川德（Clark Strand）說的「在你的生活中冥想」。他沒有把冥想從生活與生計中分離出來。「你在哪裡冥想，與冥想的效果息息相關。但我指的『哪裡』，不一定是指房子的哪個房間，或你是否住在一個安靜的地方。我是指你應該在你的生活中冥想。如果你是會計師，就在會計師的生活裡冥想。如果你是警察，就在警察的生活裡冥想。無論你想照亮生活何處，都可以在那個地方冥想。」[29]

所以，為了避免過勞倦怠，或者為了轉變過勞倦怠，或許我們該做的第一件事是在生活中冥想……

修習正命

我們的生活是什麼樣子？在佛陀的八聖道中（正見、正思惟、正語、正業、正命、正精進、正念、正定），正命與敬業及過勞倦怠最直接相關。正命的核心是幾個問題：我們如何做有益於自己、家庭、社群、地球、後代的工作呢？如何讓我們的工作變成從苦難與幻想中覺醒的途徑呢？

佛陀定義的正命，是指我們**不該**為工作做什麼。祂在《買賣經》（*Vanijja Sutta*）裡寫道：「此等五買賣，不應被優婆塞作。何者是五？買賣刀，買賣眾生，買賣肉，販賣醉品，買賣毒。」我也喜歡一行禪師解釋修習正命的方式：「要修習正命，必須找到一種不違背你的愛與慈悲理想的謀生方式。你的謀生之道可能是最深層自我的表達，也可能是造成你與他人苦難的根源。」[30]

一行禪師是說，我們應該選擇呼應價值觀的工作，無論是教導孩子、照顧垂死者、或是以慈悲又大方的方式管理事業。不僅我們做的事情及做的理由需要呼應價值觀，做的方式也要呼應價值觀。我們必須確保我們是正派做事。即使我們選擇一種幫人結束痛苦的職業，我們還是有可能從病態利他、同理痛苦、道德煎熬或輕蔑無禮的立場出發，那些邊緣狀態的有害形式很容易使我們陷入過勞倦怠。

無論我們的角色是什麼——護士、醫生、教師、治療師或執行長——我們有時並沒有意識到自己在受苦，沒給自己足夠的時間從工作的負面影響中恢復過來。當我們發現自己從邊緣墜落時，我們需要後退一步，深入了解我們是如何失去平衡及失去對工作的熱愛，因此助長了自己與他人的痛苦。

不工作的修習

我服務垂死患者的那幾年，常常可以在生活中冥想。我走路穿過醫院的大廳時，注意自己的呼吸與每一步。我坐在床邊時，放慢呼吸，面對垂死的患者。我參加團隊會議時，深入內心去了解我為什麼要做這份工作，把注意力放在呼吸與身體上，藉此讓自己平靜下來。接著，我就可以更加關注會議上的人。

有時我無法平靜下來，沉著感似乎離我而去，好像浪潮迅速從此刻的海岸退去一般，我感到疲憊不堪，心灰意冷。雖然不算過勞倦怠，但已經很接近了。那段期間，我必須好好照顧自己。我會打盹，在山裡散步，讀書，冥想，或者最好的作法是，直接放懶，無所事事。基本上，我必須按下「重新啟動」的按鈕，也就是說，我必須先關機！

有時連串的事件前仆後繼而來，多到令我難以招架。家父過世後，不久一位摯友也過世了，我的工作又是在服務垂死的病患，我不得不離開工作一段時間。那時我並未陷入過勞倦怠，但是對疾病、臨終、死亡變得非常敏感，我需要時間來哀悼我經歷的失落。我很感恩我有機會休息，不像許多醫生常被要求「克服它」，接著就繼續工作。

家父過世後，我給自己一段暫停的時光。如果我們想長期投入幫人脫離苦難的工作，那樣的暫停對多數人來說是必要的。我們必須知道自己生命中的失落，如此才有可能知道別人生命中的失落。我們需要時間從自己的困難中學習，需要時間來恢復精力、更新動力與觀點。我們也必須花時間做一個沒有目標的人，讓事情自行發展。

有時候，長時間的停頓（像家父過世後我做的那樣）是必要的。而在其他時候，稍微暫停一下就足以幫我們恢復平衡，讓我們站在敬業的堅實基礎上。很多時候，我們甚至沒意識到自己正失足滑落邊緣。

想暫停一下時，可以從注意身體的感覺開始。如果我們中斷忙碌，把注意力轉移到吸氣與呼氣上，我們會注意到身體顯示「不太對勁」的訊號。只要把注意力轉移到呼吸，我們就已經改變了經驗的神經化學脈絡，一些引發不健康動力的焦慮可能會開始消失。接著，我們可以回想（即使很短暫也沒關係）自己服務他人但不造成傷害的意圖。這個意圖也適用在

「不傷害自己」上。

我們可以透過探究，學到很多東西。我們可以發揮好奇心。自問：為什麼我對自己要求那麼高？為什麼我要待在這個有害的職場中？我能做些什麼以改變內在體驗或職場環境，使它朝著減少傷害的方向發展？如何在這些充滿挑戰的環境中培養復原力？

我們可以尋求理解及深入調查。我們需要注意自己的偏見，運用辨識力但不做評判。我們可以對自己的動機完全誠實，同時避免自戀或自責。此外，好奇心是為了促成讓智慧與慈悲心產生的條件。

即使工作過度可能是因為我們對追求樂趣的神經化學物質上癮，這種追求樂趣的行為可以引導我們去探索身體的體驗。那種探索可能讓我們洞悉自己的身心，也了解為什麼我們會把自己逼得那麼緊。

我們也必須給自己一些時間停下來休息。那不只是因為我們需要時間去悲傷或療癒，而是因為漫無目的是生活中很自然的一部分。很多人已經忘了怎麼過毫無目標的日子，放手閒蕩。在一個如此目標導向的社會裡，鬆懈可能很難。但事實上，此刻，「浪費」時間可能正是我們需要的。也許我們不是在浪費時間，而是在**融入**時間。

禪宗有句名言：「無處可去，無事可做。」那是在鼓勵你停止追逐任何東西，包括醒悟。

所以，我讓自己放手……無論是坐在尤帕亞的禪堂，或是走出我那小小的寫作空間，到離禪修室不遠的草地上散步，這些都是精心放手的時間，而不是精心利用的時間。當我們把時間視為一種可「利用」的資源時，就不太容易獲得漫無目的的美好、驚喜與滋養。

漫無目的，忽視效率之神，迷失片刻——這些都是梭羅與家母教我的。梭羅說：「直到我們迷了路，換句話說，直到我們失去了這個世界，我們才開始尋找自己，看清自己身在何處及無窮無盡的種種關係。」[31]或者，就像家母以前說的：「瓊安，我們哪兒也不用去，我們已經在這裡了。」在那些時刻，我們佛羅里達住家附近的海灘，呈現前所未有的美好。無處可去，無事可做……在當下失而復得……只要修習這個就行了。也許這裡是我們找到全心全意及真正自在的地方。

5. 在敬業邊緣的發現

最近有個學生對我說：「老師，您這輩子好像做了很多事情，您是怎麼辦到的？」我停頓了一下，微笑回應：「碰到好日子時，我會充分休息。」

我所謂的充分休息，不是指天天打盹，雖然到了我這個年齡，這種事情經常發生。我也不是指好好放個假或逃避現實的那種休息，而是指比較輕鬆自在地處於情況中，甚至是處於相當困難的情況下。輕鬆自在是指對眼前的事物沒有抗拒，處於當下，沉著平穩。這種無抗拒與穩定的混合，是禪修中培養的東西。在我自己的禪修中，我瞭解到，全神貫注在一個東西上（例如呼吸）會帶來穩定與輕鬆自在，也會帶來力量與休息。當我們強化這些特質時，我們通常可以用大衛弟兄所謂的「全心全意」來迎接生活。

在佛教中，忙碌與心事重重不是美德。忙碌無法讓人頓悟。事實上，忙碌使我們無法專注於當下發生的事情，當下是需要靜下來感知的。唐朝兩位禪師雲岩與道吾的精彩交流反映了這個觀點。

雲岩正在掃地，年紀稍長的道吾說：「太區區生！」（太忙了！）

雲岩回應：「須知有不區區者。」（你應該知道，有一個不忙。）

道吾問道：「恁麼則有第二月也！」（那麼，有兩個月亮嗎？）

雲岩舉起掃帚問道：「這個是第幾月？」[32]（這是哪個月亮？）

這個故事最早出現在十三世紀的公案選輯中。[33]年紀較輕的雲岩正在掃地，也許他掃地的方式帶有一種忙碌與自負的感覺。

道吾說雲岩太忙時，雲岩可能馬上停止掃地，但他回了一種老套的禪宗回應：「有一個不忙。」這是剛接觸禪宗的學生可能給出的回應——那是從糟糕的禪宗書籍裡學來的。

道吾看出這個回應是在耍禪宗把戲，沒放過雲岩。掃地的雲岩以二分法看世界。道吾反問他：「你是說有兩個月亮嗎？」有做事者與不做事者之分嗎？有忙碌者與靜止者之分嗎？

雲岩看出了自己的錯誤，把掃帚從地上舉起來，停止忙碌，並把掃帚舉到道吾的面前問道：「這是哪個月亮？」

那一刻，雲岩已經超越了差異、二分法、我／他之分。他明白，現實是不分做事者與不做事者，不分做事與不做事。現實就是當下這一刻，地上沒有掃帚，沒有做事者，沒有行動，沒有忙碌的人，沒有需要忙碌的事情，他醒悟了。

我年紀很輕就開始接觸禪宗，從小跟著家人信仰新教。所以，有很長一段時間，我深信工作是一種美德。對我來說，把工作視為一種靈修一直很重要——也就是說，那是不分做事者、做事、行動的地方；一個我不忙的地方；一個我可以覺醒的地方。

已故的片桐大忍禪師在《每刻皆宇宙》（*Each Moment Is the Universe*）中寫道：「我們很容易從時間的角度來看修行，彷彿我們正逐步攀爬梯子一樣。這不是佛教的修行觀。爬梯子時，你的眼睛是盯著未來。以這種方式修行，沒有平靜，沒有安心——只有對未來的希望……修行不是這樣的。從一開始，修行就存在平靜與和諧之中。」[34]

片桐大忍禪師解釋，禪宗大師道元（曹洞宗的創始者）使用一個與「聖所」概念有關的特殊術語。片桐大忍繼續說道：「這裡的聖所是指宇宙。無論你在哪裡，你的生命是由整個宇宙維繫與支持的。人類生活的主要目的，就是維持這個聖所，而不是爬梯子去發展自己的人生。」[35]

片桐大忍禪師所說的是身、心、靈、世界的合一，以及此刻即是聖所。那是一個沒有抵抗的地方，一個庇護所。亦即雲岩在道吾面前舉起掃帚的那一刻。此刻就是那個地方。不尋找，不逃避，而是在其中休息。這就是我們修行的原因，以便在生活中覺醒。

玩樂

或許，從那些已經跌落邊緣但又設法恢復健康的人身上，我們可以學到更多有關過勞倦怠的知識，例如珊達・萊姆斯（Shonda Rhimes）就是如此。她是電視影集《實習醫生》（*Grey's Anatomy*）的創作人兼執行製片人。二〇一六年，她在TED演講中談到她沉迷於「心流」狀態及過勞倦怠。[36]為了每季製作七十個小時的電視節目，她每天工作十五個小時，每週工作七天，而且她熱愛如此忙碌的每分每秒。她把那種樂在其中的狀態稱為「共振」（the hum）。「那種共振聽起來像一條寬敞的大道，我可以永遠開在上面。那種共振是音樂，是光，是空氣。那種共振是上帝在我耳邊低語。」

但有一天，那種共振停止了。「當你做的事情、熱愛的工作，開始變得索然無味時，你怎麼辦？……當那種共振停止時，你是誰？你是什麼？我又是什麼？……當我心中的樂曲停了，我還能在靜默中生存下來嗎？」

在那段灰暗、沉靜的時期，女兒邀她一起玩耍同樂，她開始接受了。於是，重要的事情發生了——她與孩子玩得愈多，原本消失的共振回來得愈多。萊姆斯需要那些玩樂，那正好和她的高壓工作相反。她需要更多的時間與孩子相處，之前她拼命工作的時候，錯過了孩子的成長。

她意識到，那種共振不僅與工作有關，也與歡樂和愛有關。她說：「現在，我不再是那種共振，那種共振也不再是我了。我吹泡泡，搞得手指黏搭搭的，跟朋友共進晚餐。我是另一種共振，生活的共振，愛的共振。工作的共振仍是我的一部分，但不是我的全部，我充滿了感激。」

如今孩子找她一起玩樂時，她總是欣然接受。通常孩子的注意力只持續十五分鐘，所以即使她手上管理四個電視節目，抽出十五分鐘也很容易。她說：「小孩教我如何生活。」她認為玩樂挽救了她的事業。

連結

跟所有的邊緣狀態一樣，陷在過勞倦怠的泥沼中也可以幫助我們。價值觀的危機可以促使我們反省自己的人生軌跡。過勞倦怠是一種痛苦，它可以指引我們回到內心世界，鼓勵我們接納那個迫使我們傷害自己及與他人斷絕連結的心理模式。它可以告訴我們哪裡出了問題，只要我們更用心地傾聽身心、所愛的人、以及這個世界的需求，美好的新東西就會從泥沼中生長出來。我們可以透過敬業的力量，透過休息、玩樂、連結的療癒獲得快樂。

杜克大學伊斯蘭研究中心主任薩菲指出，敬業有一個向人類心靈敞開的面向，他寫道：

在許多穆斯林文化中，你想問候對方過得好嗎：在阿拉伯語中，你會說「Kayf haal-ik?」用波斯語，你會說「Haal-e shomaa chetoreh?」意思是「你的 haal 好嗎？」

你問的這個「haal」是什麼？那是心靈的瞬間狀態。在現實生活中，我們會問：「這一刻、這一瞬間，你的心感覺如何？」所以，當我問「你好嗎？」時，我真正想知道的其實是那個問題。

我不是在問你的待辦清單上有多少事情，也不是在問你的收件匣裡有多少未讀信件，我想知道當下你的心感覺如何。告訴我，你的心是快樂的。告訴我，你的心是痛苦的。告訴我，你的心是悲傷的。告訴我，你的心渴望與人產生共鳴。審視你的心，探索你的靈魂，然後告訴你的心與靈魂訴說著什麼。

告訴我，你記得你仍是一個人，而不只是一個做事的人。告訴我，你不是一台機器，只會從待辦清單中消除項目。好好的交流，好好的觀看，好好的接觸。讓你的交流發揮療癒的效果，充滿風度，全心投入。

把你的手放在我的手臂上，看著我的眼睛，和我交流一秒鐘。告訴我，你的心感覺如何，並喚醒我的心。幫我記住我也是一個完整的人，一個也渴望人際接觸的人。[37]

某天，在法國南部，我順道造訪了一行禪師的菜圃。他每天以非常緩慢的速度照料那個園地。我走近他時，他正在除草，抬起頭來，微笑對我說：「不種芥菜的話，我寫不出詩句，也無法教學。」他正與大地相連，並以此作為與生活、當下、寫作、教學相連的方式。在那一刻，他也與我相連，產生了共鳴，他讓我看到他的「haal」。我突然想到，雖然一行禪師寫了一百多本書，但他似乎從不忙碌。

忙碌可能把我們拉到邊緣。然而，即使生活中充滿了活動，我們還是有可能堅定地站在敬業的邊緣，不陷入過勞倦怠。我們必須時時保持警惕，不要把自己逼得太緊，必要時後退一步，以重新獲得平衡。那可以很簡單，例如在服務病人或開會的空檔，吸一口氣，然後大大呼出一口氣，讓狀態轉移。或者，那也可以像種芥菜或粉刷土坯牆那麼簡單。

或許，過勞倦怠導致身心俱疲與崩潰不完全是壞事，因為長期的忙碌與工作狂不是健康的生活方式。那些活動使我們偏離了現實，甚至可能阻止我們選擇一種呼應價值觀的生活方式。我們之所以沉迷於工作與服務，通常是因為我們想要逃避所愛的人、逃避我們對當下與更廣闊世界的真實需求。過勞倦怠與身心俱疲變成一種緊急　車，迫使我們換擋，減速，甚至停下來。它要求我們更新最深層的心靈渴望，深入審視我們的立場、關心的東西、價值觀是什麼，以及真正的志業是什麼，並在服務的道路上尋找快樂與美好。我覺得這就是道元禪師所謂的「為生命賦予生命」。

第六章

在邊緣的慈悲心

直至盡虛空，一切有情界，皆證涅槃果，願為生存因。[1]

——寂天菩薩，《入菩薩行論》第三品，21-22節當我們在懸崖邊，面臨墜入苦難的危險時，慈悲是我知道最有效的因應方法，它可以使雙腳堅定地站在地上並敞開心胸。我聽到尼泊爾小女孩接受清創的哭聲時，慈悲心幫我保持同理心，並引導我遠離同理痛苦。當我面對戰爭、種族歧視、性別歧視、環境惡化等系統性暴力時，慈悲心讓我想起自己的價值觀，幫我從誠正的立場出發，而不是陷入長期的道德義憤。多年來，我服務垂死者、在戒備森嚴的監獄裡擔任志工時，慈悲心避免我陷入過勞倦怠。在最艱難的時刻，慈悲心是我最好的盟友。我的生活不僅因慈悲心而強化，我幫助的人也因此受惠了。

我也接受過別人的慈悲善待。當別人對我展現極大的善意時，我的生活深深受到影響。多年前，我躺在醫院的病床上，等待手術，害怕得發抖。一位學佛的朋友陪伴在我身邊。手術團隊來帶我進手術室時，朋友緊握著我的手，目光堅定地說：「記得真實自我。」他的觸摸、他的話語讓我如釋重負，進入一種境地，那個境地比我對手術的恐懼還大，比我對死亡的恐懼還大。當我的輪床在醫院的走廊上推行時，已故安谷白雲禪師的一句話閃過我的腦海：「無因無別的慈悲心迸發出來。」

當我們像我的朋友那樣表達慈悲時，慈悲就像彗星一樣從我們的心中迸發出來。那是觀世音菩薩的精神，祂聽到世界的哭聲並以一顆無限的心回應——它不會像沉重的石頭那樣沉沒在苦難的水域中，而是像晶洞一樣，朝著內部罕見的空間打開，為那些在黑暗中苦苦掙扎的人閃耀著光芒。

幾十年來我體驗了許多慈悲的境地，我探索其結構及其深入的流程。我檢閱了有關慈悲心的科學研究，接受佛教專家的指導，聆聽照護人員分享故事，陪伴囚犯與垂死者，指導教師與商務人士如何發揮慈悲心，並運用冥想作為探究的媒介。此外，生活也為我帶來諸多挑戰——那些危險也充滿了各種可能性。

慈悲的定義是，真正關心他人的苦難且渴望改善他人的福祉。慈悲也幫我們以適切的反應來面對自己與他人的苦難。最重要的是，慈悲心可以幫我們脫離邊緣狀態的有害面向：病態利他、同理痛苦、道德煎熬、輕蔑無禮、過勞倦怠。為什麼呢？因為慈悲喚起了我們最好的人類本能——認知平衡與關懷，無私意圖與洞察力，以及道德行為。那是其他的反應所辦不到的。

1.善者生存

我參加在印度達蘭薩拉舉行的一場會議，達賴喇嘛在那場會議上演講，他說：「慈悲不是宗教事務，而是人類事務。它不是奢侈品，而是人類生存的必需品。」[2]我真心認同達賴喇嘛的說法——慈悲是人類生存的必需品。我想進一步闡述他的話：我相信，慈悲心支持地球上**所有**物種的生存。

達賴喇嘛後來寫道：「無論一個人有多能幹、多靈巧，丟下他一個人，他也無法獨自活下去。無論一個人在人生最鼎盛的時期感覺多有活力、多麼獨立，當他生病、年幼或年邁的時候，他都必須依靠別人的支持……我相信，在社會的各個層面——家庭、部落、國家、國際層面——想要營造一個更幸福、更蓬勃的世界，關鍵在於慈悲心的成長。」[3]

英國博物學家達爾文也會認同這點。[4]達爾文在《人類源流》（*The Descent of Man*）一書中談到了「同情憐憫」（如今稱為慈悲心）的重要，並探討為什麼人類與動物會想要幫助身陷困境者。他在書中提到一個故事，一個動物園管理員被一隻好鬥的狒狒攻擊。「幾年前，動物園的管理員讓我看他頸後的傷口，那些傷口很深，幾乎還沒癒合，那是他跪在地上時被一隻兇猛的狒狒弄傷的。有一隻美洲小猴子是這個管理員的好友，住在同一隔間裡，很怕那隻大狒狒。然而，牠看到朋友有難時，立刻衝過去救他，並以尖叫及啃咬的方式轉移狒狒的注意力，讓那個管理員得以逃脫。」[5]

達爾文發現，當救援者與獲救者屬於同一群體時，這種英勇的行為更有可能發生。那隻小猴子與動物園管理員是好友，所以牠有動機冒著生命危險去解救管理員，以免他命喪狒狒手中。達爾文寫道：「顯然，人類的本能衝動有不同的強度。野蠻人會冒著生命危險去解救同族的同胞，但是對陌生人漠不關心；膽小又年輕的母親在母性本能的驅使下，會毫不猶豫地冒著生命危險去解救幼子，而不是普通的同類。」[6]

但達爾文也發現，特殊的環境會激發一些人（與生物）對陌生人產生極大的慈悲心。「然而，許多文明人……從來沒為人冒過生命危險，卻充滿勇氣與憐憫。他們不顧自身安全，立即跳入湍流去解救溺水者，儘管那是陌生人。這種情況下，驅動人類的本能動機，跟前述那隻勇敢攻擊可怕狒狒以解救飼養員的美洲小猴子一樣。」[7]

達爾文假設，演化過程選擇了這些特徵，讓它們在後代的身上延續下去。「不管同情憐憫的源由多麼複雜，它對所有互助及互保的動物來說都非常重要，那應該是透過天擇增加的，因為社群中懂得同情憐憫的成員愈多，社群發展得愈好，也教養出最多的後代。」

達爾文其實可以把這個現象命名為「善者生存」。這個理論與競爭激烈的「適者生存」理論背道而馳。一般認為「適者生存」是他提出的，但那其實是赫伯特・史賓塞（Herbert Spencer）對天擇的過度簡化。達爾文的研究結論是，「同情憐憫」（亦即慈悲）不僅對我們的生存至關重要，個人的道德感及促成社會福祉的倫理體系也是以它為基礎。

最近，荷蘭的動物行為學家兼靈長類動物學家法蘭斯・德瓦爾（Frans de Waal）指出，慈悲心的根源可以在我們的演化史中看到。德瓦爾記錄了許多非人類動物的良善與道德行為，包括猿、狗、鳥，甚至老鼠。我們可以問，如果老鼠也有慈悲心，那我們呢？[8]

科學與慈悲心

無論慈悲心是源自於生理或是良心，無論是出於本能、刻意或約定俗成，我們從科學研究中得知，慈悲心可以造福那些獲得慈悲關懷的人，也對那些發揮慈悲心的人有益，甚至對旁觀慈悲行的人有益。慈悲是深深影響人心的體驗之一，無論我們是施予者、接受者、還是觀察者，都深受影響。

慈悲心似乎也能促進身體健康。研究人員茱利安・霍爾特—朗斯戴（Julianne Holt-Lunstad）與同事針對幾項研究做了綜合分析，他們的分析顯示，與慈悲心有關的強大社會連結似乎可以減少身體發炎，強化免疫功能，加速病體康復，以及延年益壽。[9] 莎拉．孔瑞思博士（Sara Konrath）做了一項研究，她發現，志工的動機是利他而不是為己時，志工的壽命比同齡的非志工長。[10]

在另一項研究中，慈悲心的非語言交流安撫了病人的自主神經系統，並調節了呼吸及心率的變化。[11] 研究也顯示，獲得慈悲關懷可以減少術後疼痛，縮短術後復原時間，[12] 改善創傷結果，[13] 延長絕症患者的壽命，[14] 改善血糖控制，[15] 比戒煙更快降低死亡率，[16] 並增強免疫功能。[17] 我們與患者的慈悲互動因為有這些健康益處，甚至可以降低系統性醫療成本及臨床醫生承受的壓力。[18]

長期冥想的人遇到疼痛與苦難時，會發生什麼？威斯康辛大學的神經科學家理查．戴維森（Richard Davidson）、安東尼．魯茲（Antoine Lutz）與同事發現，開放覺察冥想（open awareness meditation）似乎可以減輕對疼痛的負面預期。在同項研究中，這些長期冥想者感受到的痛苦沒那麼強烈，也較容易從令人不快的刺激中復原。[19] 在另一項研究中，戴維森博士與同事發現，專業冥想者在發揮慈悲心的同時，面對充滿感情的人類聲音，反應比冥想新手更強烈。他們也發現，專業冥想者的認知與情感同理心比冥想新手強。[20] 這些重要的研究結果顯示，心理訓練可以增強我們從負面刺激恢復的能力，也讓我們更了解他人的痛苦。

同樣在戴維森博士的實驗室裡，神經學家海倫・翁博士（Helen Weng）領導另一項研究。該研究發現，受過慈悲訓練的年輕人玩財務遊戲時，表現比較無私。他們看到受苦者的圖片時會產生慈悲心，與此同時，大腦中與同理及理解他人有關的區域也會變得比較活躍。此外，與情緒調節及正面情緒有關的大腦區域，活動也會增加。[21]

多年來，我陪伴臨終病患時發現，展現慈悲心可以減少臨終者的恐懼，並在他們接近死亡時給予支持。慈悲心也對那些服務臨終者的人有深遠的正面影響，尤其護理者有冥想習慣時，效果更明顯。

多年前，蓋瑞・派斯特納克醫生（Gary Pasternak）寄了一封電子郵件給我，我永遠忘不了那封信。他是加州聖馬刁市（San Mateo）教會安寧醫院的院長，有長期冥想的習慣。他寫道：

> 半夜我接病人入院。正當我覺得我年紀太大，不適合再熬夜的時候，一個帶著傷、充滿脆弱與痛苦的人躺在我面前，我檢查她胸部的傷口時，也仔細傾聽她的話語，我的心再次打開了……這一晚，一位罹患嚴重乳癌的三十六歲溫和女性談到她對癌症的接納，以及對孩子的希望，她說得如此真誠，令人動容。對我來說，她對癌症的接納是一種最深刻的謙卑，而

我又一次，再一次想起，為什麼我要熬到那麼晚，陪伴那些臨終的患者。

派斯特納克的這番話反映了尊重與內心的平靜，以及謙卑與勇氣。他在充滿旁騖、時間壓力、睡眠不足的醫療界裡，能夠放慢步調，面對生死、用心傾聽與關愛。而且，在病人與他自己的苦難中，謹記真實自我，這就是慈悲心——懷著減輕痛苦的願望、面對現實苦難的能力。接著，謙卑地覺醒，意識到無私地服務他人是一種難得的恩賜。

展現慈悲似乎也能減少憂鬱與焦慮，因為它打開了我們的視野，超越了自我的狹隘。研究人員艾瑪·賽帕拉博士（Emma Seppälä）寫道：「研究顯示，憂鬱與焦慮跟一種自我聚焦的狀態有關，一種對『我、我自己、我本人』的關注。然而，當你為別人做事時，這種自我聚焦的狀態會轉變為一種關注他人的狀態。」22

電影製作人喬治·盧卡斯（George Lucas）雖然不是科學家，但他對慈悲心也有類似的看法。有人問他，他的電影《星際大戰》（*Star Wars*）想要傳達的重點是什麼，他回答：「世上有兩種人，一種人慈悲，另一種人自私。自私的人活在黑暗面，慈悲的人活在光明面。如果你走到光明面，你會因為慈悲心、助人、不光想著自己、為別人著想而感到快樂，那是其他方式都無法得到的快樂。」23

尤帕亞禪修中心的學員提供食物給遊民時，我在他們的眼中看到了尊重與關懷，沒有可憐對方、高高在上或恐懼的表情。在尤帕亞遊牧診所的醫生身上，我也看到同樣的情況。最近我也聽來上宗教師培訓課程的學生凱西提到，她為 LGBTQ 社群的臨終患者提供服務時，為他們開啟了一扇安心與支持的門，自己也因此獲益良多。

慈悲心的另一個重要面向，與道德品格有關。史懷哲（Albert Schweitzer）理解這一點，他寫道：「在眾生之前，我只能恭敬面對，只能慈悲為懷，那是一切道德倫理的開端與基礎。」他的這番話呼應了叔本華（Arthur Schopenhauer）的觀點：「慈悲是道德的基礎。」[24] 研究發現，慈悲可以幫我們謹守道德原則，為生活賦予意義。心理研究人員達若．卡麥隆（Daryl Cameron）與啟斯．佩恩（Keith Payne）的研究顯示，抑制慈悲心時，會覺得自己的道德身分也受損了。[25]

心理學家兼道德領導力專家強納森．海德特（Jonathan Haidt）對道德、文化、情感做了研究，結果顯示，我們看到有人幫助他人時，會促成一種「道德提升」狀態，激勵我們去做一樣的事情。[26] 加州大學聖地牙哥分校的詹姆斯．福勒教授（James Fowler）專門研究感染機制，他也證實，助人有感染力。《紐約客》刊登了一篇索爾尼撰寫的文章，報導尼泊爾德爾帕的尤帕亞遊牧診所。該文激勵了世界各地的醫生前來尼泊爾，加入我們的行列；也感動愈來愈多的尼泊爾醫護人員，並吸引他們加入我們的診所。一個年輕的美國律師為尼泊爾患者洗腳時，團隊中的其他人也深受感動，紛紛加入。愛與尊重在瞬間發揮了感染力。良善有鼓舞人心的效果，令人振奮，幸好也有感染力。

長久以來，我一直覺得慈悲心是完整人性的核心，是減少系統性壓迫以及培養尊重、文明、歸屬感的關鍵，更是讓文化、組織、人類蓬勃發展的要素。為了幫我們理解慈悲的必要，科學正在為慈悲的效益提出強而有力的論據，並證實慈悲對我們的生存與基本健康的重要——早在幾千年前，耶穌、佛陀、穆罕默德就有這樣的見解，我的祖母在一百年前也有同樣的見解。也許對某些人來說，科學可以讓我們知道真實自我。

2. 三種慈悲

多數人熟悉的慈悲心，是把焦點放在他人的苦難上，尤其是關注個人所屬圈子內的苦難。多年來，我一直在想，除了這個角度以外，是否可以從其他的角度來看慈悲心。我讀到十四世紀禪宗大師夢窗疏石的《夢中問答》時，在理解這個問題上有了突破。夢窗疏石討論了我們最熟悉那種慈悲心，亦即對他人的慈悲。社會心理學家稱之為「參照型慈悲」（referential compassion，又譯「有緣悲心」，意指有特定對象）。他也注意到慈悲的另兩個面向：以洞察力為基礎的慈悲；沒有對象的慈悲，亦即非參照型的普世慈悲。[27]

參照型慈悲

我們對那些與自己關係親近的人大多有慈悲心，例如父母、子女、配偶、兄弟姐妹、寵物等等。我們對朋友、同事、鄰居、同文化或同族裔的成員也比較容易產生慈悲心。如果別人承受的苦難，我們也曾經歷過，我們也會和那個人有比較強的連結。由於我小時候曾經失去視力，很久以前我就注意到我對盲人有一種強烈的認同與慈悲。

參照型慈悲可以延伸到我們熟悉的圈子之外，涵蓋我們不認識的人，例如性騷擾或警察暴力的受害者，或者遊民與難民。此外，那種慈悲也可以延伸到生物與地方。

拉佩特拉（La Patrona）婦女的故事就是這種慈悲心的例子。拉佩特拉是離墨西哥維拉克斯市（Veracruz）不遠的一個小村莊。二十幾年前的某天，貝納達（Bernarda）與羅莎・羅梅羅・巴斯克斯（Rosa Romero Vázquez）兩姊妹從商店買了牛奶與麵包回家當早餐。回家途中，她們來到平交道，正好有一列貨車駛過。她們看到火車車廂的頂部與兩側都有搭便車的人掛在上面，非常訝異。

一個掛在前面車廂的人對她們喊道：「我們好餓！」一個車廂接一個車廂駛過，她們的耳邊響起更多的喊叫聲：「我們好餓！」在最後一節車廂離開以前，他們姊妹倆把剛剛買的早餐扔給那些能抓到的人。

那天早上兩姊妹回到家，她們擔心自己可能因為送走全家的早餐而挨罵。但無論如何，她們還是得向母親列歐尼拉・巴斯克斯・阿爾維紮爾（Leonila Vázquez Alvizar）報告真相。結果，家人非但沒有懲罰這對姊妹，還一起討論他們能做些什麼。後來，他們得出一個計畫。

從一九九五年那對姊妹第一次拋出食物給那些過境的移民以來，幾乎每一天她們和拉佩特拉村的其他村民都會站在鐵軌旁，為那些搭火車尋求自由的人提供食物。

「野獸」（La Bestia）是他們給那些火車取的暱稱，那些火車把成千上萬人從墨西哥運到美國邊境。怪獸火車行經維拉克斯市、接近拉佩特拉時，村裡的婦女（她們被稱為 Las Patronas）便拿著裝滿剛煮熟的豆子、米飯、玉米餅的塑膠袋，衝向鐵軌。火車疾馳而過時，她們就向饑腸轆轆的搭便車移民拋送食物。

我聽說有時火車在晚上會減速，好讓那些婦女更容易拋送那些食物袋。但白天火車呼嘯而過時，各年齡層的婦女都堅定地站在疾馳的火車所產生的強風中，向絕望又饑餓的移民伸出援手。這是一種純粹的慈悲行為。

多年來，那些婦女送出了成千上萬份餐點。目前為止，儘管美墨邊界有暴力、圍牆、拘留中心、毒梟，但移民仍持續往北流動。野獸列車把一批又一批的人運往北方，日復一日。那些婦女持續把食物送到他們手中。

此外，那些婦女也為疲憊的搭便車移民打造了一個診所及一個小休息室。後來廚房擴大了，烹煮食物及扔食物袋的人也增加了，包括村裡的男人。他們也與墨西哥各地的組織合作，遊說政府為移民提供更多的保護。村民諾瑪・羅梅羅（Norma Romero）表示：「上帝賦予我生命，只要移民持續存在，我會一直在這裡提供協助。」[28]

瓜達羅佩・岡薩雷斯（Guadalupe Gonzalez）接受BBC訪問時表示：「我們沒料到規模會變那麼大。我覺得那是因為一切發生得很偶然，而且每個人就只能付出自己僅有的微薄力量。」[29]這說法十分動人。

BBC那篇有關拉佩特拉的報導也為這個故事下了動人的評語：「Las Patronas這個名稱源於村名，但它有更廣泛的宗教意涵。在西班牙語中，patrona意指『守護神』。對這些移民來說，從這輩子可能再也見不到的女人手中獲得免於餓死的贈糧，以這個名稱來稱呼那些婦女再適合不過了。」[30]

我是在聖塔菲聽墨西哥的朋友提起拉佩特拉的故事，並透過媒體報導了解她們謙卑地做了這些不可思議的事。這些女性日復一日地出現，烹煮豆子、大米、玉米餅，送給那些北上的移民者，她們的大慈大悲與堅定毅力令我感動。我覺得那是人心最美好的展現。慈悲心、利他、恆毅力、奉獻、敬業——以及排除萬難、轉變苦難的力量。

洞察型慈悲

我們的社會很重視參照型慈悲，那是好事，然而，有一些形式的慈悲是多數人不太熟悉的。夢窗疏石禪師提到洞察型慈悲，那個概念也存在藏傳佛教中。這種慈悲是比較概念性的。夢窗疏石的探討是把焦點放在無常與相互依存上。身為冥想與照護者，我覺得洞察型慈悲也是指，把慈悲視為一種道德義務——我們因此推論，忽視苦難可能對自己、他人、社會產生嚴重的後果。

理想的情況下，我們看到有人需要幫助時，會覺得道德上有必要採取行動，不會見死不救，不會有無感或道德冷漠的情況。以慈悲因應苦難是「正確」的事，是對尊重與人類尊嚴的肯定。當我們從這個角度去體會他人的苦難，而我們的善良本性及救苦救難的渴望也支持這番體會時，內心就會充滿智慧的慈悲。

不久前，我陪在一位肝癌末期的女人旁邊。她的腿腫得厲害，小腿上的皮膚撐到快裂開了。這是她嚥下最後一口氣的前一天，只是我當時不知道。她是我的摯友，已抗癌多年。她惶惑不安、深受病痛的折磨時，我對她產生了很大的慈悲（參照型慈悲）。我握住她的手，輕聲對她說話時，感到一股想要幫她解脫痛苦的強大渴望。基於同樣的原因，透過洞察型慈悲，我能夠從無常的現實角度看待她的處境，我看出她的痛苦是時間上的獨立時刻，是由非苦難的元素組成的。我也深深覺得，因應她的痛苦是一種道德義務。這些觀點避免我陷入同理痛苦，幫我以一種比較不消極被動的方式為她保留空間，並以更大的愛陪伴她。

非參照型慈悲

夢窗疏石禪師提出的第三種慈悲是全面的，沒有特定的對象，我們可以稱之為**非參照型慈悲**（non-referential compassion，又譯「無緣悲心」）。夢窗疏石禪師說，第三種形式是真正的大慈大悲。

我親身經歷過這種慈悲一次。我在多倫多授課時，借住在一戶人家的家中。我洗完澡走出浴室時，在潮濕的地板上滑了一跤，摔斷了大腿骨與轉節。我看到腳扭曲的角度時，知道大事不妙。幾秒後，我就感受到極度的疼痛。身為保守的南方人，我輕聲喊道：「救命！有人能幫幫我嗎？」我氣若游絲，幾乎無法呼吸。幾分鐘後，屋主安德魯來了，輕輕地扶住我的後背，大聲呼叫他的妻子，請她叫救護車。我動彈不得，幾乎說不出話來，但安德魯知道該怎麼辦。他像一棵樹一樣，支撐著我的脊樑骨，一動也不動，讓我在極度抽痛之間可以放心地倚靠在那裡。

急救人員趕到時，一位年輕的醫生走進浴室，說他們要把我抬上輪床。我一聽到他那麼說，身心不禁畏縮了起來——我已近乎昏厥，可以感覺到血壓因劇痛而下降。我直視著那位年輕醫生的眼睛說：「在你移動我之前，我需要一些東西止痛。」醫生淡淡地回我，他無權施打嗎啡。我說：「找一個有權施打嗎啡的人來。」我不是在開玩笑。他撥了電話，請了一位有權施打嗎啡的醫生過來。

十分鐘後，一位年長的醫生來了。他跪在我旁邊，量我的血壓，那時血壓已經低到不能再低了。他點了點頭，以針筒從一個小瓶子裡抽出透明的液體。他拉長我的手臂，但我的血管因過度驚嚇而收縮，針扎不到。

他又試了另一隻手臂，接著試我兩邊的手腕，然後又試了幾個我不記得的地方。我只注意到他想幫我時，汗水順著他的臉龐滑下，嘴緊閉著，眼睛周圍的皮膚繃得很緊。

年輕的醫生站在浴室的牆邊，臉色蒼白，眼睛向上翻，好像快暈過去似的。他看著我被扎針六次，似乎很痛苦。我的心向他打開，那一刻，我的血管也打開了，血液流遍了全身。針扎了進去，我感到如釋重負，彷彿可以移動了。

急救人員把擔架抬下長長的樓梯時，我的身體傾斜成一個危險的陡峭角度，向下滑了幾英寸，整個人又僵住了。最後，我上了救護車，一路鳴笛疾馳，穿過多倫多的街道，直奔醫院。那是六月，正好是十三號星期五，也是滿月。

老醫生靠向我這邊，我感覺到有什麼東西壓著他。我不假思索地觸碰他的膝蓋，問他還好嗎。在這種情況下問這種問題很奇怪，但不知怎的，這個問題就突然冒出來了，彷彿從深度冥想中莫名冒出來似的，就在痛苦凌駕自我的時候。

他的眼眶濕了，用幾乎聽不見的聲音說：「我太太乳癌末期，快走了。」那一刻，我身邊只有這個受苦的人，還有我體內、心裡、以及我們之間所感到的莫名溫暖，其他一切都不存在了。那一刻，我的痛苦完全消失了。我看著他的眼睛，那雙眼是濕的，真情流露。

走筆至此，我想起作曲家露辛達．威廉斯（Lucinda Williams）的話：「慈悲對待你遇見的每個人，因為你不知道他的身心正遭逢什麼苦戰。」那天在救護車裡，我不知道，那正是重點……

到了急診室，有人為我吊上嗎啡點滴，上導管，幫我的頭敷上降溫帶，把我安放在急診室外的門廳。這位新朋友在我的輪床邊靜靜地坐了幾個小時，直到我被推去照X光。我手術後，又見到他一次。我不知道他的名字，從沒問過，也沒想過要問，但我們一起度過了一些時間。他來到我的船邊，我也來到他的船邊。

如今回想起來，我意識到，我自己身陷危難時，進入了一種普世慈悲的體驗。那種慈悲不是為了他，也不是為了我。對他人湧現的無限關懷與愛，化解了我的自我意識，於是我的痛苦也消失了，「無因無別的慈悲心迸發出來」。[31]

多年來，我分享那次摔倒的故事時，許多人也提起類似的故事，說他們對別人產生慈悲心時，自己的痛苦也自然消失了。這是什麼樣的慈悲呢？這不是事先想好的，也不是刻意的，而是從骨子裡冒出來的，雖然我摔斷了骨頭——它給了我解脫、令人驚訝的解脫。我相信它也觸動了那位醫生。

最近我造訪老友拉姆．達斯（Ram Dass）時，我們談到了慈悲心。他提醒我印度史詩《羅摩衍那》（*Ramayana*）裡的故事。羅摩神（Ram）問猴神哈奴曼（Hanuman，象徵無私的服務）：「猴子，你是誰？」哈奴曼回答：「我不知道我是誰時，我會為你服務。我知道我是誰時，我就是你。」我和老友相視而笑。這難道不是最深切的慈悲嗎？

無著與紅狗

幾個月後，我不禁自問，是什麼讓我有這樣的經歷。藏傳佛教的一個故事在如何培養普世慈悲心方面給了我一個啟示。四世紀的瑜伽修行者無著（Asanga）在洞穴裡冥想多年。他冥想著彌勒菩薩，希望從他那裡獲得啟發與教導。然而，無著年復一年地修行，彌勒菩薩從未出現。

在洞穴裡修行及等候彌勒菩薩十二年後，某日，無著覺得他待在洞穴裡夠久了。他拿著手杖，離開了隱居的地方，開始沿著山路下山。他沿著狹窄的小路行走時，瞥見前方似乎有東西橫躺在狹窄的山路上。他走近一看，是一隻紅色的狗動也不動地躺在灰土上。再仔細一看，他發現那隻狗的後腿上布滿了瘡傷。再近看，他看見傷口上爬滿了蠕動的蛆。

無著立刻想要幫助那隻狗，但他也不想傷害那些蛆。他的慈悲心強大到讓他跪在地上，伸出舌頭，以便輕輕地把蛆舔開傷口，又不至於傷及蛆。就在他的舌頭接觸到那團蠕動的蛆之前，那隻紅狗變成了慈悲的彌勒菩薩。

為什麼彌勒菩薩不出現在他冥想的洞穴裡呢？

我覺得，彌勒菩薩只有在無著被召去服務他人時才會出現。我也相信，無著在山洞裡修行十二年並沒有白費，雖然彌勒菩薩沒有在山洞裡出現（至少沒有以無著認得的形式出現）。因為多年的投入與專注的修習，使無著的開明與慈悲心變得更加深刻與美好。山洞裡的修習促成了無區別、非參照的慈悲心。儘管如此，他的慈悲心仍需要一個啟動的理由，那隻紅狗讓無著有機會啟動有特定目標及無特定目標的慈悲心。

這說明了我們關係的深遠價值，我們自身的解放與他人的解放息息相關。這個故事也顯示，即使我們離需要幫助的人很遠，也應該把造福他人的願望視為修行中不可或缺的一部分。它提醒我們，與苦難同在是這種願望激勵的修行之路。

就像無著的覺醒一樣，當我們比「小我」更大，並以某種方式穿過苦難、進入周遭更廣闊的世界時，我們會從幻覺中覺醒。因此，受傷的狗與蠕動的蛆給瑜伽修行者寶貴的機會去體現（而不僅僅是沉思）他造福他人的願望。展現非參照型慈悲，就是開放心胸接納眾生的苦難，隨時準備服務眾生。那是一種全面的、無限的、普遍的、沒特定對象的慈悲。當「小我」的幻覺消失時，我們想起了真實自我。

這種慈悲心是品格的本質，它滲透我們的全部。我們可以同時體會每個人的感受，包括極度悲痛的人、在戰火中流血的孩子、在破爛動物園裡的大象、嗑藥的女人，甚至是毒販、虐待孩子的父母、好戰的政客。當我們知道沒有獨立的自我，眾生與萬物都相連時，我們就會培養出普世的慈悲心。那是修行很深或先天非常善良且關心他人福祉的人會有的體驗。

就像慈悲的觀世音菩薩一樣，當我們體會非參照型慈悲時，會回應任何需求。那就像大海裡的鹽，像我們呼吸的空氣，像人體內的血液，是我們生活與思想的媒介，「通身是手眼」。

3. 六度

佛教的六波羅蜜（paramita），或稱六度，是菩薩（例如觀世音菩薩）體現的慈悲特質：布施、持戒、忍辱、精進、禪定、般若。「Paramita」這個字可以譯成「度」或「到彼岸」，意指沒有苦難的彼岸。「度」既是成為菩薩的道路，也是道路的實現。「度」作為一條道路，是修練品格的開悟特質。「度」作為實現，是修練的禮物。每一度都是一種無限心靈的表達，是一種療癒各種病痛的特殊良方。在某種意義上，每一度都是慈悲的不同面向。

第一度是**布施**（亦即慷慨大方），是指給需要的人慈悲的支持、保護、教導與關注。誠如哲學家西蒙娜・薇依（Simone Weil）所言：「關注是最稀有、最純粹的寬宏形式。」例如，避難所為遊民提供食物，陪伴遭到家人拋棄的垂死者，保護遭到配偶虐待的受害者，邀請尋找落腳處的難民到家裡停留等等。布施是給予病人與學生足夠的關注和空間，好讓他們自己做決定。堅守在立巖印第安保育區以保護河流與原住民；對掌權者說出真相，以捍衛婦女、兒童、我們未來的權利。

與他人分享靈修的寶貴資訊也是一種布施的表現。我的老師柏尼禪師儘管最近中風，半身癱瘓，二〇一六年他依然飛往波蘭，前往奧斯威辛集中營。他帶著其他人去奧斯威辛集中營做見證，那是他致力轉變疏遠與仇恨的慈悲承諾，以免另一場大屠殺吞噬地球。他認為去奧斯威辛與其他可怕的地方做見證，可以讓我們謹記真實自我與愛。

除了愛以外，布施還有另一種表達方式，但那種方式沒有出現在傳統文本中。我是多年前第一次到尼泊爾服務時想到這點的。在喜馬拉雅山的高山荒野中，我感到非常脆弱。我陪伴那些偏遠村莊的病患時，意識到我最好沉穩下來。「無所畏懼」的概念出現在我腦海中。這是我在高山上服務病患時需要做的修練。

無所畏懼……在那種狀態下，我們才能見證這個世界的痛苦與苦難，與他人相連，而不執著於自己、他人或結果。這是感知真實自我的方法——知道我們是由愛、勇氣、慈悲組成的。這是一種把恐懼拋諸腦後、看到人心遼闊境地的方式。

第二度是**持戒**（亦即美德），信守誓言。持戒是指對眾生（甚至那些傷害他人的人）展現有原則的慈悲。一旦缺乏慈悲，痛苦便接踵而至。為了避免傷害別人或自己——為了勇敢、關懷、信賴——我們信守誓言。這就是慈悲及實現菩薩的精神。

多年來，我從學生的身上學到很多，他們讓我學到慈悲心與誓言是相互依存的，它們存在彼此之中。佛教中的誓言是為了行善、不傷害、關懷他人。每天，大多數的人都面臨道德挑戰。但我們大多知道，不破壞誠正很重要。例如，醫生每天都做攸關生死的選擇，把病人的福祉看得比機構的期望還重要；高階管理者竭盡所能地保護員工，以免員工受到公司有害政策的影響；揭弊者冒著生命危險捍衛我們的隱私權。這些人都是受到誠正的引導，這就是信守誓言。

第三度是**忍辱**（亦即耐心），是指別人與自己的非凡耐心。忍辱是指完全活在當下，放下我們意識到自己無法控制結果時可能產生的衝動行為。例如，航班被取消了，我們可能責怪訂票員；好友眼看就快斷氣了，護士仍慢慢地檢查他的生命徵象；醫生照顧的病患太多，疲於奔命，我們等得不耐煩而對他大發雷霆。我們希望事情如我們所願發展，想要看到及時的結果，想要事情趕快完結。我們等不及了，不想暫停，不願信任，甚至無法放手。

說到耐心，我就想到阿里耶拉涅（A. T. Ariyaratne），他在斯里蘭卡領導「莎弗陀耶覺醒布施運動」（Sarvodaya Shramadana）。幾年前，我在日本與阿里耶拉涅一起參加一場佛教會議，與會者是來自世界各地的佛教徒。莎弗陀耶是斯里蘭卡最大的非政府組織，他們以佛陀的教義作為推動慈悲社會改革的強大方法。莎弗陀耶是讓大家合作改善當地社群的環境，藉此表達自然的慈悲心，以便經濟與社會可以從戰爭破壞中恢復過來。

阿里耶拉涅告訴我，印度教徒、穆斯林、佛教徒之間的衝突在他的國家延續五百年了。

那五百年間，有四百年也受到殖民壓迫。他提到的數字令我驚訝。接著，阿里耶拉涅以閃閃發亮的眼睛看著我說：「改變這些狀況需要五百年的時間，我有一個計畫！」五百年的計畫，阿里耶拉涅確實是一個很有耐心的人。

阿里耶拉涅解釋，他的「五百年和平計畫」包括在全國各地展開和平活動，然後在斯里蘭卡最貧困的地區啟動經濟發展專案。他補充說，每一百年，長老委員會需要評估事情的進展情況。

阿里耶拉涅並不年輕，他八十幾歲了，身體健康，但將來還是敵不過現實。然而，六度是他的盟友，尤其是「忍辱」和第四度「精進」（亦即全心全意）。阿里耶拉涅知道把生活視為慈悲義務，毫無保留是什麼意思。

在我的生活中，我試著全心全意投入，以排解偶爾出現的微妙沮喪。持續現身需要精力與決心，無論是出現在醫院、教室、會議室、難民營或戰區都是如此。落實不逃避、不躲藏、不否認的智慧，也需要熱情、意念與專注。

第五度是**禪定**（亦即專注）。專注與耐心是一種避免逃避當下的方法。佛陀以一種巧妙的比喻來形容我們缺乏專注：「譬如獼猴遊林樹間，須臾處處，攀捉枝條，放一取一。彼心、意、識亦復如是，種種變易，異生異滅。」[32]（就像一隻猴子在樹間蕩來蕩去，抓住一根樹枝又放開，只為了抓住另一根。思想、心智或意識也是如此，日夜不斷地出現又消失。）

佛陀以另一種動物比喻來說明專注：森林裡的鹿——有警覺、溫和、專注當下。[33] 森林裡的鹿也象徵著不衝動與寧靜。藉由模仿鹿，我們可以把猴心轉化為菩薩心，獲得慈悲與智慧。

第六度是**般若**（亦即智慧），那是指直接體驗現實的真相。這是為什麼「禪定」如此重要的另一個原因——如果我們不是完全開放、公正、專注的，就得不到智慧。

但是，什麼是智慧呢？

聰明不見得有智慧。探索聰明人與智者之間的差異，我們就可以感覺到這種區別。聰明人可能有知識，依賴事實。相對的，智者有敏銳的洞察力與慈悲心。

從佛教的角度來看，智慧有兩個面向：相對的智慧與終極的智慧。相對的智慧是明白及理解眾生與萬物相連、無常的真相、苦難的原因、從苦難中解脫的方法，以及解救他人脫離苦海的義務。

物理學家愛因斯坦雖然不是佛教徒，但他對「相對的智慧」有深入的理解。他寫道：

人是整體——我們所謂的「宇宙」——的一部分，是時間與空間中有限的一部分。他體驗的自己、思想、感覺，獨立於其他的一切——那是一種意識的視覺幻影。那種幻影對我們來說是一種牢獄，把我們侷限於個人欲望以及對身邊幾個人的愛。我們的任務應該是拓展我們的慈悲範圍，涵蓋所有生物及整個美麗的大自然，藉此把我們從那牢獄中解放出來。[34]

從佛教的角度來看，「終極的智慧」需要先放下我們看待「現實」的直接經驗。我們構思現實的任何描述，都使我們脫離了「事物本來面目」的直接體驗。現實不是一種狀態，它是時時刻刻不斷冒出來的。關於這點，我一直很喜歡黃檗希運所說的概念化陷阱：「唯是一心。更無別法。此心無始已來。」[35]（它就在這裡，在當下。開始想它，你就錯過它了。）

智慧與慈悲是一體的兩面。備受愛戴的曹洞宗僧侶鈴木俊隆禪師是舊金山禪修中心的創辦人，他在臨終時分享他的過人智慧與慈悲心。一九七一年，就在他於舊金山禪修中心圓寂之前，一位親近的學生走進他的房間。老禪師的皮膚因生病而顯得暗沉，瘦小的身軀躺在窄小的床上，雙手放在被子上。學生看著他問道：「禪師，我們在哪裡見面呢？」彷彿有一個特定的目的地是他們死後相遇的地方。他們都暫停了一會兒，接著臨終的禪師舉起一隻手，畫一個圈，邀請學生在那一刻與他相會。[36] 這就是般若，這也是慈悲，大慈大悲。

六度是培養關愛、勇氣、睿智心靈以及創造一個慈悲社會的實用指南。那是迎向自在的道路。

我常使用反映六度的話語來激發它們。每一度都包含其他度，所以我通常只用一句話來修習，讓它滲入我骨子裡。

一開始先吸氣以集中注意力，接著在呼氣時，讓自己進入體內沉澱下來。第二步，我們喚醒想要幫他人脫離苦難的意圖。然後，讓心靈與思想停留在單一句子上，或者，我們也可以慢慢地逐一想著底下的每個句子：

願我慷慨大方。

願我培養誠正與尊重。

願我有耐心，看清他人苦難。

願我精力充沛，堅定不移，全心全意。

願我培養平靜包容之心，對眾生慈悲為懷。

願我培養智慧，並與他人分享任何洞見的效益。

我們可以自問：「何不像修成無畏、智慧、慈悲之心的菩薩那樣，體現菩薩精神呢？何不站在邊緣，飽覽全境呢？何不現在就做呢？」

4. 慈悲之敵

儘管慈悲有明顯的價值與效益，但現今世界似乎缺乏慈悲。這種缺乏是很多因素造成的，包括我們對關愛的理解，以及日益依賴科技所導致的連結中斷。如今，我們往往強調連接（connectivity）而犧牲了連結（connection），大家對「快思」的重視更甚於「慢想」，為了追求成長而犧牲了深度，把打造投資組合看得比培養道德文化還重要，時間匱乏的觀感使我們無法專注於當下。我認為消除這些弊病的解方，是把慈悲融入一對一互動的個人社交圈以及地球這個宏大的社群中，把慈悲當成生活的主要價值觀。

在佛教中，有益的修心特質有遠敵，也有近敵。**遠敵**是對立面，例如慈悲的遠敵是殘忍。**近敵**較難偵察，那是無益特質、卻偽裝成有益特質，例如慈悲的近敵是同情，因為那涉及一種遺憾感，以及對受苦者的虛偽關心。例如，威廉．布萊克（William Blake）稱同情是一種干擾。[37] 他寫道，同情分化了靈魂！

慈悲的其他近敵包括恐懼、甚至憤怒。近敵很容易偽裝成盟友或慈悲的相近體。但這些情緒會大量消耗精力，使我們無法以健康的方式因應他人的苦難，最終可能造成傷害。

慈悲還有其他的障礙與挑戰。我們很容易過於簡化慈悲，如果我們不瞭解慈悲在生活與社會中是如何發揮作用的，我們可能會對它產生厭惡、甚至恐懼。

我們可能覺得慈悲令人疲憊，積弱不振，失去界限，被看扁或被嫌不專業。我們可能以為，慈悲是把同情看得比正義還要重要——以為那是無差別、甚至無理性地大發慈悲。對一些臨床醫生來說，是否培養慈悲心，那本身就是一個難題。醫學院教導學生保持冷靜以維持客觀，根據事實而不是憑感覺做決定。許多醫生也認為，痛苦在情感上有感染力，一旦接觸那種痛苦的感覺，最後會覺得痛苦大到難以承受。他們的社交圈也灌輸他們一個觀念：慈悲心是宗教的、不科學的，可能是一種軟弱的表現。

相反的，大家覺得護士、安寧中心的照護者、家庭護理人員應該要有慈悲心。然而，他們怕自己失去界限、經歷同理痛苦或過勞倦怠，也不敢在工作上投入情感。

希望別人覺得自己充滿慈悲是另一個陷阱。我們可能覺得，自身價值是由展現多少慈悲或看起來有多慈悲而定，因此把自己塑造成一個「有慈悲心的人」，同時尋求認同、欣賞，甚至認證。所以，我們應該提防那些標榜自己很慈悲的人，不是每個人都言行一致。

慈悲的另一個障礙是分心。關於這個障礙，部分原因可歸咎於數位裝置及那些裝置造成的成癮行為。《網路讓我們變笨？》（*The Shallows*）的作者尼可拉斯．卡爾（Nicholas Carr）

接受《紐約時報》訪問時表示：「抽空好好深思一番，向來是一大挑戰，因為我們很容易分心。如今我們整天隨身攜帶這些強大的媒體裝置，抽空的機會又更少了，原因很簡單，因為我們隨時都在打斷自己的注意力。」[38]

一項研究測量了年齡介於十八到三十三歲之間的參試者使用智慧型手機的情況，結果顯示參試者每天平均使用手機八十五次！[39] 這種方便的消遣填滿了原本我們可以用來更關注周圍環境的時刻，包括注意到他人的痛苦。卡爾認為，頻繁使用數位裝置對我們的認知、注意力、健康的內省力都有不利的影響。

慈悲的另一大挑戰是時間壓力。我們在「敬業與過勞倦怠」那個單元看到，忙碌和「拚命匆忙」似乎很正常，赫塞稱這種匆忙是「喜樂之敵」。[40]

忙碌與快速扭曲了我們想要慈悲待人的意圖，最終導致道德痛苦。早在四十年前，普林斯頓大學的研究人員約翰．達利（John Darley）與丹尼爾．巴特森（Daniel Batson）做的一項知名研究就顯示，時間壓力會抑制慈悲心。該研究名為「善心人士」（Good Samaritan），在研究中，研究人員先與神學院的學生在一棟大樓見面，並指示學生步行穿過校園到另一棟大樓。研究人員告訴一些學生，他已經遲到了，要趕緊過去；但告訴另一些學生，他有足夠的時間過去。在路上，兩組學生會遇到一個癱倒在小路上的人，那人不斷地呻吟與咳嗽，看似喝醉或受傷了。那是研究人員安排的演員。在有充裕時間的那一組中，六三％的人停下來幫忙。在已經遲到的那一組中，僅一〇％的人停下來幫忙。道德行為似乎與一個人的生活步調成反比。那些學生抵達講堂時，許多沒停下來幫忙的學生顯得焦慮——比停下來幫忙的學生更焦慮。他們似乎對於自己選擇滿足研究人員的期望而放棄助人，感到道德痛苦。分心與時間壓力會影響我們面臨道德困境時所做的決定，包括是否助人。

慈悲心的算術

另一個挑戰慈悲心的因素是撲天蓋地而來的壓制感。當我們聽到全球難民危機、物種滅絕、氣候變遷等大規模的問題時，大腦會陷入一種精神麻木狀態。不是我們不關心，而是問題太大，大到不知如何思考，乾脆擱在一邊，不採取行動。[41]

有充分的證據顯示，隨著受難人數的增加，我們助人的意願是呈指數級下降——即便受難者從一人增為兩人也有這種效果。波蘭詩人齊別根紐・赫伯特（Zbigniew Herbert）稱這種現象為「慈悲心的算術」（the arithmetic of compassion）。[42]在一項關於慈善捐贈的實驗中，心理學家保羅・斯洛維奇博士（Paul Slovic）與同仁研究了慈悲心的算術。斯洛維奇寫道：「我們發現，人們可能會想要捐錢給一個需要幫助的人，但如果他聽到第二個人也需要幫助，但自己無法幫忙時，他會變得比較不願捐款給第一個人，因為滿足第一人的需求不再那麼令人滿意。同樣的，把援助的需求描述成大規模救濟的一部分時，潛在捐助者會有一種心灰意冷的無效感，因為他們覺得自己提供的幫助『微不足道』。」[43]

這種現象稱為「**假性無效**」（pseudo-inefficacy）——「假性」是因為我們的無效感是一種觀感，而不是現實。但是，當我們知道自己無法幫忙有些人時，那種觀感會變成強大的抑制因素。

這種心理上的封閉不僅是一種比喻，也會實際發生。大腦的前扣帶迴皮質（ACC）掌控著我們對情感喚起的刺激所產生的關注。神經科學家發現，ACC會很快對干擾性的刺激習以為常，並停止反應。[44]這可能是一種防禦機制，以免負面資訊壓垮我們。我毫不懷疑，我們今天透過社群媒體及線上新聞網不斷地接觸壞消息，會導致心理麻木、道德冷漠、缺乏慈悲心。

二〇一五年尼泊爾廓爾喀縣發生地震時，我難以想像那場災難的嚴重性。隨著死亡人數的攀升，數字令我震驚。我不是不關心——我確實很關心——但我變得無法理解現實。地震後的第二天，我的手機開始響了，尼泊爾的好友正試圖把防水布與食物送到重災區，他們需要幫助。我立即支持他們的行動，儘管我仍無法接受這場悲劇的嚴重性。

然而，真正令我警醒的，是臉書上的一張小照片。照片中的小和尚是我幾個月前在廓爾喀地區的一個小寺廟見過的。那個孩子看起來很恐懼，驚魂未定。通往該區的小路已經震毀了，那個寺廟的孩子得不到溫飽，缺乏食物與居所。得知消息後，我覺得我得幫助那個孩子。那是一種私人的幫助，是一對一的。我們立刻支援我的好友傑帕桑租了一架直升機，飛進重災區，把十三名小男孩從山裡救出來，安置在加德滿都。

我在《紐約時報》上看到他們獲救的消息時，感到如釋重負。[45] 一張孩子的照片，使我無法迴避所有人都在受苦的現實。那張照片使我振作起來。接著，我在該區認識的其他男性、女性、孩童的臉龐開始出現在我的社群媒體上，還有一些尼泊爾救援人員的年輕臉龐，他們做著勇敢的工作，其中有些人是很親近的朋友。起初，尤帕亞支援大型非政府組織投入地震救援。後來，我們改變策略，轉而支持在當地直接投入救援的個人。對我們來說，那感覺比較「真實」，更有效率，也更貼近內心。

當我們的慈悲心因麻木、恐懼、判斷、分心或數字的不真實感而受到阻礙時，可能會陷入邊緣狀態的破壞面，包括道德冷漠。為了擺脫那種破壞面，我們需要承認慈悲心受阻，接著分辨如何對眼前的事物做出適切的反應。這時不該做自我批判，而是應該深入檢討我們對苦難的反應。

陷入與失去慈悲心

日本海嘯發生八個月後，作家皮科・艾爾（Pico Iyer）與達賴喇嘛一起前往遭到海嘯摧毀的一個小漁村。達賴喇嘛向倖存者表達了關愛與支持，他轉身離開他們時，眼裡泛著淚水。艾爾沒錯過那一刻，他後來寫道：「儘管我不是佛教徒，但我開始覺得，只有一件事比認為你能克服苦難還要糟糕，那就是認為你在災後什麼也做不了。當時目睹的眼淚讓我相信，一個人可以堅強地面對苦難，也可以有足夠的人性不故作堅強，強裝自己能克服苦難。」[46]

「有足夠的人性不故作堅強，強裝自己能克服苦難……」我跟多數人一樣，也曾被我自己及他人的苦難所擊垮，因此，我曾經陷入與失去慈悲心。過程中，我學會了什麼是真慈悲，什麼不是。我發現，當我因他人的苦難而陷入同理痛苦或道德痛苦時，我做的事情主要是為了抒解自己的不適，而不是抒解他人的痛苦。當我從利他的邊緣陷入變態的利他時，我的「過度關心」其實抑制了對方的體驗。或者，我表現出關心是為了體貼自己，而不是為了關心我去服務的人。

有時候我因分心、麻木或否認（各種形式的冷漠），而忽略了學生或同仁正承受著苦難。在那當下，我常感到疲憊、煩躁、不平靜、壓力大（工作或旅行造成的），無法運用情感資源來評估情況並以慈悲心回應。

或者，我可能產生無力感，因為我覺得我無法貢獻一己之力，或欠缺必要的資源，無法再面對更多人的苦難。或許，我會乾脆迴避脆弱的人，或完全忽略他們的苦難。在最好的情況下，我的道德責任感會再次出現，使我回頭去提供協助。

或者，我可能因為病人或囚犯未獲善待而陷入道德義憤中。理想的情況下，這個憤怒的時刻可以讓我意識到不公平的情況。我通常認為，陷入道德義憤是不健康的，這時我會深入探究是什麼因素導致那種苦難，然後努力幫那個人或情境解脫痛苦。

當我在行善之間陷入泥沼時，有時可以看清自己缺少什麼。怪的是，欠缺慈悲反而使慈悲變得更加明顯、更迫切需要。那些時刻也讓我明白，慈悲不是單一的東西，而是從身心關係中衍生的一套交織流程。慈悲心也受到所處的環境、社會、文化、關係情境的影響。這些從邊緣陷入困惑泥沼的經過，幫我更深入瞭解慈悲。這些過程讓我知道，透過慈悲，我們可以把自己從病態利他、同理痛苦、道德煎熬、輕蔑無禮、過勞倦怠中解脫出來。

5. 慈悲心的組成

我愈是看到缺乏慈悲心所造成的痛苦，愈覺得我需要更深入地研究慈悲心，試著拆解它，盡我所能了解它的組成，想辦法找出發揮慈悲心的方法。二〇一一年，我應邀到華盛頓特區的國會圖書館待幾個月，擔任訪問學者與克魯格中心研究員（Kluge Fellow）。這個特殊的機會讓我從教學中抽出時間，專注投入神經科學與社會心理學對慈悲心的研究。我的目標是詳細勾勒出慈悲心的組成，以便培訓照護者與其他人在遇到苦難時更有效地培養慈悲心。

在一次思考實驗中，我問了自己四個問題。第一，「注意力失衡、不平靜、不清晰、不持久時，可能感到慈悲嗎？」我想到臨床醫生常被行動裝置及呼叫器分散注意力，他們承受著必須達到指標或配額的壓力，而且經常需要在病人之間奔波。注意力如此分散時，想要關注病人的痛苦並不容易。我記得神經學家阿米西．吉哈（Amishi Jha）曾指出，不管注意力移到哪裡，大腦都會跟著移動，她說：「注意力是大腦的主宰。」[47] 對那些在複雜的臨床環境中工作的人來說，維持注意力平衡很難，所以發揮慈悲心可能也是挑戰，因為臨床醫生的注意力往往是分開的、分散的、分離的（divided, distracted, and dispersed，我稱之為

「3D」）。我們需要注意力平衡，才能清楚地感知痛苦或任何事情。

我問自己的第二個問題是，「如果我們不關心別人，那會有慈悲心嗎？」我非常肯定，答案是「不會」。如果我們對他人的苦難感到冷漠或不願相信，或是對那個人感到厭惡，那就很難產生慈悲心。「親社會」（prosocial）與「反社會」（antisocial）的意思正好相反。親社會行為是指正面的社會連結、親和、樂於助人、造福他人。如果我們只想到自己，可能就不是親社會的。關愛、關心、善良、慈愛、愛、大方，甚至謙遜，都是可以透過慈悲表達的親社會情感。根據我的觀察，缺乏親社會的情感，是無法展現慈悲的。

接著，我問自己的第三個問題是：「如果我們無法洞悉什麼可以幫忙減輕他人的痛苦，我們會產生慈悲心嗎？」答案是「不會」。為了感受慈悲，我們運用洞察力來判斷什麼最適合他人。慈悲心也需要深入了解為什麼關心他人對我們很重要，以及什麼才是真實自我。

最後，我問自己：「即使我們無法直接做任何事情，有想要減輕他人痛苦的渴望很重要嗎？」這一次，答案是很肯定的「是」。我們無法每次都直接採取具體的行動來幫他人脫離苦難，但至少想要增進他人福祉的**渴望**是展現慈悲的必要條件。

我記得李卡德舉過一個例子，一個飛機乘客看到一個人在海上掙扎。那個快淹死的人看不見離他不到一百碼的地方有個島，只是被霧遮住了。機上的乘客雖然幫不上忙，但她還是希望海上那個人能獲救。有時我們能採取行動去幫助受苦的人，有時慈悲只是希望別人能獲得好的結果，即使我們無法採取行動。

慈悲心是由非慈悲元素組成

在會見社會心理學家、神經學家、內分泌學家、佛教修行者，以及參考我自己的經驗以後，我非常確定，慈悲心的出現需要具備四個條件：注意他人經驗的能力、關心他人的能力、洞悉什麼可服務他人的能力、採取行動以增進他人福祉的能力（或至少希望別人一切順利，但不執著於結果）。

關注、親社會的感覺、無私的意圖、洞察力、體現是組成慈悲心的關鍵「非慈悲」元素。我從神經學的研究中也了解到，慈悲不是存在大腦的單一位置，而是分布在整個大腦。此外，它似乎是突發性的，也就是說，當組成慈悲的要素都到齊時，慈悲心自然就會出現。

一行禪師寫道：「花是由非花的元素構成的。你看到花朵時，會看到陽光、雨水、土地等非花的元素——那些元素聚集在一起，幫那朵花綻放開來。把任一非花的元素移除，就不再有花了。」[48]就像陽光、雨水、土地構成花朵一樣，關注、關心、意圖、洞察、體現構成了慈悲。

從這個相互依存的角度來看，再加上我自己的冥想與照護經驗，以及神經科學、社會心理學、倫理學方面的研究，最後我設計出一套矩陣，它顯示讓慈悲心出現的主要特質。換句話說，非慈悲因素是促成慈悲心的要素。

後來，我開始用這個模型來培訓臨床醫生、宗教師、教育工作者、律師與商務人士，教他們如何在內心與周遭培養一個可以修練慈悲心的領域。我們藉由訓練注意力、培養親社會的特質與無私的意圖，發展辨識力與洞察力，以及為有道德與關懷的參與行動創造條件，來培養慈悲心。慈悲的參與是具體的，也是合乎道德的。它還有輕鬆、平靜、良善的特質，而且當我們服務他人時，它還會讓我們的內心洋溢著一種幸福感。

我把這種模式稱為「慈悲的ABIDE模式」。我喜歡口訣記憶法，因為這樣更容易記住一個模式或流程。「ABIDE」中的「A」代表「注意」（attention）與「情感」（affect，亦即親社會的情感）。這兩個促成注意力與情感的「平衡」（balance），亦即ABIDE裡的B。ABIDE裡的I包括「意圖」（intention）和「洞察」（insight），這是促成辨識（discernment）的認知流程，亦即ABIDE中的D。ABIDE中的E是指「體現」（embodiment）、「參與」（engagement），以及慈悲行（Compassionate Action）。

我在國會圖書館擔任訪問學者的尾聲，做了一場簡報，以講解ABIDE模型。接著，我開始投入專案的第二階段：為ABIDE模式開發一種易於傳授的應用方式，目的是支援臨床醫生與其他人在人際互動中培養慈悲心。慈悲心的解析圖很實用，但日常生活才是落實慈悲心的地方，那是我們的生活經驗。

6. 慈悲心的修習

多年來，我聽到各行各業的人士談到他們面臨他人的苦難時，感受到很大的壓力，我因此知道身為教師、護士、醫生、律師、家長、活動人士、政治家、環保主義者、人道救援者、執行長等人所面臨的許多挑戰。他們每天都會遇到別人的困難與痛苦。或許，我們之中的多數人也是如此。然而，當我們遇到苦難時，很容易陷入邊緣狀態的有害面向，但我們不必讓自己永遠陷在裡面。

雖然東印度的宗教專家早就知道人類可以轉念，但我們西方人總覺得，老天給我們怎樣的命運，我們就只能硬著頭皮接受，永遠被僵化的思維模式所束縛。然而，二十世紀的後半葉，神經科學的研究顯示，大腦持續不斷地隨著我們的經驗變化。大腦迴路會因為重複（或缺失重複）而強化或修剪，這稱為「神經可塑性」，亦即大腦根據內外部的刺激，自己進行實體與功能性的重組。

雖然偏見與思維習慣可能根深柢固，但我們感知世界及關注生活的方式可透過心理訓練或冥想而徹底改變。冥想是大幅提升神經可塑性的方法。大腦可塑性幫我們從創傷中復原，學習新的心理模式，戒除習慣的反應方式，提升心智的靈活敏捷度。

我根據這些研究，開發出 GRACE 法。那是一種以 ABIDE 模式為基礎的積極冥想，主要是用來培養人際互動時的慈悲心。GRACE 也是一套口訣記憶法，它是底下幾項的縮寫：聚精會神（**G**ather attention）；喚起意圖（**R**ecall our intention）；注意自我，接著注意對方（**A**ttune to self and then other）；思考什麼有助益（**C**onsider what will serve）；參與，然後結束（**E**ngage and then end）。GRACE 涵蓋了 ABIDE 模型的所有特質，是以底下的洞見為基礎：這些特質互動時，慈悲心便油然而生。

修習 GRACE 法

如何修習 GRACE 呢？

聚精會神（G）：這是提醒我們暫停，給自己時間冷靜沉澱。吸氣時，集中注意力。呼氣時，把注意力移到體內，感覺到體內一個穩定的地方。我們可能把注意力集中在呼吸上，或身體感覺中立的部位，例如接觸地板的腳底或交握的雙手。或者，我們也可以把注意力放在一個片語或一個物體上。我們利用這個聚精會神的時刻，來打斷我們內在對假設與期望的自言自語，讓自己沉澱下來，處於當下。

喚起意圖（R）：喚起當初的承諾：自己要誠正地行動，也尊重他人的誠正。想起我們的目的是服務他人，向世界敞開心扉。這個回顧初衷的動作可能在瞬間發生。我們的動機使自己持續走在正軌上，符合道德，呼應自己心中最高的價值觀。

注意自我與對方（A）：這是注意的流程——首先注意自己的身體、情感、認知經驗，然後再注意他人的經驗。在注意自己的過程當中，把注意力放在身體感覺、情緒、思想上面——這些都可以塑造我們對待他人的態度與行為。如果我們感覺到情緒被互動的對象所觸發了，我們的反應可能會影響我們清楚感知對方以及關心他人的能力。但是，如果我們意識到自己的反應，並且反思對方苦難的性質與來源，我們也許就能以一種不帶偏見又具有洞察力的方式重新定義情況。這個注意與重新評估的流程，會啟動與同理心有關的神經網路，並且支援慈悲的反應。

從這個注意自我的基礎，我們轉而注意他人，以不帶評斷的方式去感覺對方的經驗。這是一種積極的「見證」形式。當我們在身體上（身體同理）、情感上（情感同理）、認知上（認知同理）注意他人時，這也是我們發揮同理心的時刻。透過這個注意流程，我們開啟一個空間，讓相遇可以進一步發展。在那個空間中，我們可以面對任何可能出現的事情。當我們讓這種相互交流變得愈豐富時，相遇的發展也會愈深入。

思考什麼有助益（C）：這是以傳統理解為基礎的識別流程，同時也受到我們的直覺與洞察力的支持。我們捫心自問：「什麼是睿智又慈悲的道路？什麼是適切的回應？」我們思考什麼可以幫助對方時，是設身處地為對方著想；我們也讓洞察力出現，注意對方在此刻可能提供什麼。我們考慮影響情況的系統性因素，包括制度要求與社會期望。

當我們利用自己的專業、知識、經驗，同時保持開放心態，以全新的方式看待事物時，我們可能會發現，我們的洞察力落在一個可預測的範疇外。識別流程可能需要時間，所以我們儘量不要妄下結論。考慮什麼有助益時，一定需要注意力與情感平衡，很深的道德感，了解自己的偏見，並注意到受苦者的經驗與需要。謙遜是另一個重要的指導要素。

參與，然後結束（E）：這是指在合適的情況下，有道德地參與及行動。「慈悲行」會從我們創造的開放、連結、辨識領域中浮現出來。我們的行動可能是提出一個建議、一個問題、一個提案，甚至什麼都不做。我們努力與他人共創一個互動互信的時刻。利用我們的專業、直覺、洞見，我們尋找符合價值觀且支持彼此誠正的共通點。如此衍生的慈悲，是尊重所有相關人員的、務實的、可行的。

時機恰當時，我們可以結束我們在這個慈悲互動中的參與，完全轉往下一刻、下一個對象或任務。這是 GRACE 那個 E 的第二階段。無論結果超出預期或令人失望，我們都應該注意並承認發生了什麼。有時候我們必須包容自己或他人。或者，這可能是一個值得好好感恩的時刻。不承認已經發生的事情，就很難放下這次相遇並繼續前進。

7. 人間煉獄的慈悲心

最近，我在日本為那些在安寧照護人員上了GRACE培訓課。我與學員分享，生與死是混亂的經驗，不該期待完美的結果，也不該預期事情如願發展。一位來上培訓課的醫生站起來，談到他每天努力滿足病人需求的過程中所經歷的焦慮。當一位癌末病患從他負責的樓層轉入安寧病房時，他感到沮喪，彷彿自己辜負了病人，變得心灰意冷。當他意識到自己沒有時間因應自己的恐懼與悲傷，也沒有時間處理完需要他協助的許多病人時，他開始陷入恐慌。他覺得徒勞感深深地困著他，消耗他的慈悲心與關懷，使他陷入徹底的絕望，甚至動了輕生的念頭——但他不又想傷害自己的家人。

顯然，這位醫生身陷在人間煉獄中，那一部分是他自己造成的，一部分是社會造成的。過勞倦怠、壓力、內疚、心灰意冷、恐慌、徒勞、絕望、輕生念頭……這是一種致命的組合，可能導致死亡。他告訴我們，他之所以來上GRACE培訓課，是想看自己能否找到一條走出絕望境地的路。我聽他訴說時，想起西藏及我去過的天葬場。

每次我去西藏西部的岡仁波齊峰（Mount Kailash），都會爬上空行母天葬場（Dakini

Charnel Ground）。那是一個貧瘠多岩的高原，位於山的西側山路上方。藏人把屍體拿來這裡進行「天葬」儀式——藏語稱為「jhator」，意指「獻給禿鷹」。

在那裡，我在成堆的骨頭、血泊、肥肉堆、糞堆之間進行「行禪」。即使在寒風中，臭氣也很難聞，我可以聽到禿鷹拍打翅膀的聲音，以及附近豺狼的嚎叫聲。

我第一次造訪天葬場時，看到兩張被扯離頭骨的臉，血淋淋的頭髮糾結成團。我嚇了一跳，當我想避免踩到那些血腥的臉皮時，雙腳幾乎站不穩了。一個穿著破舊軍衣的男人朝我走來，示意我躺在屍體堆裡。我環顧四周，看到到處都有藏人坐在那些屍體堆裡。一個女人用針扎自己的舌頭，其他人用針扎自己的手指，讓血流出來，這種獻血象徵著死亡與重生。

那個穿軍衣的人凝視著我，再次朝著又冷又滑的地面做了一個手勢。我慢慢地俯下身，躺在雜亂的石地上。接著，那人從軍衣下的刀套裡抽出一把生銹的長刀，開始模擬砍我身體的動作。這時，我感覺到一陣恐懼與厭惡湧上心頭，但後來我意識到我也是血與骨。我凝視著白雪皚皚的岡仁波齊峰時，厭惡的情緒消失了，我想起自己遲早也會死去。這時，我腦中閃過這樣的想法：「為什麼不現在就過充實的生活呢？為什麼不活著幫人脫離苦難呢？我這一生還想做什麼？」

某種程度上，這種奇怪的經歷並不陌生。我們都是由血、骨、內臟組成的，去急診室一趟都會提醒我們這點。然而，岡仁波齊峰是一個明顯的聖地，象徵性的肢解儀式是一種成長儀式，讓一個人接納現實無常與自己的死亡。對我來說，這個經驗很震撼，但沒有造成精神創傷。事實上，我反而覺得是一種解脫，因為我們看清一個事情後，就更難產生恐懼了。

我們不需要去西藏或去戰區體驗人間煉獄。人間煉獄只是一種比喻，那是指苦難存在的環境，例如日本醫院、教室、有家暴的家庭、精神病院、遊民收容所、難民營。即使是有特權的空間，例如公司的董事會議廳、華爾街的交易大廳、媒體大亨的辦公室，也可能是人間煉獄。任何地方都可能被恐懼、憂鬱、憤怒、絕望、輕蔑或欺騙轉變成人間煉獄，包括我們的內心也是。

無論我們的職業或志業是什麼，我們都可以坐在微妙或明顯的苦難之中，做這種人間煉獄的修練。當我們從邊緣陷落泥沼時，那個泥沼也是人間煉獄。在那裡，我們必須面對自己的掙扎，我們對那些在深處掙扎的人所產生的慈悲心也會變得更強烈。

當我們在內心的人間煉獄受苦時，很容易陷入病態利他、同理痛苦、道德煎熬、輕蔑無禮、過勞倦怠。但是，當我們從更廣更深的角度去看時，我們會發現，人間煉獄不單只是荒涼的地方而已，也充滿無限可能。我的同事弗利特．莫爾（Fleet Maull）曾因販毒而入獄十四年，他把監獄裡的冥想比喻成在人間煉獄修練。

他指出，監獄是一個艱苦的修練環境，貪婪、仇恨、妄想是監獄裡的家常便飯。然而，這個人間煉獄向他證明了一件事。他在著作《地獄裡的佛法》（*Dharma in Hell*）中寫道：「入獄十四年，與殺人犯、強姦犯、搶劫犯、猥褻幼童者、逃稅者、毒販和各種可能的罪犯相處後，我完全相信人性本善，一點也不懷疑。」[49]就像莫爾一樣，我相信救贖是有可能的，每種情況都可以給我們一些啟示，引導我們開悟。

在許多西藏的曼陀羅中，週邊的保護圈描繪了八個墓地，裡面滿是屍體、食腐動物、骨與血。墓地是最適合思考生命無常的地方。那個圈子是一個進入障礙，阻止恐懼及沒準備好的人進入。那也是冥想修練可以蓬勃發展的區域。如果我們在死亡與腐朽中找到平靜，我們就可以在曼陀羅的中心修練成佛。[50]

從地獄解脫

這種勇氣、智慧、慈悲心在地藏菩薩的身上表露無遺，他代表著我們進入他人與自己的苦難地獄時維持平衡的能力。他承諾「地獄不空，誓不成佛」。[51]他常以一個穿著僧袍、剃著光頭的普通僧人形象出現，但有時她其實是女性，左手拿著如意珠以照亮黑暗，右手拿著一根錫杖（shakujo），上面有六個叮噹作響的環，用來提醒昆蟲與小動物她的到來，以免不小心傷了牠們。錫杖的六環代表六道眾生：天、修羅、餓鬼、地獄、畜生、人。

地藏菩薩是一個邊緣行者，既是菩薩，也是僧人；既是男性，也是女性。他以錫杖敲開地獄門。門打開時，她進入火坑，看到自己身處在受苦受難的眾生之間。她沒有瘋狂地拯救他們，而是張開雙臂，讓那些想要獲救的人跳進她長袍的袖子裡。

就像地藏菩薩一樣，我們可以跟受苦的人在一起，為他們提供一條從地獄中解脫的道路，一條讓他們在安全與良善中獲得庇護的道路。即使我們受苦，也可以向他人或自己展現慈悲。畢竟，菩薩不尋求安逸的環境，但我們必須擁有力量，以一種專注、堅定、好奇又無畏的方式進入地獄。我們必須要有地藏菩薩的心，站在生死的十字路口，這樣他人才能發現通往自在的道路。

魔鏡

最近我去日本，有機會看到完全由青銅製成的「魔鏡」。那種鏡子是稀有的聖物，只有一個日本家庭還在運用這種古老又神祕的技藝。魔鏡的背面是龍的浮雕，龍是權力與幸運的象徵。在拋光的鏡字正面，我看到自己的臉，就像一般的玻璃鏡子一樣。這面鏡子看似普通，但製作精巧。

值得注意的是，當鏡子折射光線、把光線映照在昏暗的牆上時，會在牆上投射出地藏菩薩的圖像。那個圖像是藏在青銅裡。這位剃光頭的僧侶，披著袈裟，黑色的身影輪廓外環繞著一圈光芒。那圈光芒是從她的頭發散出來的，彷彿他站在太陽的中間，錫杖敲著大地，以開啟地獄之門。雖然這面鏡子看起來是固體金屬，卻藏著祕密。

如果我們是反映世界的鏡子，深藏在我們內心深處的，就是解救受苦眾生的無形菩薩。地藏菩薩的浩瀚慈悲心在陽光照射到之前是隱於無形的。但慈悲心的顯現還必須搭配另一個因素：黑暗。那個圖案只有投射在黑暗的表面上才看得見。這種黑暗與光明的結合、苦難與救贖的結合，就是地藏菩薩遇到的情況，也是我們在生活中的地獄及煉獄遇到的情況。

有些可怕災難的倖存者以製造傷害來報復世界，有些人則是進入專業領域，幫助那些跟自己一樣受苦的人。那些從虐待、毒癮、霸凌或系統性壓迫中倖存下來的人，可能會從苦難的黑暗中解脫，並像地藏菩薩那樣，帶著其他人一起脫離苦難。他們也像地藏菩薩一樣，可能在人類的精神中發現巨大潛力，而在災難中追求良善，並藉此啟動他們的慈悲心與智慧。這些人找到了回歸穩固地面、回到邊緣的道路。在邊緣上，他們有更寬廣的視角，可以看到眾生與萬物相互連結，恐懼與勇氣相互纏繞。

站在邊緣，我們面對苦難的決心變成一種召喚，因為我們發現慈悲是一種強大的工具，把我們從苦難中解救出來，並賜給我們力量、平衡以及最終的自在。在那裡，我們看到所有人都有共同的生活、共同的世界、共同的命運。

藝術家瑪莉娜・阿布拉莫維奇（Marina Abramovi ）曾說：「在邊緣上，我們是真正活在當下，因為我們知道自己可能跌落。」[52] 因為墜落的危險提醒我們，當下是唯一真實、真正的所在地。站在邊緣時，我們無法逃避苦難，無論是內心的苦難、還是外在生活的苦難。在邊緣上，我們必須以利他、同理心、誠正、尊重、敬業來面對生活。如果我們發現腳下的世界搖搖欲墜、發現自己走向傷害時，慈悲可以幫我們堅定地站在人性的高緣上。萬一我們真的跌落了，慈悲也可以幫我們從苦難的地獄中解脫，回歸邊緣上。

謝辭

寫這本書需要很多朋友與老師的指導與支持。我想在此對 Kristen Barendsen 表達我最深的謝意，她是第一線的編輯，睿智又公允的評論者，也是這本書的卓越貢獻者。

我也要感謝 Arnold Kotler 早期為這本書貢獻的編輯專業，以及 Flatiron 出版社的 Whitney Frick、Bob Miller、Jasmine Faustino 的編輯專業與善意鼓勵。

我的經紀人 Stephanie Tade 一直是我的靈感來源，在整個寫作過程中，持續給我寶貴的意見。我非常感謝 Noah Rossetter 在我寫作的這些年裡持續支持我，幫我處理引用資料，讓我在過程中始終保持微笑。

我永遠感謝摯友 Rebecca Solnit，她為這本書寫了推薦序，努力投入社會活動及主張真理。她幫我在這個專案的過程中，維持緊湊的敘事線。另外，我也要感謝 Natalie Goldberg，她身為作家的洞見，讓我有勇氣全心全意地投入寫作。

我的生活與這本書深受許多勇敢的社會活動人士所影響，包括 Fannie Lou Hamer、

Florynce Kennedy、John Dear 神父、Eve Ensler、John Paul Lederach、Jodie Evans、Sensei Alan Senauke、A. T. Ariyaratne。他們的努力與奉獻精神一直是我的指引。

我想感謝記者 David Halberstam，他在一九六〇年代針對釋廣德自焚事件說出了令人動容的感想。他的話語讓我看到另一個世界。若不是一九六〇年代他在 Alan Lomax 的公寓向我們透露釋廣德自焚時他在現場的經驗，我不可能會了解那個世界。

我永遠感謝偉大的人類學家 Alan Lomax、Mary Catherine Bateson、Gregory Bateson、Margaret Mead 帶我了解觀察人類行為與文化的跨文化視角。我也要謝謝 Stanislav Grof，他的「正向非統整理論」研究為我開啟了「感知大門」。

我也很感謝在臨終關懷領域的夥伴與同事，尤其是 Cynda Rushton 醫生與 Tony Back 醫生，謝謝他們多年來為我們的培訓課程及智識合作所做的貢獻。同時，我也深深感謝 Frank Ostaseski、Jan Jahner、Rachel Naomi Remen、Gary Pasternak、Cathy Campbell 的寶貴貢獻。

我要感謝神經學家 Alfred Kaszniak，他為本書的科學部分提供了諮詢；感謝心靈與生命研究所、其聯合創辦人 Francisco Varela、以及成員 Evan Thompson、Richard Davidson、Daniel Goleman、Antoine Lutz、Paul Ekman、Helen Weng、Nancy Eisenberg、Daniel Batson、Amishi Jha、Susan Bauer-Wu、John Dunne。他們的研究讓我更加了解邊緣狀態與

特質的神經科學與社會心理學。我也要感謝 Christina Maslach 與 Laurie Leitch，他們在過勞倦怠與創傷方面的研究幫我更了解當今世界所遭逢的苦難。

同時，我也要感謝偉大的佛教導師，他們的光芒照亮了整本書。感謝達賴喇嘛、一行禪師、Bernie Glassman、Eve Marko、Jishu Angyo Holmes、Enkyo O' Hara、Fleet Maull、Norman Fischer、Matthieu Ricard、Chagdud Tulku 仁波切、Sharon Salzberg，以及藝術家、翻譯家兼社會活動家棚橋一晃。

我想感謝我從環境學家 William DeBuys 與 Marty Peale 學到的生命體系。我也要感謝布蘭戴斯大學的海洋生物學家 Jerome Wodinsky 博士，多年前他邀請我去比米尼的勒納海洋實驗室研究真蛸的日常生活。我也要感謝塔夫茨大學的海洋生物學家與神經生理學家 Edward (Ned) Hodgson，他帶我認識了鯊魚的世界，點燃了我對海洋的熱愛。

我在尤帕亞遊牧診所的同事教了我很多東西。謝謝 Tenzin Norbu、Prem Dorchi 喇嘛、Buddhi 喇嘛、Tsering 喇嘛、Pasang Lhamu Sherpa Akita、Tora Akita、Dolpo 仁波切、Charles MacDonald、Wendy Lau，以及許多在喜馬拉雅山的高山診所服務的醫生與朋友，他們的奉獻精神與勇氣反映在這本書的許多故事中。

感謝 Joshin Brian Byrnes 老師、Kosho Durel、Cassie Moore 針對遊民提出的寶貴見解，

感謝 Genzan Quennell 老師、Irene Bakker 老師、Shinzan Palma 老師在服務他人的工作中堅守佛法。

多年來，好友 David Steindl-Rast 弟兄與 Ram Dass 一直在我身邊指導與激勵我。他們的智慧反映在本書中。

我非常感謝尤帕亞那些勇敢的宗教師學員，他們教了我很多東西，包括 William Guild、Michele Rudy、Angela Caruso-Yahne，他們的故事也收錄在本書中。

非常感謝心理學家 Laurel Carraher，是她邀請我去新墨西哥州的監獄擔任志工，讓我有機會接觸到那個強大的工作。

藝術也是我學習與靈感的重要來源。我感謝藝術家 Joe David 和 Mayumi Oda，以及 Sachiko Matsuyama 和 Mitsue Nagase 把我介紹給魔鏡的製作者山本晃久。同樣的，我也非常感謝作家 Pico Iyer、Clark Strand、Jane Hirschfield、David Whyte、Wendell Berry、Joseph Bruchac 等人的文字與作品。

我對原生家庭的愛，可以在不同的章節中看到。感謝父母 John 與 Eunice Halifax、妹妹 Verona Fonte 與她的孩子 John 與 Dana，以及我年幼重病期間照顧我的 Lila Robinson。

我想感謝一群特殊的人，他們多年來一直支持我的工作：Barry 與 Connie Hershey、

John 與 Tussi Kluge、Tom 與 Nancy Driscoll、Laurance Rockefeller、Pierre 與 Pam Omidyar、Ann Down。他們對我投入的多項專案給予慷慨的支持，使我得以開闊視野，冒險走到學習及努力造福他人的邊緣。

我向以上諸位大德表達感恩之情的同時，也想為我在理解上可能發生的錯誤致歉。同時，我為書中所寫的內容承擔一切責任。我是根據個人經驗來撰寫這本書，我學到的東西可能不見得都符合傳統的科學或傳統的佛教。

附注

邊緣視野

1 Iris Murdoch, *The Sovereignty of Good* (London, UK: Routledge & Kegan Paul Books, 1970).

第一章　利他

1 Wilbur W. Thoburn, *In Terms of Life: Sermons and Talks to College Students* (Stanford, CA: Stanford University Press, 1899).

2 Cara Buckley, "Man Is Rescued by Stranger on Subway Tracks," *New York Times*, January 3, 2007, retrieved January 4, 2007, www.nytimes.com/2007/01/03/nyregion/03life.html.

3 Jared Malsin, "The White Helmets of Syria," *Time*, http://time.com/syria-white-helmets/ retrieved 1 March 2017.

4 Dave Burke, "Hero Tackled Suicide Bomber and Paid the Ultimate Price," *Metro*, November 15, 2015, http://metro.co.uk/2015/11/15/hero-who-stopped-a-terror-attack-fatherssplit-second-decision-that-saved-many-lives-5502695/.

5 Hal Bernton, "Mom of Portland Train Hero Taliesin Meche Says Her Son 'Had a Lot of Bravery in his Spirit,'" *Seattle Times*, May 30, 2017, www.seattletimes.com/seattlenews/crime/mom-of-taliesin-meche-says-portland-train-victim-known-for-brave-spirit/.

6 Thích Nhất Hạnh, *Awakening of the Heart: Essential Buddhist Sutras and Commentaries* (Berkeley, CA: Parallax Press, 2011).

7 Joseph Bruchac, *Entering Onondaga* (Austin, TX: Cold Mountain Press, 1978).

8 Lara B. Aknin, J. Kiley Hamlin, and Elizabeth W. Dunn, "Giving Leads to Happiness in Young Children," *PLoS ONE 7*, no. 6 (2012): e39211, http://journals.plos.org/plosone/article?id=10.1371/journal.pone.0039211.

9 Elizabeth W. Dunn, Lara B. Aknin, and Michael I. Norton, "Prosocial Spending

and Happiness: Using Money to Benefit Others Pays Off," *Current Directions in Psychological Science* (forthcoming), https://dash.harvard.edu/handle/1/11189976.

10 Olga M. Klimecki, Susanne Leiberg, Matthieu Ricard, and Tania Singer, "Differential Pattern of Functional Brain Plasticity After Compassion and Empathy Training," *Social Cognitive and Affective Neuroscience* 9, no. 6 (2014): 873–79, https://doi.org/10.1093/scan/nst060.

11 Stephanie L. Brown, Dylan M. Smith, Richard Schulz, Mohammed U. Kabeto, Peter A. Ubel, Michael Poulin, Jaehee Yi, Catherine Kim, and Kenneth M. Langa, "Caregiving Behavior Is Associated with Decreased Mortality Risk," *Psychological Science* 20, no. 4 (2009): 488–94, http://journals.sagepub.com/doi/abs/10.1111/j.1467-9280.2009.02323.x; J. Holt-Lunstad, T. B. Smith, and J. B. Layton, "Social Relationships and Mortality Risk: A Meta-Analytic Review," *PLoS Medicine* 7, no. 7 (2010), http://journals.plos.org/plosmedicine/article?id=10.1371/journal.pmed.1000316.

12 Lauren Frayer, " 'Britain's Schindler' Is Remembered by Those He Saved from the Nazis," NPR, May 19, 2016, www.npr.org/sections/parallels/2016/05/19/478371863/britains-schindleris-remembered-by-those-he-saved-from-the-nazis.

13 Robert D. McFadden, "Nicholas Winton, Rescuer of 669 Children from Holocaust, Dies at 106," *New York Times*, July 1, 2015, www.nytimes.com/2015/07/02/world/europe/nicholas-winton-is-dead-at-106-saved-children-from-theholocaust.html.

14 Viktor Frankl, *Man's Search for Meaning* (New York: Touchstone, 1984).

15 Barbara Oakley, Ariel Knafo, Guruprasad Madhavan, and David Sloan Wilson, eds., *Pathological Altruism* (Oxford, UK: Oxford University Press, 2012).

16 "The Reductive Seduction of Other People's Problems," Development Set, January 11, 2016, https://medium.com/the-development-set/the-reductive-seduction-of-other-people-sproblems-3c07b307732d#.94ev3l3xj.

17 Héctor Tobar, " 'Strangers Drowning,' by Larissa MacFarquhar," *New York Times*, October 5, 2015, www.nytimes.com/2015/10/11/books/review/strangers-drowning-by-larissamacfarquhar.html?_r=1.

18 Jamil Zaki, "The Feel-Good School of Philanthropy," *New York Times*, December 5, 2015, www.nytimes.com/2015/12/06/opinion/sunday/the-feel-good-school-ofphilanthropy.html.

19 David Halberstam, *The Making of a Quagmire* (New York: Random House, 1965).

20 Cassie Moore, "Sharing a Meal with Hungry Hearts," Upaya Zen Center, December

6, 2016, www.upaya.org/2016/12/sharing-a-meal-with-hungry-hearts/.

21 Rachel Naomi Remen, "In the Service of Life," John Carroll University, http://sites.jcu.edu/service/poem (page discontinued).

22 Thomas Cleary and J. C. Cleary, trans.,《碧巖錄》(*Blue Cliff Record*) (Boston: Shambhala, 2005), 第十四則。

23 Gabor Maté, *In the Realm of Hungry Ghosts: Close Encounters with Addiction* (Berkeley, CA: North Atlantic Books, 2010).

24 Bernie Glassman, *Bearing Witness: A Zen Master's Lessons in Making Peace* (New York: Harmony / Bell Tower, 1998).

25 Hong Zicheng, Robert Aitken, and Danny Wynn Ye Kwok,《菜根譚》(*Vegetable Roots Discourse: Wisdom from Ming China on Life and Living*) (Berkeley, CA: Counterpoint, 2007).

26 "The Holy Shadow," Spiritual Short Stories, www.spiritual-shortstories. com/the-holy-shadow-story-by-osho.

27 Agatha Christie, *The Mysterious Affair at Styles.*

28 Jane Hirshfield, trans., *The Ink Dark Moon: Love Poems* (New York: Vintage, 1990).

29 Jane Hirshfield, Santa Sabina Thursday evening talk, transcribed and emailed privately to Roshi, 2016.

第二章　同理心

1 Leslie Jamison, *The Empathy Exams* (Minneapolis, MN: Graywolf Press, 2014).

2 "Henry George Liddell, Robert Scott, A Greek-English Lexicon, ε, μμετάβολος, ἐμπάθ-εια," Perseus Digital Library, www.perseus.tufts.edu/hopper/text?doc=Perseus%3Atext%3A1999.04.0057%3Aalphabetic+letter%3D*e%3Aentry+group%3D87%3Aentry

3 E. B. Titchener, "Introspection and Empathy," *Dialogues in Philosophy, Mental and Neuro Sciences* 7 (2014): 25–30.

4 Tania Singer and Olga M. Klimecki, "Empathy and Compassion," *Current Biology* 24, no. 18 (2014): R875–78.

5 Walt Whitman, "Song of Myself," *Leaves of Grass* (self-published, 1855).

6 Jamie Ward and Michael J. Banissy, "Explaining Mirror-Touch Synesthesia," *Cognitive Neuroscience* 6, nos. 2–3 (2015): 118–33, doi:10.1080/17588928.2015.10

42444.

7 Erika Hayasaki, "This Doctor Knows Exactly How You Feel," *Pacific Standard*, July 13, 2015, https://psmag.com/social-justice/is-mirror-touch-synesthesia-a-superpower-ora-curse.

8 A. D. Galinsky and G. B. Moskowitz, "Perspective-Taking: Decreasing Stereotype Expression, Stereotype Accessibility, and In-Group Favoritism," *Journal of Personality and Social Psychology* 78, no. 4 (April 2000): 708–24, www.ncbi.nlm.nih.gov/pubmed/10794375.

9 Jeff Bacon, "LtCol Hughes—Take a Knee," *Broadside Blog*, April 11, 2007, http://broadside.navytimes.com/2007/04/11/ltcol-hughes-take-a-knee/.

10 Tricia McDermott, "A Calm Colonel's Strategic Victory," CBS Evening News, March 15, 2006, www.cbsnews.com/news/a-calm-colonels-strategic-victory/.

11 "Heroes of War," CNN, www.cnn.com/SPECIALS/2003/iraq/heroes/chrishughes.html.

12 McDermott, "A Calm Colonel's Strategic Victory."

13 Gerry Shishin Wick, *The Book of Equanimity: Illuminating Classic Zen Koans* (New York: Simon & Schuster, 2005), 169.

14 Y. Danieli, "Therapists' Difficulties in Treating Survivors of the Nazi Holocaust and Their Children," *Dissertation Abstracts International* 42 (1982): 4927.

15 Olga Klimecki, Matthieu Ricard, and Tania Singer, "Compassion: Bridging Practice and Science—page 273," Compassion: Bridging Practice and Science, www.compassiontraining. org/en/online/files/assets/basic-html/page273.html.

16 同前。

17 同前。

18 Olga Klimecki, Matthieu Ricard, and Tania Singer, "Compassion: Bridging Practice and Science—page 279," Compassion: Bridging Practice and Science, www.compassion-training.org/en/online/files/assets/basic-html/page279.html.

19 Singer and Klimecki, "Empathy and Compassion."

20 C. Lamm, C. D. Batson, and J. Decety, "The Neural Substrate of Human Empathy: Effects of Perspective-Taking and Cognitive Appraisal," *Journal of Cognitive Neuroscience* 19, no. 1 (2007): 42–58, doi:10.1162/jocn.2007.19.1.42; C. D. Batson, "Prosocial Motivation: Is It Ever Truly Altruistic?" in *Advances in Experimental Social Psychology*, vol. 20, ed. L. Berkowitz (New York: Academic Press, 1987),

65–122.

21 Jerry Useem, "Power Causes Brain Damage," *Atlantic*, July–August 2017, www.theatlantic.com/magazine/archive/2017/07/power-causes-brain-damage/528711/?utm_source=fbb.

22 Geoffrey Bird, Giorgia Silani, Rachel Brindley, Sarah White, Uta Frith, and Tania Singer, "Empathic Brain Responses in Insula Are Modulated by Levels of Alexithymia but Not Autism," *Brain* 133, no. 5 (2010): 1515–25, https://doi.org/10.1093/brain/awq060; Boris C. Bernhardt, Sofie L. Valk, Giorgia Silani, Geoffrey Bird, Uta Frith, and Tania Singer, "Selective Disruption of Sociocognitive Structural Brain Networks in Autism and Alexithymia," *Cerebral Cortex* 24, no. 12 (2014): 3258–67, https://doi.org/10.1093/cercor/bht182.

23 Grit Hein and Tania Singer, "I Feel How You Feel but Not Always: The Empathic Brain and Its Modulation," *Current Opinion in Neurobiology* 18, no. 2 (2008): 153–58, https://doi.org/10.1016/j.conb.2008.07.012.

24 Jamison, *The Empathy Exams*.

25 Jeffery Gleaves, "The Empathy Exams: Essays," *Harper's*, March 28, 2014, http://harpers.org/blog/2014/03/the-empathy-exams-essays/.

26 Heleo Editors, "I Don't Feel Your Pain: Why We Need More Morality and Less Empathy," *Heleo*, December 16, 2016, https://heleo.com/conversation-i-dont-feel-your-pain-whywe-need-more-morality-and-less-empathy/12083/.

27 Amanda Palmer, "Playing the Hitler Card," *New Statesman*, June 1, 2015, www.newstatesman.com/2015/05/playing-hitler-card.

28 " 'I Have No Idea How You Feel,'" *Harvard Magazine*, April 5, 2014, http://harvardmagazine.com/2014/04/paradoxes-of-empathy.

29 Eve Marko, "It Feels Like 8," Feb. 16, 2016, www.evemarko.com/category/blog/page/24/.

30 Lutz A, Slagter HA, Dunne J, Davidson RJ. "Attention regulation and monitoring in meditation." *Trends in Cognitive Sciences*. 2008a; 12:163–169. www.ncbi.nlm.nih.gov/pmc/articles/PMC2693206/

31 Lutz A. Brefczynski-Lewis, J. Johnstone, T. Davidson RJ. "Regulation of the neural circuitry of emotion by compassion meditation: effects of meditative expertise." *Plos One*. 3: e1897. PMID 18365029 DOI: 10.1371/journal.pone.0001897.

32 Gaëlle Desbordes, Tim Gard, Elizabeth A. Hoge, Britta K. Hölzel, Catherine

Kerr, Sara W. Lazar, Andrew Olendzki, and David R. Vago, "Moving beyond Mindfulness: Defining Equanimity as an Outcome Measure in Meditation and Contemplative Research," *Mindfulness* (NY) 6, no. 2 (April 2015): 356–72, www.ncbi.nlm.nih.gov/pmc/articles/PMC4350240/.

第三章 誠正

1 Dr. Cynda Rushton, "Cultivating Moral Resilience," *American Journal of Nursing*, February 2017, 117: 2, S11–S15. doi: 10.1097/01.NAJ .0000512205.93596.00.

2 Oxford English Dictionary, s.v. "integrity," https://en.oxforddictionaries.com/definition/integrity.

3 Joan Didion, "On Self-Respect: Joan Didion's 1961 Essay from the Pages of Vogue," October 22, 2014, www.vogue.com/article/joan-didion-self-respect-essay-1961.

4 Kay Mills, "Fannie Lou Hamer: Civil Rights Activist," Mississippi History Now, April 2007, http://mshistorynow.mdah.state.ms.us/articles/51/fannie-lou-hamer-civil-rightsactivist.

5 "Fannie Lou Hamer," History, 2009, www.history.com/topics/blackhistory/fannie-lou-hamer.

6 "Fannie Lou Hamer," *Wikipedia*, https://en.wikipedia.org/wiki/Fannie_Lou_Hamer#cite_note-beast-12.

7 Tasha Fierce, "Black Women Are Beaten, Sexually Assaulted and Killed by Police. Why Don't We Talk About It?," Alternet, February 26, 2015, www.alternet.org/activism/black-women-are-beaten-sexually-assaulted-and-killed-police-why-dontwe-talk-about-it.

8 Howard Zinn, *You Can't Be Neutral on a Moving Train: A Personal History of Our Times* (Boston: Beacon Press, 2010), 208.

9 Joanna Bourke, *An Intimate History of Killing: Face-to-Face Killing in Twentieth-Century Warfare* (New York: Basic Books, 1999).

10 William C. Westmoreland, *A Soldier Reports* (Garden City, NY: Doubleday, 1976), 378.

11 "Hugh Thompson Jr.," AmericansWhoTellTheTruth.org, www.americanswhotellthetruth.org/portraits/hugh-thompson-jr.

12 *My Lai*, PBS American Experience (Boston: WGBH, 2010), complete program transcript.

13 Ed Pilkington, "Eight Executions in 11 Days: Arkansas Order May Endanger Staff's Mental Health," *Guardian*, March 29, 2017, www.theguardian.com/world/2017/mar/29/arkansas-executioners-mental-health-allen-ault.

14 同前。

15 Rebecca Solnit, "We Could Be Heroes: An Election-Year Letter," *Guardian*, October 15, 2012, www.theguardian.com/commentisfree/2012/oct/15/letter-dismal-allies-usleft.

16 Liana Peter-Hagene, Alexander Jay, and Jessica Salerno, "The Emotional Components of Moral Outrage and their Effect on Mock Juror Verdicts," Jury Expert, May 7, 2014, www.thejuryexpert.com/2014/05/the-emotional-components-of-moral-outrage-and-their-effect-onmock-juror-verdicts/.

17 Carlos David Navarrete and Daniel M. T. Fessler, "Disease Avoidance and Ethnocentrism: The Effects of Disease Vulnerability and Disgust Sensitivity on Intergroup Attitudes," *Evolution and Human Behavior* 27, no. 4 (2006): 270–82, doi:10.1016/j.evolhumbehav.2005.12.001.

18 C. Rushton, "Principled Moral Outrage," *AACN Advanced Critical Care* 24, no. 1 (2013), 82–89.

19 Lauren Cassani Davis, "Do Emotions and Morality Mix?" Atlantic, February 5, 2016, www.theatlantic.com/science/archive/2016/02/how-do-emotions-sway-moralthinking/460014/.

20 Sarah Schulman, *The Gentrification of the Mind* (Berkeley: University of California Press, 2013).

21 *I Am Not Your Negro*, directed by Raoul Peck (New York: Magnolia Pictures, 2016).

22 同前。

23 Heather Knight, "What San Franciscans Know About Homeless Isn't Necessarily True," SFGate, June 29, 2016, www.sfgate.com/bayarea/article/What-San-Franciscansknow-about-homeless-isn-t-7224018.php.

24 Thanissaro Bhikkhu, trans., "《感恩經》(*Katañňu Suttas: Gratitude*)," Access to Insight, 2002, www.accesstoinsight.org/tipitaka/an/an02/an02.031.than.html.

25 Cynda Hylton Rushton, *Cultivating Moral Resilience, American Journal of Nursing* 117, no. 2 (February 2017): S11–S15, doi:10.1097/01.NAJ.0000512205.93596.00.

第四章　尊重

1 T. L. Beauchamp, J. Childress. *Principles of Biomedical Ethics* (5th ed.). (New York: Oxford University Press, 2001).

2 William Ury, *The Third Side: Why We Fight and How We Can Stop* (New York: Penguin Books, 2000).

3 Tom L. Beauchamp and James F. Childress, *Principles of Biomedical Ethics*, 5th ed. (Oxford, UK: Oxford University Press, 2001).

4 Joan Didion, "On Self-Respect: Joan Didion's 1961 Essay from the Pages of Vogue," October 22, 2014, www.vogue.com/article/joan-didion-self-respect-essay-1961

5 同前。

6 同前。

7 "Pope Francis: Gestures of Fraternity Defeat Hatred and Greed," Vatican Radio, March 24, 2016, http://en.radiovaticana.va/news/2016/03/24/pope_francis_gestures_of_fraternity_defeat_hatred_and_greed/1217938

8 Saul Elbein, "The Youth Group That Launched a Movement at Standing Rock," *New York Times*, January 31, 2017, www.nytimes.com/2017/01/31/magazine/the-youth-groupthat-launched-a-movement-at-standing-rock.html?smid=fb-share&_r=1.

9 同前。

10 Kazuaki Tanahashi, ed., Treasury of the True Dharma Eye: Zen Master Dogen's Shobo Genzo (Boston: Shambhala, 2013), 46.

11 Denise Thompson: A Discussion of the Problem of Horizontal Hostility, November 2003, 8. http://users.spin.net.au/~deniset/alesfem/mhhostility.pdf.

12 Gary Namie, *2014 WBI U.S. Workplace Bullying Survey* (Bellingham, WA: Workplace Bullying Institute, 2014), 10, http://workplacebullying.org/multi/pdf/WBI-2014-USSurvey.pdf.

13 Jan Jahner, "Building Bridges: An Inquiry into Horizontal Hostility in Nursing Culture and the use of Contemplative Practices to Facilitate Cultural Change" (Buddhist Chaplaincy Training Program thesis, Upaya Zen Center, Santa Fe, NM: 2011), 46–47, www.upaya.org/uploads/pdfs/Jahnersthesis.pdf.

14 同前。

15 Florynce Kennedy, *Color Me Flo: My Hard Life and Good Times* (Englewood Cliffs, NJ: Prentice-Hall, 1976).

16 Gloria Steinem, "The Verbal Karate of Florynce R. Kennedy, Esq.," *Ms.*, August 19, 2011, http://msmagazine.com/blog/2011/08/19/the-verbal-karate-of-florynce-r-kennedy-esq.

17 同前。

18 Namie, *2014 WBI U.S. Workplace Bullying Survey.*

19 Jahner, "Building Bridges."

20 同前。

21 Namie, *2014 WBI U.S. Workplace Bullying Survey.*

22 Nicholas Kristof, "Donald Trump Is Making America Meaner," *New York Times*, August 13, 2016, www.nytimes.com/2016/08/14/opinion/sunday/donald-trump-is-making-americameaner.html.

23 "The Trump Effect: The Impact of the Presidential Campaign on Our Nation's Schools," Southern Poverty Law Center, April 13, 2016, www.splcenter.org/20160413/trumpeffect-impact-presidential-campaign-our-nations-schools.

24 Karen Stohr, "Our New Age of Contempt," *New York Times*, January 23, 2017, www.nytimes.com/2017/01/23/opinion/our-new-age-of-contempt.html.

25 Michelle Rudy 寫給作者的書信。

26 "Michelle Obama: 'When They Go Low, We Go High,'" MSNBC, July 26, 2016, www.msnbc.com/rachel-maddow-show/michelle-obama-when-they-go-low-we-go-high.

27 Bill Ashcroft, Gareth Griffiths, and Helen Tiffin, *Key Concepts in Post-Colonial Studies* (London: Routledge, 2000), 173.

28 Thanissaro Bhikkhu, trans.,《央掘魔羅經》(*Angulimala Sutta: About Angulimala*), Access to Insight, 2003, www.accesstoinsight.org/tipitaka/mn/mn.086.than.html.

29 同前。

30 Arieh Riskin, Amir Erez, Trevor A. Foulk, Kinneret S. Riskin-Geuz, Amitai Ziv, Rina Sela, Liat Pessach-Gelblum, and Peter A. Bamberger, "Rudeness and Medical Team Performance," *Pediatrics* (January 2017), http://pediatrics.aappublications.org/content/early/2017/01/06/peds.2016-2305.

31 二〇一六年與作者的私下交流。

32 Thích Nh t H nh, *Interbeing: Fourteen Guidelines for Engaged Buddhism*, rev. ed. (Berkeley, CA: Parallax Press, 1993).

33 Thích Nh t H nh, *The Heart of the Buddha's Teaching: Transforming Suffering into Peace, Joy, and Liberation* (New York: Broadway Books, 1999).

34 *Collected Wheel Publications*, vol. XXVII, numbers 412–430 (Sri Lanka: Buddhist Publication Society, 2014), 140.

35 Lord Chalmers, *Buddha's Teachings: Being the Sutta Nipata or Discourse Collection* (Cambridge, MA: Harvard University Press, 1932), 104–05.

第五章　敬業

1 C. Maslach and M. P. Leiter, *The Truth About Burnout: How Organizations Cause Personal Stress and What to Do About It* (San Francisco: Jossey-Bass, 1997).

2 David Whyte, *Crossing the Unknown Sea: Work as a Pilgrimage of Identity* (New York: Riverhead Books, 2001).

3 Jennifer Senior, "Can't Get No Satisfaction," *New York*, October 24, 2007, http://nymag.com/news/features/24757/.

4 Cori Salchert, "How One Mom's Extraordinary Love Transforms the Short Lives of Hospice Babies," *Today*, June 20, 2016, www.today.com/parents/how-one-mom-sextraordinary-love-transforms-short-lives-hospice-t67096.

5 Leah Ulatowski, "Sheboygan Family Opens Home to Hospice Kids," *Sheboygan Press*, January 2, 2016, www.sheboyganpress.com/story/news/local/2016/01/02/sheboyganfamily-opens-home-hospice-kids/78147672/.

6 同前。

7 Olivia Goldhill, "Neuroscience Confirms That to Be Truly Happy, You Will Always Need Something More," *Quartz*, May 15, 2016, http://qz.com/684940/neuroscienceconfirms-that-to-be-truly-happy-you-will-always-need-something-more/.

8 Sara B. Festini, Ian M. McDonough, and Denise C. Park, "The Busier the Better: Greater Busyness Is Associated with Better Cognition," *Frontiers in Aging Neuroscience* (May 17, 2016), doi:10.3389/fnagi.2016.00098.

9 Kristin Sainani, "What, Me Worry?," *Stanford*, May–June 2014, https://alumni.

stanford.edu/get/page/magazine/article/?article_id=70134.

10 "Herbert Freudenberger," *Wikipedia*, https://en.wikipedia.org/wiki/Herbert_Freudenberger.

11 Douglas Martin, "Herbert Freudenberger, 73, Coiner of 'Burnout,' Is Dead," *New York Times*, December 5, 1999, www.nytimes.com/1999/12/05/nyregion/herbert-freudenberger-73-coiner-of-burnout-is-dead.html.

12 "12 Phase Burnout Screening Development Implementation and Test Theoretical Analysis of a Burnout Screening Based on the 12 Phase Model of Herbert Freudenberger and Gail North," *ASU* International Edition, www.asu-arbeitsmedizin.com/12-phase-burnout-screeningdevelopment-implementation-and-test-theoretical-analysis-of-a-burnout-screening-based-on-the-12-phase-model-of-Herbert-Freudenberger-and-Gail-Nor,QUlEPTYyMzQ1MiZNSUQ9MTEzODIx.html (page discontinued).

13 Jesús Montero-Marín, Javier García-Campayo, Domingo Mosquera Mera, and Yolanda López del Hoyo, "A New Definition of Burnout Syndrome Based on Farber's Proposal," *Journal of Occupational Medicine and Toxicology* 4 (2009): 31, www.ncbi.nlm.nih.gov/pmc/articles/PMC2794272/.

14 Senior, "Can't Get No Satisfaction."

15 同前。

16 Judith Graham, "Why Are Doctors Plagued by Depression and Suicide?: A Crisis Comes into Focus," *Stat*, July 21, 2016, www.statnews.com/2016/07/21/depression-suicide-physicians/.

17 Senior, "Can't Get No Satisfaction."

18 Thomas Merton, Conjectures of a Guilty Bystander (New York: Image/Doubleday, 1968).

19 Omid Sofi, "The Thief of Intimacy, Busyness," November 13, 2014, *On Being*, https://onbeing.org/blog/the-thief-of-intimacy-busyness/.

20 Hermann Hesse, *My Belief: Essays on Life and Art* (New York: Farrar, Straus & Giroux: 1974).

21 Rasmus Hougaard and Jacqueline Carter, "Are You Addicted to Doing?," *Mindful*, January 12, 2016, www.mindful.org/are-you-addicted-to-doing/.

22 Brandon Gaille, "23 Significant Workaholic Statistics," Brandon Gaille's website, May 23, 2017, http://brandongaille.com/21-significant-workaholic-statistics/.

23 Cara Feinberg, "The Science of Scarcity," *Harvard Magazine*, May–June 2016, http://harvardmagazine.com/2015/05/the-science-of-scarcity.

24 Douglas Carroll, "Vital Exhaustion," in *Encyclopedia of Behavioral Medicine*, eds. Marc D. Gellman and J. Rick Turner (New York: Springer, 2013), http://link.springer.com/referenceworkentry/10.1007%2F978-1-4419-1005-9_1631.

25 Sainani, "What, Me Worry?"

26 Senior, "Can't Get No Satisfaction."

27 Impossible Choices: Thinking about Mental Health Issues from a Buddhist Perspective," Jizo Chronicles, http://jizochronicles.com/writing/impossible-choices-thinking-aboutmental-health-issues-from-a-buddhist-perspective/. The original article appeared in the anthology *Not Turning Away*, edited by Susan Moon.

28 Norman Fischer, "On Zen Work," Chapel Hill Zen Center, www.chzc.org/Zoketsu.htm.

29 Clark Strand, *Meditation without Gurus: A Guide to the Heart of Practice* (New York: SkyLight Paths, 2003).

30 Thích Nhất Hạnh, *The Heart of the Buddha's Teaching: Transforming Suffering into Peace, Joy, and Liberation* (New York: Broadway Books, 1999).

31 Henry David Thoreau, *Walden* (London: George Routledge & Sons, 1904).

32 Thomas Cleary, *Book of Serenity: One Hundred Zen Dialogues* (Boston: Shambhala, 2005), case 21.

33 同前。

34 Dainin Katagiri, *Each Moment Is the Universe: Zen and the Way of Being Time* (Boston: Shambhala, 2008).

35 同前。

36 "iWILLinspire Shonda Rhimes TED Talks the Year of Yes," YouTube video, 19:11, posted by "Ronald L Jackson," February 18, 2016, www.youtube.com/watch?v=XPlZUhf8NCQ.

37 Omid Sofi, "The Disease of Being Busy," *On Being*, November 6, 2014, www.onbeing.org/blog/the-disease-of-being-busy/7023.

第六章　在邊緣的慈悲心

1 Shantideva, adapted from the translation by Stephen Batchelor,《入菩薩行論》(*A*

Guide to the Bodhisattva Way of Life)(Boston: Shambhala, 1997), 144:55.

2 "Dalai Lama Quotes on Compassion," Dalai Lama Quotes, www.dalailamaquotes.org/category/dalai-lama-quotes-on-compassion/.

3 "Compassion and the Individual," Dalai Lama's website, www.dalailama.com/messages/compassion-and-human-values/compassion.

4 Line Goguen-Hughes, "Survival of the Kindest," *Mindful*, December 23, 2010, www.mindful.org/cooperate/.

5 Charles Darwin, The Descent of Man (New York: Penguin Classics, 2004), 126.

6 同前，134。

7 同前。

8 "Compassion-Bridging Practice and Science-page 420," Compassion: Bridging Practice and Science, www.compassion-training.org/en/online/files/assets/basic-html/page420.html.

9 Julianne Holt-Lunstad, Timothy B. Smith, and J. Bradley Layton, "Social Relationships and Mortality Risk: A Meta-Analytic Review," *PLoS Medicine* 7, no. 7 (2010), https://doi.org/10.1371/journal.pmed.1000316.

10 Sara Konrath, Andrea Fuhrel-Forbis, Alina Lou, and Stephanie Brown,"Motives for Volunteering Are Associated with Mortality Risk in Older Adults," *Health Psychology* 31, no. 1.

11 K. J. Kemper and H. A. Shaltout, "Non-Verbal Communication of Compassion: Measuring Psychophysiologic Effects," *BMC Complementary and Alternative Medicine* 11, no. 1 (2011): 132.

12 Lawrence D. Egbert and Stephen H. Jackson, "Therapeutic Benefit of the Anesthesiologist–Patient Relationship," *Anesthesiology* 119, no. 6 (2013): 1465–68, doi:0.1097/ALN.0000000000000030.

13 S. Steinhausen, O. Ommen, S. Thum, R. Lefering, T. Koehler, E. Neugebauer, et al., "Physician Empathy and Subjective Evaluation of Medical Treatment Outcome in Trauma Surgery Patients," *Patient Education and Counseling* 95, no. 1 (2014): 53–60.

14 C. M. Dahlin, J. M. Kelley, V. A. Jackson, and J. S. Temel, "Early Palliative Care for Lung Cancer: Improving Quality of Life and Increasing Survival," *International Journal of Palliative Nursing* 16, no. 9 (September 2010): 420–23, doi:10.12968/ijpn.2010.16.9.78633.

15 S. Del Canale, D. Z. Louis, V. Maio, X. Wang, G. Rossi, M. Hojat, and J. S. Gonnella, "The Relationship between Physician Empathy and Disease Complications: An Empirical Study of Primary Care Physicians and Their Diabetic Patients in Parma, Italy," *Academic Medicine* 87, no. 9 (September 2012): 1243–49, doi:10.1097/ACM.0b013e3182628fbf.

16 J. M. Kelley, G. Kraft-Todd, L. Schapira, J. Kossowsky, and H. Riess, "The Influence of the Patient-Clinician Relationship on Healthcare Outcomes: A Systematic Review and Meta-Analysis of Randomized Controlled Trials," *PLoS ONE* 9, no. 4 (2014): e94207.

17 D. Rakel, B. Barrett, Z. Zhang, T. Hoeft, B. Chewning, L. Marchand L, et al.,"Perception of Empathy in the Therapeutic Encounter: Effects on the Common Cold," *Patient Education and Counseling* 85, no. 3 (2011): 390–97.

18 "Top Ten Scientific Reasons Why Compassion Is Great Medicine," Hearts in Healthcare, http://heartsinhealthcare.com/infographic/.

19 A. Lutz, D. R. McFarlin, D. M. Perlman, T. V. Salomons, and R. J. Davidson, "Altered Anterior Insula Activation During Anticipation and Experience of Painful Stimuli in Expert Meditators," *NeuroImage* 64 (2013): 538–46, http://doi.org/10.1016/j.neuroimage.2012.09.030.

20 Lutz A. Brefczynski-Lewis, J. Johnstone, T. Davidson RJ."Regulation of the neural circuitry of emotion by compassion meditation: Effects of meditative expertise." *PLoS One*. 2008;3(3):e1897.

21 Helen Y. Weng, Andrew S. Fox, Alexander J. Shackman, Diane E. Stodola, Jessica Z. K. Caldwell, Matthew C. Olson, Gregory M. Rogers, and Richard J. Davidson,"Compassion Training Alters Altruism and Neural Responses to Suffering," PMC, www.ncbi.nlm.nih.gov/pmc/articles/PMC3713090/.

22 Emma Seppälä, "The Science of Compassion," Emma Seppälä's website, May 1, 2017, www.emmaseppala.com/the-science-of-compassion.

23 "Georges Lucas on Meaningful Life Decisions," Goalcast, January 6, 2017, www.goalcast.com/2017/01/06/georges-lucas-choose-your-path.

24 Marvin Meyer, *Reverence for Life: The Ethics of Albert Schweitzer for the Twenty-First Century* (Syracuse, NY: Syracuse University Press, 2002).

25 C. D. Cameron and B. K. Payne, "Escaping Affect: How Motivated Emotion Regulation Creates Insensitivity to Mass Suffering," *Journal of Personality and Social Psychology* 100, no. 1 (2011): 1–15.

26 Zoë A. Englander, Jonathan Haidt, James P. Morris, "Neural Basis of Moral Elevation Demonstrated through Inter-Subject Synchronization of Cortical Activity during Free-Viewing," *PLoS ONE* 7, no. 6 (2012): e3938, http://journals.plos.org/plosone/article?id=10.1371/journal.pone.0039384.

27 Muso Soseki, *Dialogues in a Dream* (Somerville, MA: Wisdom Publications, 2015), 111.

28 C. Daryl Cameron and B. Keith Payne, "The Cost of Callousness: Regulating Compassion Influences the Moral Self-Concept," *Psychological Science* 23, no. 3 (2012): 225–29, http://journals.sagepub.com/doi/abs/10.1177/0956797611430334

29 Will Grant, "Las Patronas: The Mexican Women Helping Migrants," BBC News, July 31, 2014, www.bbc.com/news/world-latin-america-28193230.

30 同前。

31 Attributed to Yasutani Roshi in Robert Aitken, *A Zen Wave* (Washington, D.C.: Shoemaker & Hoard, 2003).

32 Thanissaro Bhikkhu, trans.,《無聞經》（*Assutavā Sutta*）(SN 12.61 PTS: S ii 94), Access to Insight, 2005, www.accesstoinsight.org/tipitaka/sn/sn12/sn12.061.than.html.

33 Thanissaro Bhikkhu, trans.《沙陀經》（*Kāḷigodha Sutta: Bhaddiya Kāḷigodha*）(Ud 2.10) Access to Insight, 2012, www.accesstoinsight.org/tipitaka/kn/ud/ud.2.10.than.html.

34 Letter of 1950, as quoted in *The New York Times* (March 29, 1972) and the *New York Post* (November 28, 1972).

35 Huangbo Xiyuan,《傳心法要》（*The Zen Teachings of Huang Po: On the Transmission of Mind*）(n.p., Pickle Partners Publishing, 2016).

36 Sean Murphy, *One Bird, One Stone: 108 Zen Stories* (Newburyport, MA: Hampton Roads Publishing, 2013), 133.

37 William Blake, *The Book of Urizen*, The Poetical works, 1908, Chapter 5, verse 7 www.bartleby.com/235/259.html.

38 Teddy Wayne, "The End of Reflection," *New York Times*, June 11, 2016, www.nytimes.com/2016/06/12/fashion/internet-technology-phones-introspection.html.

39 同前。

40 Hermann Hesse, *My Belief: Essays on Life and Art* (New York: Farrar, Straus & Giroux, June 1974).

41 J. M. Darley and C. D. Batson, "From Jerusalem to Jericho: A Study of Situational and Dispositional Variables in Helping Behavior," *Journal of Personality and Social Psychology* 27, no. 1 (1973): 100–08, http://faculty.babson.edu/krollag/org_site/soc_psych/darley_samarit.html.

42 Scott Slovic and Paul Slovic, "The Arithmetic of Compassion," *New York Times*, December 4, 2015, www.nytimes.com/2015/12/06/opinion/thearithmetic-of-compassion.html.

43 同前。

44 K. Luan Phan, Israel Liberzon, Robert C. Welsh, Jennifer C. Britton, and Stephan F. Taylor, "Habituation of Rostral Anterior Cingulate Cortex to Repeated Emotionally Salient Pictures," *Neuropsychopharmacology* 28 (2003): 1344–50, www.nature.com/npp/journal/v28/n7/full/1300186a.html.

45 Donatella Lorch, "Red Tape Untangled, Young Nepalese Monks Find Ride to Safety," *New York Times*, June 19, 2015, www.nytimes.com/2015/06/20/world/asia/red-tapeuntangled-young-nepalese-monks-find-ride-to-safety.html?ref=oembed.

46 Pico Iyer, "The Value of Suffering," *New York Times*, September 7, 2013, retrieved August 17, 2017, at www.nytimes.com/2013/09/08/opinion/sunday/the-value-ofsuffering.html.

47 "Taming Your Wandering Mind|Amishi Jha|TEDxCoconutGrove," YouTube video,18:46, posted by "TEDx Talks," April 7, 2017, https://m.youtube.com/watch?feature=youtu.be&v=Df2JBnql8lc.

48 Thích Nhất Hạnh, *Peace of Mind: Being Fully Present* (Berkeley, CA: Parallax Press, 2013).

49 Fleet Maull, *Dharma in Hell: The Prison Writings of Fleet Maull* (South Deerfield, MA: Prison Dharma Network, 2005).

50 同前。

51 "Kshitigarbha," *Wikipedia*, https://en.wikipedia.org/wiki/Kshitigarbha.

52 Marina Abramovi 於二〇一六年八月二十三日，在聖塔菲 Lensic Performing Arts Center 的演講。

站在邊緣之境：利他、同理心、誠正、尊重、敬業，
回歸五種心理狀態本質，在恐懼與勇氣交會處找到自在

作　　者❖瓊恩・荷里法斯（Joan Halifax）
譯　　者❖洪慧芳
美術設計❖羅心梅
內頁排版❖極翔企業有限公司
總　編　輯❖郭寶秀
責任編輯❖黃怡寧
行銷業務❖許芷瑀

發　行　人❖涂玉雲
出　　版❖馬可孛羅文化
104臺北市中山區民生東路二段141號5樓
電話：(886)2-25007696
發　　行❖英屬蓋曼群島商家庭傳媒股份有限公司城邦分公司
臺北市中山區民生東路二段141號11樓
客服服務專線：(886)2-25007718；25007719
24小時傳真專線：(886)2-25001990；25001991
服務時間：週一至週五9:00～12:00；13:00～17:00
劃撥帳號：19863813　戶名：書虫股份有限公司
讀者服務信箱：service@readingclub.com.tw
香港發行所❖城邦（香港）出版集團有限公司
香港灣仔駱克道193號東超商業中心1樓
電話：(852)25086231　傳真：(852)25789337
E-mail：hkcite@biznetvigator.com
馬新發行所❖城邦（馬新）出版集團
Cite (M) Sdn. Bhd.(458372U)
41, Jalan Radin Anum, Bandar Baru Seri Petaling,
57000 Kuala Lumpur, Malaysia
電話：(603)90578822　傳真：(603)90576622
E-mail：services@cite.com.my
輸出印刷❖中原造像股份有限公司
初版一刷❖2020年11月
定　　價❖460元（如有缺頁或破損請寄回更換）

國家圖書館出版品預行編目資料

站在邊緣之境：利他、同理心、誠正、尊重、敬業，回歸五種心理狀態本質，在恐懼與勇氣交會處找到自在 / 瓊恩・荷里法斯 (Joan Halifax) 著；洪慧芳譯. -- 初版. -- 臺北市：馬可孛羅文化出版：家庭傳媒城邦分公司發行, 2020.11
面；　公分
譯自：Standing at the edge : finding freedom where fear and courage meet
ISBN 978-986-5509-48-4（平裝）
1. 心理學 2. 生活指導

176　　109014540

城邦讀書花園
www.cite.com.tw

ISBN：978-986-5509-48-4（平裝）